国家出版基金项目
NATIONAL PUBLICATION FOUNDATION

全面建设社会主义现代化国家研究丛书（第1辑）

丛书主编 颜晓峰

# 全面现代化的系统布局

颜晓峰 等 著

天津大学出版社
TIANJIN UNIVERSITY PRESS

**图书在版编目(CIP)数据**

全面现代化的系统布局 / 颜晓峰等著. -- 天津：天津大学出版社, 2022.11
（全面建设社会主义现代化国家研究丛书 / 颜晓峰主编. 第1辑）
国家出版基金资助项目
ISBN 978-7-5618-7382-3

Ⅰ. ①全… Ⅱ. ①颜… Ⅲ. ①社会主义建设－现代化建设－研究－中国 Ⅳ. ①D61

中国版本图书馆CIP数据核字(2022)第251255号

QUANMIAN XIANDAIHUA DE XITONG BUJU

| | |
|---|---|
| 出版发行 | 天津大学出版社 |
| 地　　址 | 天津市卫津路92号天津大学内(邮编:300072) |
| 电　　话 | 发行部:022-27403647 |
| 网　　址 | www.tjupress.com.cn |
| 印　　刷 | 北京盛通印刷股份有限公司 |
| 经　　销 | 全国各地新华书店 |
| 开　　本 | 710 mm×1010 mm　1/16 |
| 印　　张 | 19.5 |
| 字　　数 | 393千 |
| 版　　次 | 2022年11月第1版 |
| 印　　次 | 2022年11月第1次 |
| 定　　价 | 50.00元 |

# 总　　序

2020年是全面建成小康社会的决战决胜之年，也是从全面建成小康社会向全面建设社会主义现代化国家迈进的历史转折之年。“继续在人类的伟大时间历史中创造中华民族的伟大历史时间”，这是习近平总书记在2020年春节团拜会上为当代中国共产党人标定的时代坐标、确定的时代使命。全面建设社会主义现代化国家，就是中华民族在这一“伟大历史时间”进行的伟大历史实践。2020年初突如其来的新型冠状病毒肺炎疫情（以下简称新冠肺炎疫情）给中国和世界其他国家的发展带来前所未有的冲击，但中华民族从来都是在磨难中成长、从磨难中奋起的，人类社会从来都是在危机中嬗变、从危机中转型的，现代化的潮流势不可挡、青山难遮。由天津大学社会主义现代化研究中心组织撰写、天津大学马克思主义学院院长颜晓峰担任丛书主编、天津大学出版社出版的“全面建设社会主义现代化国家研究丛书”（第1辑）正是配合开启全面建设社会主义现代化国家新征程，探索新课题、服务新实践，为全面建设社会主义现代化国家提供理论支持的研究成果。

现代化是资本主义产生以后，在科技革命、产业革命、社会革命、思想革命的推动下，一些国家出现的从社会生产到社会生活、从社会结构到社会机制、从社会精神到社会文化的整体性转型，是世界近代以来持续推进、逐步拓展、不断深化的“历史向世界历史转变”的进程，同时又是在矛盾积累、危机孕育、时局动荡中调整变革的进程。马克思、恩格斯深刻揭示了资本驱动的现代化内在的尖锐矛盾，批判了现代化进程中对生产力的破坏和对工人的奴役，同时也肯定了资本主义生产第一次创造出为实现社会全面进步、人的全面发展所必需的财富和生产力。在马克思、恩格斯看来，社会主义是在继承资本主义文明成果的基础上对资本主义的否定和改造，是在各个领域创造出高于和优于资本主义现代化的新型现代化。马克思在《哥达纲领批判》中阐述的共产主义社会高级阶段，包含消灭旧式分工，消灭脑力劳动和体力劳动对立，劳动成为生活的第一需要，个人的全面发展，集体财富的源泉充分涌流等，这些都是社会主义现代化的本质内涵。十月革命后，苏联等社会主义国家在各自的社会主义建设过程中，探索了社会主义的高级阶段或发达阶段（即现代化阶段）的目标、标准和途径，开始了社会主义现代化实践和思想的双重进程，但因种种历史原因，有的遭遇挫折，有的半途而废。

建设社会主义现代化国家，是中华人民共和国成立后我们党的不懈追求。中华人民共和国成立后，我们党把科学社会主义理论同中国现代化实际相结合，多次提出社会主义现代化的建设目标、主要内容和实现步骤，开始了建设社会主义现代化的艰辛探索。改革开放以来，几代中国共产党人开拓创新、接力攀登，持续探索“建设什么样的社会主义现代化国家，怎样建设社会主义现代化国家”的问题，把科学社会主义理论同建设社会主义现代化实际相结合，开创了中国特色社会主义现代化道路。中国特色社会主义现代化道路，从世界历史的坐标看，是在世界现代化几百年的历程中，在主要资本主义国家现代化进程已经完成的基础上开辟的一条新型现代化道路。从当代世界的坐标看，是在广大发展中国家追求现代化的艰难起飞中，从中国国情出发开辟的一条新路，从而给世界上那些既希望加快发展又希望保持自身独立性的国家和民族提供了全新选择，贡献了中国智慧和中国方案。中国的现代化道路不仅是自己的道路，而且具有世界意义；不仅具有中国特色，而且反映世界趋势。更为重要的是，我们要建成的是社会主义现代化国家，是有着独特本质、内涵、优势、特色的社会主义现代化国家。再经过30年左右的奋斗，我国全面建成富强民主文明和谐美丽的社会主义现代化强国，其世界历史意义不亚于十月革命，是中国共产党对科学社会主义的最重要贡献。

党的十九大开启了全面建设社会主义现代化国家的新征程，这是马克思主义指引中国共产党近百年历程新的伟大革命，是科学社会主义在中国新的伟大创举，是马克思主义基本原理同新时代具体实际相结合新的伟大实践。面对新的使命任务，必须进行从历史到未来、从理论到实践、从全局到局部、从战略到方法的系统深入研究。习近平新时代中国特色社会主义思想，从理论和实践的结合上系统回答了“新时代坚持和发展什么样的中国特色社会主义、怎样坚持和发展中国特色社会主义”这一重大时代课题。“全面建设什么样的社会主义现代化国家、怎样全面建设社会主义现代化国家”，则是对这一重大时代课题的深入和展开。深入研究这一课题，需要从以下三个方面整体推进。

一是社会主义现代化的历史研究。社会主义现代化是世界现代化进程的客观要求，特别是社会主义历史进程的必然趋势。历史研究是社会主义现代化研究的基础，包括实践史和思想史。党的十九大开启了全面建设社会主义现代化国家新征程，必将把社会主义现代化的实践和思想提到一个前所未有的历史高度。随着习近平新时代中国特色社会主义思想不断发展，社会主义现代化思想在其理论体系中必然具有更加突出的地位。

二是社会主义现代化的领域研究。现代化是全面的现代化。全面建设社会主义现代化国家，本身就要求现代化的总体性，不能单打独斗。同时，社会主义现代化是由各个领域的现代化构成的，需要将总体研究与局部研究相结合，从各个领域的现代化研究入手，深化对全面建设社会主义现代化规律的探讨。我们党在追求现代化的进程中，曾提出“四个现代化”的构想。随着党对建设中国特色社会主义总体布局认识的拓展，“四个现代化”显然已不足以涵盖现代化的基本领域。因此，要深入研究社会主义经济、科技、政治、国家治理、文化、社会、教育、生态、国防、党建、人的全面发展乃至公共卫生治理等领域的现代化建设。

三是社会主义现代化的问题研究。社会主义现代化研究离不开大量的实证研究，运用数据分析，构建科学模型，提供决策支持。同时，理论是研究的纲和魂，实证研究离不开理论研究。要以社会主义现代化为对象，对其中的重大问题作出理论说明和论证，从而逐步加深对社会主义现代化建设规律的认识。理论研究越严谨扎实、深刻彻底，对社会主义现代化建设规律的认识就越全面准确，全面建设社会主义现代化国家的进程就越顺利，目标就越有把握实现。全面建设社会主义现代化国家的新征程，是中华民族伟大复兴的壮丽篇章，是马克思、恩格斯设想的人类社会美好前景在中国大地的生动展现，是马克思主义在新的伟大实践中大发展的极好契机。

天津大学与中国现代化的历史紧密相连。天津大学建校于1895年，前身为北洋大学堂，是中国近代高等教育史上建校最早的高等学府。第二次鸦片战争后，学校所在地天津被开辟为通商口岸，近代工业、贸易、金融、交通、教育发展起来，天津成为中国开始现代化的先行地、近代城市的领先者。这为学校吸收世界现代化的文明成果提供了丰厚土壤，同时学校也是天津乃至中国近代教育、科技、思想、文化发展的贡献者。北洋大学堂开办之初即设立工程、矿务、机器和律例四门学科，以兴学强国为使命，以培养现代人才为目标。学校创建早期培养出的人才中，王宠佑成为中国现代炼锑技术的开创者，马寅初成为著名经济学家、教育家、人口学家，刘瑞恒成为中国近代公共卫生事业的创建者，秦汾成为中国著名数学家，齐璧亭成为中国近代知名的教育家、女子师范教育奠基人，等等。中国共产党早期的重要领导人之一、中国共产主义青年团的创始人之一张太雷，1915年考入北洋大学法科。中华人民共和国成立后，1959年党中央公布了第一批16所全国重点大学，天津大学名列其中。改革开放后，1995年学校成为“211工程”首批重点建设大学，2000年学校被确定为国家“985工程”重点建设的高水平研究型大学。进入新时代，2017年学校成为首批“双一流”建设高校。学校围绕建设“综合性、研究型、开放式、国际化”的世界一流大学总体目标，秉持“中国特色、世界一流、天大品格”的核心理念，传承“兴学强国、实事求是、严谨治学、爱国奉献、矢志创新”的天大品格，努力培养一流人才、建设一流队伍、打造一流学科、贡献一流学术、营造一流环境，推进“强工、厚理、振文、兴医”学科布局，聚焦国家重大战略需要，聚焦世界科技发展前沿，面向国民经济主战场，培养全面发展的高素质创新人才，为全面建设社会主义现代化国家作出天大的贡献。这些贡献就包括依托学校的历史传统、学科优势、人才资源，充分利用天津大学社会主义现代化研究中心这个平台和基地，创作出更有质量水准、更符合全面建设社会主义现代化国家理论需要的多学科成果。

“全面建设社会主义现代化国家研究丛书”（以下简称“丛书”），自党的十九大后开始策划、组织撰写，经各位作者和编辑的共同努力，第 1 辑现出版发行。“丛书”（第 1 辑）的选题主要围绕全面建设社会主义现代化国家的系统布局，对全面建设社会主义现代化国家的主要领域进行全面深入、通俗易懂的描述，为高校师生、党员干部、理论工作者及广大读者提供系列理论读物。“丛书”是开放式、渐进式的，将跟踪全面建设社会主义现代化国家新征程的进展，依据主创者、出版方、作者对这一新的伟大社会实践的新认识，拓展范围、深化研究，丰富题材、提高品位，继续推出新的选题，出版新的著作，与实现第二个百年奋斗目标的发展阶段同行，与全面建设社会主义现代化国家实践中的重大问题共生，与国内外相关研究的前沿成果互鉴。我们诚邀校内外的专家学者一起参与这套丛书的撰写，一起推进社会主义现代化的研究，不负时代、不负使命。

李家俊　天津大学党委书记<br>金东寒　天津大学校长<br>2020 年 6 月

# 目　录

# 第一章　全面现代化需要系统布局

党的十九大开启了全面建设社会主义现代化国家新征程，这是世界和中国现代化历史进程、社会主义现代化历史进程的重要里程碑，是新时代坚持和发展中国特色社会主义的重大使命。全面建设社会主义现代化国家，重在全面、新在全面、难在全面，必须有一个总体筹划和系统布局。全面建设社会主义现代化国家的系统布局，是到21世纪中叶全面建成“富强民主文明和谐美丽的社会主义现代化强国”的基础建设和基本前提。

## 第一节　全面建设社会主义现代化国家必须形成系统布局

全面是现代化的应有之义，系统布局是现代化的必然要求，社会主义现代化更是具有全面建设、系统布局的制度优势。从新中国成立后我们党提出社会主义现代化的建设目标，到中国特色社会主义新时代明确全面建设社会主义现代化国家的奋斗目标，表明我们党对现代化整体性、协同性的认识更加深刻和自觉，对现代化发展趋势和建设规律的把握更加准确和深入。全面建设社会主义现代化国家的系统布局，有其深厚的理论和实践根基。

### 一、现代化系统布局是社会系统的内在要求

世界现代化的历史与历史向世界历史转变的历史，是同一个过程。马克思、恩格斯在《德意志意识形态》中指出：“各个相互影响的活动范围在这个发展进程中越是扩大，各民族的原始封闭状态由于日益完善的生产方式、交往以及因交往而自然形成的不同民族之间的分工消灭得越是彻底，历史也就越是成为世界历史。”[①] 历史向世界历史转变，生产与消费、交换与交往、认识与实践等活动，也都愈益具有世界性、普遍性。各地

---

① 中共中央马克思恩格斯列宁斯大林著作编译局编译《马克思恩格斯文集》第1卷，人民出版社，2009，第540-541页。

区、各民族打破了孤立、封闭状态下活动的传统，超越了狭隘的、地域性的局限，在社会的普遍联系和普遍交往中从事各种活动，使发展成为更广范围内分工与协作的产物。世界市场作为历史向世界历史转变的驱动轮，促进了物质生产和精神生产、政治生活和社会生活的社会化、系统化。现代化正是在这样一个历史背景下展开的。

历史唯物主义阐述人类社会发展一般规律，揭示社会各领域的内在联系。习近平指出："只有把生产力和生产关系的矛盾运动同经济基础和上层建筑的矛盾运动结合起来观察，把社会基本矛盾作为一个整体来观察，才能全面把握整个社会的基本面貌和发展方向。"① 生产力与生产关系、经济基础与上层建筑，紧密联系、相互促进，它们之间的矛盾运动，既是社会发展的动力，也是社会发展的基础。社会基本矛盾展开为社会主要领域，我们党根据中国特色社会主义发展实践，将其进一步总结为经济建设、政治建设、文化建设、社会建设、生态文明建设"五位一体"总体布局。"五位一体"，一个都不能缺、一个都不能短，这正是对社会发展总体性的全面把握，也是现代化建设系统性的客观要求。

世界现代化的进程是在全面性要求和片面化现状的矛盾冲突中前进的。现代化最初是在资本驱动和主导下进行的，起点是资本主义现代化。马克思指出："资本所打碎的界限，就是对资本的运动、发展和实现的限制。在这里，资本决不是摧毁一切界限和一切限制，而只是摧毁同它不相适应的、对它来说成为限制的那些界限。"② 资本的私人占有性，成为全面现代化的最大限制和不可逾越的限制，使资本主义现代化在超越以往社会形态的局限性的同时，又进入和达到了新的局限性。全面现代化、系统现代化，正是在克服社会历史的局限和限制中向前推进的，正是在从不全面、不协调的起点，向比较全面、比较协调的阶段推进，再向更加全面、更加协调的现代化迈进。这正是全面建设社会主义现代化国家的历史使命。

---

① 习近平：《坚持历史唯物主义　不断开辟当代中国马克思主义发展新境界》，《求是》2020 年第 2 期。

② 中共中央马克思恩格斯列宁斯大林著作编译局编译《马克思恩格斯全集》第 30 卷，人民出版社，1995，第 390-391 页。

## 二、现代化系统布局是现代化发展的规律要求

全面是在与不全面相对比中呈现趋势的，系统是在与非系统相对应中提出要求的。全面现代化、现代化系统是实践的逻辑，也是历史的规律。

现代化是从生产力变革到社会变革的传导过程。从历史上看，现代化在初始阶段并不是一个整体设计的事物，而是生产力发展规律的结果，是各种因素相互作用的产物。技术创新推动了生产工具、生产组织乃至生产方式的变革，现代科技成为工业化、城市化、现代化的革命力量。市场创新推动了贸易和金融、交往和规则的进步，现代市场成为社会创新、关系创新的经济土壤。资本是资本主义现代化“内在的冲动”和“活生生的灵魂”，正如马克思、恩格斯在《共产党宣言》中指出的：“资产阶级除非对生产工具，从而对生产关系，从而对全部社会关系不断地进行革命，否则就不能生存下去。”[①] 资本狂热追求新的生产方法、新的投资、新的增值，促使社会生产与社会生活、经济关系与人的关系、政治制度与思想文化等与资本的逻辑相适合、相一致，创造了一个现代化的世界。

现代化是从部分到整体的扩散过程。一是从城市到农村。城市与农村的分化，是社会历史的产物。权力、资本、产业、人才在城市的集中和集聚，使得现代化必然起于城市特别是中心城市，造成城乡差距进一步扩大，加剧了城市的膨胀化和密集化。当城市现代化发展到一定阶段，就会出现现代化向乡村辐射的效应。二是从富裕阶层到贫困阶层。在资本主义社会，资产阶级垄断财富、权力、知识，使得资产阶级成为最先享用现代文明成果、最先具备现代文明素养的群体。如果一个国家的全体成员不能分享现代化成果，这个国家的现代化是难以为继的。工人阶级和其他社会阶层，逐步在不同方面、不同程度上进入现代文明。三是从个别领域到各个领域。每个国家的国情和发展阶段不同，社会各个领域的现代化并不是齐步走、同步进的，而是有先有后、有快有慢，在一个较长的历史时段中呈现出相配合、相协同的进展。

现代化是从失衡到全面均衡的过程。由于社会历史条件的制约，无论

---

① 中共中央马克思恩格斯列宁斯大林著作编译局编《马克思恩格斯选集》第1卷，人民出版社，1995，第275页。

就人类社会而言，还是就建设现代化的各个国家而言，在现代化的初始阶段，还不具备全面、均衡、系统、协调推进现代化的社会认识和实践能力，在通向现代化的道路上付出了这样那样的代价，甚至是很大的代价。就拿生态文明建设来说，英国是世界现代化的领头羊，却仍然在开启现代化建设几百年后的1952年12月爆发了伦敦烟雾事件，死亡4 000人，成为20世纪十大环境公害事件之一。日本在第二次世界大战中失败后重启现代化进程，没有重视环境保护和公害治理，致使工业污染和各种公害病随之泛滥成灾，1956年发生了震惊世界的“水俣病”事件。直到20世纪60年代后，在《寂静的春天》《只有一个地球》等作品拯救生态的呼唤中，世界各国的生态意识增强，推动了世界范围的环境保护运动。

## 三、现代化系统布局是中国发展的客观要求

中国的现代化是从1840年后，在民族面临重大危机的背景下被动起步的。新中国成立前的100多年，虽然有一些现代化的启蒙、引进和成就，但由于推翻封建统治、推翻三座大山是主要矛盾，争取民族独立和人民解放是主要任务，加之世界开始现代化以后中国闭关锁国，与西方国家的差距拉开拉大，使得中国现代化起步晚、起点低、基础弱、发展慢，没有取得什么重大进展，更谈不上全面现代化建设了。社会主义制度在中国建立后，在中国共产党领导下，中华民族才有条件有能力有信心，开始向着社会主义现代化国家的目标进军。

我国建立了社会主义基本制度，但仍然处于社会主义初级阶段，特别是新中国成立之始，我们是在一穷二白的基础上开始社会主义现代化建设的。党的八大正确作出了“我们国内的主要矛盾，已经是人民对于建立先进的工业国的要求同落后的农业国的现实之间的矛盾，已经是人民对于经济文化迅速发展的需要同当前经济文化不能满足人民需要的状况之间的矛盾”① 的重大判断。1958年，毛泽东依然承认：“我国是商品生产很不发达的国家，比印度、巴西还落后。”② 这样的社会主要矛盾，决定了我们的现代化建设首先是改变落后的农业国的现实，在加快建设社会主义工业化的同时，解决农业基础薄弱、农村发展落后的问题。

---

① 《中国共产党第八次全国代表大会关于政治报告的决议》，人民出版社，1956，第2页。

② 中共中央文献研究室编《毛泽东文集》第7卷，人民出版社，1999，第435页。

改革开放以后，我们党明确提出社会主义初级阶段理论，指出我国一部分现代化工业同大量落后于现代水平的工业同时存在，一部分经济比较发达的地区同广大不发达地区和贫困地区同时存在，少量具有世界先进水平的科学技术同普遍的科技水平不高的状况同时存在。这就决定了我们必须经历一个很长的历史阶段，去实现别的许多国家已经实现的工业化、商品化、社会化、现代化。因此，在这样的发展阶段，必须着力缩小不同产业、不同地区、不同领域的现代化差距，同时又不能搞齐步走、一刀切。

中国特色社会主义进入了新时代，这是我国发展的新的历史方位。习近平总书记在党的十九大报告中明确指出："我国社会主要矛盾已经转化为人民日益增长的美好生活需要和不平衡不充分的发展之间的矛盾。"① 社会主要矛盾的变化，意味着党和国家的主要任务，要从着力解决落后的社会生产问题，转向解决发展"不平衡不充分"问题，转向满足人民更多方面、更高层次的美好生活需要，转向社会主义现代化的全面建设、全面进步。

## 第二节　现代化系统布局的形成条件和标准要求

从建设社会主义现代化国家，到全面建设社会主义现代化国家，"全面"的提出和布局，需要各方面的时机和条件。只有当时机和条件具备时，党和国家才能够形成全面建设社会主义现代化国家的系统布局，并使之成为纲领、转为实践。全面建设社会主义现代化国家的"全面"，并不只是一种宏大叙事，而是有着相应的标准要求。只有达到这样的标准要求，才能称得上是全面系统的现代化布局。

### 一、形成现代化系统布局需要一定的社会条件

现代化发展的阶段。在民族、国家、地区实现现代化的历史进程中，形成现代化建设的系统布局，是在现代化发展到一定阶段才能产生的。美国人布莱克（1966）认为，现代化过程包括若干阶段：现代性的挑战、现代观念和制度、现代化拥护者的出现；现代化领导的巩固、权力转移、新

① 习近平：《决胜全面建成小康社会　夺取新时代中国特色社会主义伟大胜利——在中国共产党第十九次全国代表大会上的报告》，人民出版社，2017，第 11 页。

旧势力较量；经济社会转型，实现经济增长和社会变迁；社会整合、经济和社会转型导致整个社会基本结构的重组。布莱克（1976）还提出，现代化进程可分为准备时期、转变时期、高级现代化时期、国际一体化时期[①]。现代化系统布局是研究者、机构、政党、国家等主体的认知结果和政策表述，但从根本上是对现代化客观发展的反映，是对现代化发展趋势的把握。

现代化领域的联系程度。世界市场的开拓，铁路的开通，轮船的行驶，电报、电话的发明，促成了历史向世界历史的转变，促进了各地区、各民族的普遍联系，也促使了人的世界图景的变化。世界不再是孤立、分割的存在，或是井底之蛙、夜郎自大的天地，而是不同种族、民族、文化构成的同一个多元世界、同一个人类社会。当今世界，经济全球化、全球信息化、信息网络化、风险国际化、治理全球化，又在新的时代高度呈现出人类命运共同体的前景。同样，现代化系统布局，也只能是建立在各个领域、各个层面的现代化基础上的，在发展到联系越来越紧密、关系越来越清晰的程度时，如不从全面、总体、系统的框架来把握和推进，就会停滞不前、前功尽弃。这就产生了构建现代化系统布局的必然要求。

社会认识水平。能否认识到现代化进程中的全面性、系统性的要求，能否在复杂多样的因素中洞察现代化的系统联系，与社会主体的认识水平高低有关。在资本主义生产方式中，资本的出发点是为了取得利润特别是垄断利润，"生产只是为资本而生产"[②]。这就使得资本主体首先考虑的只能是眼前的、直接的利益，至于长远的、全局的利益，则不在资本的视野之内。没有形成系统思维方式，不能从社会全局考量，甚至为了一己私利、少数人利益而牺牲绝大多数人的利益，就不可能具备形成现代化系统布局的全局视野。

执政党治理能力。现代政治是政党政治，执政党的政治决断力和方向引领力，对于现代化进程的实践效果影响极大。我们看到，一些国家的现代化进程跌宕起伏、艰难曲折、出现倒退，与执政主体变更有极大关系。

① 何传启：《现代化科学领导干部读本：现代化 100 问》，人民日报出版社，2019，第 116-117 页。

② 中共中央马克思恩格斯列宁斯大林著作编译局编译《马克思恩格斯全集》第 30 卷，人民出版社，1995，第 529 页。

还有一些国家，推进多党政治，“轮流坐庄”，这就容易出现短期行为，难以对长远负责、对全局负责，更谈不上全面现代化的总体纲领和长期规划。中国的社会主义现代化建设是在中国共产党领导下进行的，党是“两个先锋队”，是实现中华民族伟大复兴的领导力量，没有自己的特殊利益，党内不允许形成利益集团，这就使得党具有谋划现代化系统布局的全局视野和宽阔胸怀。中国共产党是百年大党，在中国长期执政，致力于中华民族千秋伟业，百年正是风华正茂，这就使得党具有谋划到 21 世纪中叶乃至更长时期全面现代化系统布局的强劲动力和客观条件。

## 二、形成现代化系统布局需要达到一定的标准要求

领域覆盖。社会是系统，是一个由各个领域组成的、各个领域缺一不可的系统。全面现代化的系统布局，首先是全领域的现代化。经济是任何民族生存和发展的基础，生产力是社会形态的技术标志，经济现代化是现代化的起点和支撑。科学技术是现代化的引擎，是第一生产力和第一发展力，科技现代化是现代化的必要条件。政治是上层建筑的核心内容，是国家运行的引领，政治现代化是政治文明的现代形式。文化属于意识层面的上层建筑，文化以精神和观念塑造民族、国家和社会，文化现代化既是国家现代化的精神实现，又是国家现代化的精神动力。社会是与经济、政治、文化、生态文明相并列的子系统，社会建设是现代化建设的重要领域，社会现代化是全面现代化的土壤。生态是人与自然协同的关系系统，既是现代化系统的环境，也是现代化系统的构成，没有生态文明和生态现代化，就没有稳定的、持久的现代化。国防是国家的安全之盾，不能实现国防现代化，国家现代化就没有安全保证。

层次覆盖。社会系统不仅面面相连，而且层层相关，是一个从世界到国家、从国家到基层的纵向结构。现代化在不同层面实现，现代化的系统布局包括从国家到地区再到基层，从宏观到中观再到微观的系统布局。国家层面的现代化，是整个国家各领域、各层面实现现代化的总和，是现代化逐步展开、扩散、升级的结果，是建立在地区现代化、基层现代化基础上的现代化。地区层面的现代化，是一个国家内部各个地区实现了现代化，包括各个行政区域、各个民族地区、各个城市和农村的东西南北中的

普遍现代化。由于一个国家的发展不平衡，各个地区的现代化进程也是不平衡的。基层层面的现代化，不是某个典型、样板的现代化，而是社区、乡村等网格式的现代化。国家各个层面的现代化，是一个双向过程，既有自上而下的推进贯通，也有自下而上的推动汇聚。

机制覆盖。国家现代化都是在一定的制度体系和治理体系下实现的，制度和治理是国家运行包括实现现代化的基本机制。现代化的系统布局包括制度现代化和治理现代化。习近平在回顾邓小平的制度思想时指出："邓小平同志反复强调制度问题，想得是很深的。他考虑的不仅是要解决好制约党和国家事业发展的体制机制弊端问题，而且是要解决好事关党和国家长治久安的制度现代化问题。"[①] 虽然资本主义现代化和社会主义现代化的制度现代化有本质区别，但制度现代化同样是社会主义现代化的内容和目标。国家治理体系和治理能力是一个国家制度和制度执行能力的集中体现，提出推进国家治理体系和治理能力现代化，并且将其作为我国全面建设社会主义现代化国家的重要目标，是我们党对现代化理论和实践的重要贡献。

主体覆盖。现代化不是一个自然过程、技术过程，而是在一定社会主体的推动下实现的，包括国家机构、社会组织、政党组织的推动，包括作为社会主体的人的推动。这些组织和人，同样有一个现代化的任务。很难想象，领导和推动现代化的机构、组织和人，自身在现代化进程之外没有实现现代化。因此，现代化的系统布局包括社会主体的现代化。人的现代化受到越来越多的关注，人类发展指数成为人的现代化发展指标。现代化企业不仅指企业的产品和技术的现代化，而且指企业组织、机制和文化的现代化。

## 第三节　全面建设社会主义现代化国家系统布局的形成过程和探索成果

中国共产党的百年历史是为中华民族伟大复兴而奋斗的历史。中华民族伟大复兴，不是回到"汉唐盛世"的复兴，而是追随现代化、并行现代

① 习近平：《论坚持全面深化改革》，中央文献出版社，2018，第 92 页。

化、引领现代化的民族复兴。只有社会主义才能救中国，只有中国特色社会主义才能发展中国，只有坚持和发展中国特色社会主义才能实现中华民族伟大复兴。我们的现代化是社会主义现代化，改革开放开创中国特色社会主义现代化道路，新时代全面建设社会主义现代化国家。我们党在建设社会主义现代化国家的过程中，创造性地把马克思主义关于社会主义建设的思想同中国社会主义现代化建设的实际相结合，在社会主义现代化建设的理论和实践，包括社会主义现代化系统布局方面，持续探索前进、取得重要成就。

## 一、党在新民主主义革命时期、社会主义革命和建设时期的探索

新民主主义革命，处于中国现代化的建设时期，也是社会主义现代化建设的酝酿时期。我们党在新中国的构想中，在建设一个“文明先进的中国”的追求中，就包含着现代化布局的方案。毛泽东提出：“建设一个中华民族的新社会和新国家。在这个新社会和新国家中，不但有新政治、新经济，而且有新文化。”[①] 这就是把历史唯物主义的社会结构理论，进一步具体化为政治、经济、文化三大领域。在党的七大的政治报告中，毛泽东进一步提出了新民主主义国家经济、政治、文化、军事建设的目标。政治上要“建立一个新民主主义的独立、自由、民主、统一、富强的中国”，经济上要“为着中国的工业化和农业近代化而斗争”，文化上应当建立自己的“民族的、科学的、人民大众的新文化和新教育”，军事上要“为创造中国人民的军队而奋斗”[②]，勾画出了新民主主义国家的现代化布局。

新中国成立后，我们党开始了在建立社会主义制度、建设社会主义国家过程中的现代化追求。党在过渡时期的总路线和总任务，明确把国家的社会主义工业化作为现代化的主导。1954 年召开的第一届全国人民代表大会明确提出建设一个伟大的社会主义国家的总目标，“将我们现在这样一个经济上文化上落后的国家，建设成为一个工业化的具有高度现代文化程度的伟大的国家”[③]。随着实践的发展，毛泽东提出，“建设我们国家现代化

① 毛泽东：《毛泽东选集》第 2 卷，人民出版社，1991，第 663 页。

② 毛泽东：《毛泽东选集》第 3 卷，人民出版社，1991，第 1080、1081、1083、1074 页。

③ 毛泽东：《毛泽东文集》第 6 卷，人民出版社，1999，第 350 页。

的工业、现代化的农业、现代化的科学文化和现代化的国防”①。1964 年召开的第三届全国人大提出“把我国建设成为一个具有现代农业、现代工业、现代国防和现代科学技术的社会主义强国”，1975 年召开的第四届全国人大提出“全面实现农业、工业、国防和科学技术的现代化”。社会主义革命和建设时期形成的“四个现代化”布局，反映了新中国成立后我国经济社会文化的发展水平和发展阶段，抓住了解决我国社会主要矛盾的主攻方向。

## 二、党在改革开放新时期的探索

党的十一届三中全会开启了改革开放、社会主义现代化建设新时期。邓小平在十一届三中全会上发出了“为根本改变我国的落后面貌，把我国建成现代化的伟大社会主义强国而奋勇前进”的号召，强调“实现现代化是一场深刻的伟大的革命”②。在拓展社会主义现代化系统布局上，邓小平理论的一个突出贡献是提出了物质文明和精神文明两手抓、两手都要硬的思想，把社会主义精神文明作为社会主义现代化建设的重要领域。党的十二届六中全会专门作出《中共中央关于社会主义精神文明建设指导方针的决议》，《决议》强调：“我国社会主义现代化建设的总体布局是：以经济建设为中心，坚定不移地进行经济体制改革，坚定不移地进行政治体制改革，坚定不移地加强精神文明建设，并且使这几个方面互相配合，互相促进。全党同志必须从这个总体布局的高度，正确认识社会主义精神文明建设的战略地位。”③这是改革开放后党对社会主义现代化建设总体布局的认识的一个重要成果。

“三个代表”重要思想反映了当代世界和中国的发展变化对党和国家的新要求。在社会主义现代化的系统布局上，强调要围绕建设富强民主文明的社会主义现代化国家的目标，进一步明确社会主义初级阶段中国特色社会主义的经济、政治和文化建设的内容，以及怎样建设这样的经济、政治和文化。中国特色社会主义经济、政治、文化的基本目标和基本政策，

① 中共中央宣传部编《习近平新时代中国特色社会主义思想学习纲要》，学习出版社、人民出版社，2019，第 58 页。

② 邓小平：《邓小平文选》第 2 卷，人民出版社，1994，第 153、152 页。

③ 中共中央文献研究室编《十二大以来重要文献选编》下，中央文献出版社，2011，第 121 页。

有机统一，不可分割，构成党在社会主义初级阶段的基本纲领，同时也是建设社会主义现代化国家的基本纲领。在执政党建设方面，“三个代表”重要思想科学判断党的历史方位，提出了党的建设坚持与时俱进，坚持党的先进性，坚持执政为民，党的全部理论和工作体现时代性、把握规律性、富于创造性的重大问题。

科学发展观深刻认识和回答了新形势下实现什么样的发展、怎样发展的问题；在中国特色社会主义事业总体布局上，坚持全面协调可持续发展，促进现代化建设各个环节、各个方面相协调；在推进经济建设、政治建设、文化建设的基础上，进一步提出了社会建设和生态文明建设，把社会文明、生态文明纳入现代化系统布局，构成了建设中国特色社会主义“五位一体”总布局。党的十八大提出了建设社会主义市场经济、社会主义民主政治、社会主义先进文化、社会主义和谐社会、社会主义生态文明，促进人的全面发展，建设富强民主文明和谐的社会主义现代化国家。

## 三、党在中国特色社会主义新时代的探索

党的十八大确立了到2020年全面建成小康社会的宏伟目标，全面建成小康社会，是新中国成立以来特别是改革开放以来社会主义现代化建设的重要阶段，也是推进社会主义现代化建设向更广范围、更深层次拓展的准备阶段。以习近平同志为核心的党中央带领人民，推动中国特色社会主义进入新时代。新时代新就新在既要完成决胜全面建成小康社会的历史任务，又要乘势而上开启全面建设社会主义现代化国家的新征程。从十九大到二十大，是“两个一百年”奋斗目标的历史交汇期。这就要求对全面建设社会主义现代化国家这一战略目标，作出越来越清晰、具体、系统、细致的科学筹划。

全面建设社会主义现代化国家，领域广阔、层次重重，首先就要求确立全面现代化的平台和轨道。党的十八届三中全会系统整体设计推进改革，提出了全面深化改革的总目标，即完善和发展中国特色社会主义制度，推进国家治理体系和治理能力现代化。国家治理体系和治理能力现代化是党和国家第一次提出的现代化领域和目标，是实现社会主义现代化的应有之义，可以说是“四个现代化”之后提出的第五个现代化。党的十九

届四中全会通过《中共中央关于坚持和完善中国特色社会主义制度 推进国家治理体系和治理能力现代化若干重大问题的决定》，突出了推动各方面制度更加成熟、更加定型，推进国家治理体系和治理能力现代化在全面建设社会主义现代化国家中的基础性作用，奠定了全面现代化的起飞平台和运行轨道，是全面建设社会主义现代化国家的一个纲领性文献。

党的十九大作出新时代中国特色社会主义发展的战略安排，为全面建设社会主义现代化国家新征程绘制蓝图，明确提出了从 2020 年到本世纪中叶分两个阶段的现代化进程。从 2020 年到 2035 年，基本实现社会主义现代化；从 2035 年到本世纪中叶，全面建成社会主义现代化强国。这两个阶段，不仅包含实现现代化的进度，也包括实现现代化的内涵，是一个全方位循序渐进的过程。各个领域如经济实力、科技实力、民主权利、法治建设、制度和治理、文化软实力、人民生活、收入水平、城乡区域、公共服务、社会治理、社会活力、生态环境、国防和军队等，都在其中。最为根本的是建成富强民主文明和谐美丽的中国，是物质文明、政治文明、精神文明、社会文明、生态文明的全面提升。

习近平总书记在领导推进全面建设社会主义现代化国家新征程的过程中，系统深入思考全面建设社会主义现代化国家的系统布局问题，提出了许多具有原创性的现代化领域和现代化内涵，并科学阐述了现代化系统布局的内在关系。比如，提出现代化经济体系，农业农村现代化，国家治理体系和治理能力现代化，国家治理制度化、程序化、规范化、法治化，社会治理现代化，乡村治理体系和治理能力现代化，基层治理体系和治理能力现代化，教育现代化，人与自然和谐共生的现代化，国防和军队现代化，人的现代化，等等，为全面建设社会主义现代化国家提供了科学指导。全面建设社会主义现代化国家的系统布局，需要在全面建设的实践中逐步完善和丰富。

## 第四节　全面建设社会主义现代化国家系统布局的相互关系和实践统筹

系统是一个相互联系、相互作用、相互制约、相互促进的统一整体。

多领域相对独立，各领域又密不可分；多层次有序排列，各层次又内在贯通；多机制发挥作用，各机制又耦合协调；多主体实现功能，各主体又合为一体。全面建设社会主义现代化国家的系统布局，正是这样一种系统布局。系统布局是理论与实践的双重存在，理论上的系统布局依据实践中的系统状况，同时又能转化为实践中的系统布局；实践中的系统状况决定理论上的系统布局，同时又能修正理论上的系统布局。全面建设社会主义现代化国家的系统布局，正是在理论布局与实践布局的双向互动中，运行更加有序平稳，机体更加健康强盛。

## 一、多维度的现代化系统布局

全面建设社会主义现代化国家的系统布局，表现在各个领域，集中体现在中国特色社会主义事业“五位一体”的总体布局中。经济建设、政治建设、文化建设、社会建设、生态文明建设，“五位”合为“一体”。经济现代化是国家现代化的基础，为其他领域的现代化提供物质基础和经济力量；政治现代化是国家现代化的主轴，为其他领域的现代化提供制度支持和法治保障；文化现代化是国家现代化的灵魂，为其他领域的现代化提供精神动力和思想引领；社会现代化是国家现代化的平台，为其他领域的现代化提供运行空间和秩序条件；生态文明现代化是国家现代化的环境，为其他领域的现代化提供持续发展条件和基本安全保障。

全面建设社会主义现代化国家的系统布局，表现在各个层次，是从国家到地方、从城市到乡村、从上层到基层、从宏观到微观、从社会到人的立体布局。不同层次的现代化，相互依赖、相互支撑。建设社会主义现代化的中国，是一种国家意志，需要政治自觉、政党主导，是党和国家的顶层设计，需要层层推进、直抵基层。我们既有国家治理体系和治理能力现代化的全局展开，也有基层治理体系和治理能力现代化的周密网络。例如，要求“健全党组织领导的自治、法治、德治相结合的城乡基层治理体系”①，就是基层治理现代化的落实落地。城市和农村是我国社会的两种主要样态，城市和农村互促互进、共生共存。现代化系统布局，需要城市现代化的辐射和引领，也需要农村现代化的托底和配合。2019 年 8 月出台的

① 《中共中央关于坚持和完善中国特色社会主义制度　推进国家治理体系和治理能力现代化若干重大问题的决定》，人民出版社，2019，第 29-30 页。

《中共中央国务院关于支持深圳建设中国特色社会主义先行示范区的意见》，要求深圳建成“增强核心引擎功能，朝着建设中国特色社会主义先行示范区的方向前行，努力创建社会主义现代化强国的城市范例”[①]。这也是我国城市建设的发展方向。在农村，则要加快推进乡村治理体系和治理能力现代化，加快推进农业农村现代化，建设社会主义新农村。“让农业成为有奔头的产业，让农民成为有吸引力的职业，让农村成为安居乐业的美丽家园。”[②] 人是现代化的主体，现代化说到底是增进人的幸福、促进人的发展的现代化。没有人的现代化，现代化无从谈起。习近平总书记指出，“现代化的本质是人的现代化”[③]，这就要求现代化的系统布局，必须始终坚持以人民为中心，满足人民日益增长的美好生活需要，不断促进人的全面发展。

全面建设社会主义现代化国家的系统布局，表现在各种机制上，是从制度机制到治理机制、从领导机制到组织机制、从安全机制到外交机制的全面布局。中国特色社会主义制度和国家治理体系，制度能力和治理能力，是现代化系统布局的骨骼系统和运行平台。2020 年 1 月以来全国性的新型冠状病毒肺炎（简称“新冠肺炎”）疫情防控斗争，就是对我国治理体系和治理能力的一次大考。依靠我国的制度优势和治理效能，党和国家经受了严峻考验，保证了实现“两个一百年”奋斗目标的继续进行。总揽全局、协调各方的党的领导制度体系，是全面建设社会主义现代化国家系统布局的领导核心，党的领导贯穿于社会主义现代化各领域、各方面、各环节。国家安全是现代化系统布局的安全保障，巩固国防和强大军队是全面建设社会主义现代化国家的坚强柱石。中国的现代化需要和平发展的国际环境，需要利用好全球治理体系的有利条件。积极推进中国特色大国外交，坚持推动构建人类命运共同体，同样是全面建设现代化国家系统布局的应有之义。

---

① 《中共中央国务院关于支持深圳建设中国特色社会主义先行示范区的意见》，《人民日报》2019 年 8 月 19 日，第 1 版。

② 习近平：《论坚持全面深化改革》，中央文献出版社，2018，第 394 页。

③ 同上书，第 68 页。

## 二、在全面现代化实践中统筹和完善系统布局

全面建设社会主义现代化国家的系统布局与系统环境相互作用，在系统内部的相互促进中逐步完善巩固，促成全面建成社会主义现代化强国的目标的实现。党的十九届四中全会明确提出我国国家制度和国家治理体系13个方面的显著优势，这些实际上也是发展和完善全面现代化系统布局的总体优势。全会还全面部署了坚持和完善中国特色社会主义制度、推进国家治理体系和治理能力现代化13个领域的总体任务，这些同时也是发展和完善全面现代化系统布局的基础框架。构建系统完备、科学规范、运行有效的制度体系，加强系统治理、依法治理、综合治理、源头治理，就是构建全面现代化系统布局的制度和治理基石。依靠坚持党的集中统一领导、坚持全国一盘棋等制度优势和治理优势，与全面建设社会主义现代化国家的进程相一致、相吻合，到2035年现代化系统布局将基本成熟，到21世纪中叶现代化系统布局将更加完善。

进入21世纪20年代，党和国家的开年之战、开局之战，就是坚决打赢疫情防控人民战争、总体战、阻击战。党和国家取得了防控阻击疫情的重大胜利，在实践中，我们积累了经验、增长了见识、提升了能力，同时也看到了系统差距、意识到了系统短板。这次疫情防控实践告诉我们，在很多风险面前，我们不可能做到万无一失，但任何时候任何情况下都要居安思危、常备不懈，宁可千日无疫情，不可一日无防备。特别要看到，越是我们的短板弱项，越是重大风险的触发点，越是防控风险的关键点。我国公共卫生治理体系和治理能力存在的短板弱项，与春运、春节等因素相汇合，成为这次疫情大规模、大面积扩散的关键因素。在哪里留下隐患，就要在哪里付出代价，甚至是沉痛代价。这次抗击新冠肺炎疫情，是对国家治理体系和治理能力的一次大考，特别是对重大疫情防控体制机制、国家公共卫生应急管理体系的一次大考，既展示了显著优势，也暴露出许多不足。增强打赢疫情防控人民战争、总体战、阻击战的能力，有效应对公共卫生安全重大风险，就要放眼长远，总结经验，吸取教训，针对这次疫情暴露出来的短板和不足，抓紧补短板、堵漏洞、强弱项。2020年2月14日，习近平总书记主持召开中央全面深化改革委员会第十二次会议并发

表重要讲话，强调要研究和加强疫情防控工作，从体制机制上创新和完善重大疫情防控举措，健全国家公共卫生应急管理体系，提高应对突发重大公共卫生事件的能力水平[①]。这就是从体制机制、管理体系上强基固本，进一步提高战胜公共卫生安全重大风险的能力。全面小康、全面现代化，不仅要固根基、扬优势，而且要补短板、强弱项，由不全面到全面、不完善到完善，从而大大增强防控风险能力。

风险贯穿人类社会始终。在不同的历史条件下和不同的发展阶段中，风险的性质、内容、机制、后果及防控方式是不同的。1986 年，德国的社会学家乌尔里希·贝克提出了“风险社会”的概念，认为“在现代化进程中，生产力的指数式增长，使危险和潜在威胁的释放达到了一个我们前所未知的程度”[②]。尽管不能把“风险社会”作为我们的分析范式，但在实现“两个一百年”奋斗目标、实现中华民族伟大复兴的中国梦的进程中，始终保持忧患意识，着力防范化解重大风险，的确是一个全局性、全过程的战略任务。从现在起到本世纪中叶，是实现中华民族伟大复兴最为关键的历史时期，也是风险挑战更为集中、更为深刻、更为复杂的历史时期。从全面建成小康社会，到基本实现社会主义现代化，再到全面建成社会主义现代化强国，这对我们党和国家来说，都是未曾经历过的创新实践，必定会遇到未曾面对过的风浪，会面对未曾攀登过的山峰。当今世界正经历百年未有之大变局，国际形势复杂多变，既带来重大战略机遇，也带来严峻风险挑战。因此，全面建设社会主义现代化国家的系统布局，不是在一个封闭的环境中建设的，也不是在一个无干扰的条件下推进的，而是在应对这样那样的风险挑战、不确定因素中进行的。

---

① 《完善重大疫情防控体制机制　健全国家公共卫生应急管理体系》，《人民日报》2020 年 2 月 15 日，第 1 版。

② 乌尔里希·贝克：《风险社会》，何博闻译，译林出版社，2004，第 15 页。

# 第二章　建设现代化经济体系

党的十九大报告明确指出："我国经济已由高速增长阶段转向高质量发展阶段，正处在转变发展方式、优化经济结构、转换增长动力的攻关期，建设现代化经济体系是跨越关口的迫切要求和我国发展的战略目标。"① 建设现代化经济体系是党中央在中国特色社会主义进入新时代、我国社会主要矛盾发生历史性变化、我国经济由高速增长阶段向高质量发展阶段转变的重要历史时刻作出的重大战略部署，是把我国建设成社会主义现代化经济强国的时代要求和必由之路。

## 第一节　我国经济已由高速增长阶段转向高质量发展阶段

党的十九大报告指出："我国经济已由高速增长阶段转向高质量发展阶段。"② 习近平同志在2017年12月召开的中央经济工作会议上进一步强调："中国特色社会主义进入了新时代，我国经济发展也进入了新时代。新时代我国经济发展的特征，就是……我国经济已由高速增长阶段转向高质量发展阶段。"③ 由高速增长阶段转向高质量发展阶段是新时代我国经济发展的突出特点，也是我国建设现代化经济体系的现实基础。

### 一、我国社会主要矛盾发生历史性变化

中国特色社会主义进入新时代，我国社会主要矛盾已经由人民日益增长的物质文化需要同落后的社会生产之间的矛盾转化为"人民日益增长的美好生活需要和不平衡不充分的发展之间的矛盾"④。这是以习近平同志为

---

① 习近平：《决胜全面建成小康社会　夺取新时代中国特色社会主义伟大胜利——在中国共产党第十九次全国代表大会上的报告》，人民出版社，2017，第30页。

② 同上。

③ 中共中央党史和文献研究院编《十九大以来重要文献选编》上，中央文献出版社，2019，第138页。

④ 同①书，第8页。

核心的党中央运用历史唯物主义和辩证唯物主义的世界观、方法论分析我国经济社会发展现实作出的重大政治论断，也是解决当代中国发展问题的前提和根本着力点。

**（一）我国社会生产力获得长足发展**①

改革开放四十多年来，我国社会生产力获得长足发展。经济长期保持高速增长，1979—2018 年年均 GDP（国内生产总值）增长率达到 9.4%，尤其是党的十八大后，我国贯彻新发展理念，经济增长换挡但却不失速，始终在合理区间内，2013—2018 年年均 GDP 增长率达到 7.01%。2018 年国内生产总值突破 90 万亿元，稳居世界第二位，占世界经济的比重接近 16%。我国是农业生产大国，小麦、水产品、水果等农产品产量居世界第一；我国建立起了世界上最完整的工业体系，钢铁、水泥、煤、电解铝等工业品的产量居世界第一，是最大的造船国、家具出口国等；我国工业技术水平显著提高，激光、建桥、高原铁路建设、智能机器人、太阳能发电、高速铁路、量子通信等技术世界领先，涌现出载人航天、射电望远镜、“蓝鲸一号”钻井平台、超级计算机等一大批重大科技成果；我国服务业发展迅速，我国服务业增加值从 1978 年的 905 亿元增加到 2012 年的 244 852 亿元，年均增长 10.8%，2018 年增加到 469 575 亿元，2012—2018 年年均增长 7.9%，批发和零售业、住宿、餐饮业等传统服务业加速转型升级，金融业、信息传输、软件和信息技术服务业、租赁和商务服务业等新兴服务业发展迅速；我国进出口总额于 2012 年超过美国，成为世界第一大贸易国，外汇储备超过 3 万亿美元。社会生产力的长足发展改变了我国之前“落后的社会生产”的状况。

**（二）人民生活水平显著提高**②

改革开放以来，我国在较短时间内解决了人民的温饱问题，于 20 世纪末基本实现了小康，2020 年全面建成小康社会，人民生活水平显著提高。人均国内生产总值由 1978 年的 385 元增长到 2018 年的 64 644 元，年均增长 9.4%；2018 年，居民人均可支配收入达到 28 228 元，其中城镇居民人均可支配收入由 1978 年的 343.4 元提高到 39 251 元，农村居民人均可支配收入由 1978 年的 133.6 元提高到 14 617 元；居民人均消费支出由

① 该部分数据来源：国家统计局数据库。

② 该部分数据来源：国家统计局数据库。

1978 年的 184 元上升到 2018 年的 25 002 元，其中城镇居民人均消费由 1978 年的 405 元上升到 2018 年的 33 282 元，农村居民人均消费由 1978 年的 138 元上升到 2018 年的 13 062 元；农村贫困发生率由 1978 年的 97.5% 下降到 2018 年的 1.7%，绝大多数地区脱贫；全国居民恩格尔系数由 1978 年的 60% 以上下降到 2018 年的 28.4%；居民健康状况得到改善，平均预期寿命超过 76 岁，高于世界平均水平；居民受教育水平显著提高，九年义务教育全面普及，高等教育毛入学率达到 48.1%，高于世界平均水平；基本建立起了覆盖城乡，涵盖失业、医疗、养老、生育等内容的较为全面的社会保障体系。随着人们生活水平的提高，人民群众的需求呈现出多元化、多层次的特点，在教育、医疗卫生服务、工作、居住条件、收入、生活环境、精神文化生活等各方面有了更高的要求，民主、法治、公平、正义、安全等方面的需求也在增长。可见，“物质文化需要”已经无法全面反映人民群众的愿望和现实需求，人民群众对美好生活的向往更为强烈。

### （三）发展不平衡不充分

我国经济社会发展不平衡不充分是制约人民日益增长的美好生活需要得到满足的根本因素。不平衡是经济社会体系的结构问题，主要指比例关系不合理、包容性不足、可持续性不够，制约社会生产力的全面提升。它的主要表现包括实体经济和虚拟经济不平衡、区域发展不平衡、收入分配不平衡、经济与生态发展不平衡、经济与社会发展不平衡等。不充分是经济总量和发展水平问题，主要指发展不足、潜力释放不够、发展中还有很多短板，同世界先进国家还有不小距离。不充分的主要表现包括市场竞争不充分、效率发挥不充分等。目前，尽管我国经济建设、政治建设、文化建设、社会建设、生态文明建设均取得了显著成就，但在各个领域、区域均存在发展不平衡的问题，一些地区、领域还存在发展不充分的问题。我国既有世界领先的生产力，也有较为落后的生产力，而且在地域、领域分布上呈现出明显的不均衡。例如：我国在激光、智能机器人、高速铁路、量子通信等方面世界领先，但在芯片技术、半导体设备、发动机技术等领域则落后于世界先进水平，甚至农业等领域还在依靠传统的、落后的技术，农业装备综合技术落后于世界先进水平；我国城乡之间发展差距较大，东中西部地区发展存在较大差异；我国人均收入水平有了很大的提高，但东中西部居民收入差距明显，城乡居民收入差距较大，农村和城市中还存在许多困难群众……发展的不平衡不充分严重制约了我国经济社会的整体发展，也成为许多社会矛盾的根源，阻碍人民群众美好生活愿望的实现，是现阶段我国必须重视、亟须妥善解决的重要问题。

总之，经过改革开放以来四十多年的发展，我国社会生产力获得长足发展，但存在发展不平衡不充分的问题；人民生活水平显著提高，对美好生活的向往更为强烈，需求不断增长。发展不平衡不充分成为制约人民日益增长的美好生活需要得到满足的根本因素。基于此，新时代我国的社会主要矛盾已经转化为人民日益增长的美好生活需要和不平衡不充分的发展之间的矛盾。社会主要矛盾的变化要求发展理念的变化，要求建设现代化经济体系，推进我国经济的高质量发展。

## 二、我国经济发展环境发生深刻复杂变化

当前，我国国内外形势正在发生深刻而复杂的变化，既处于重要的战略发展机遇期，也面临诸多挑战。为了更好地适应经济发展环境的变化，我国需要推进经济高质量发展。

### （一）世界经济发展形势发生深刻变化

当前，“世界正处于大发展大变革大调整时期，和平与发展仍然是时代主题”[①]。经济全球化进一步深化，各国之间的联系进一步加深；随着新兴市场国家的兴起，国际力量的对比更趋平衡；尽管局部冲突和战争时有发生，但和平与发展仍然是时代主题。同时，世界经济发展面临诸多挑战。2008 年国际金融危机后，世界经济持续低迷，复苏无望。2018 年，世界经济增长率仅为 3%。世界银行统计数据显示，2008 年，美国、日本、欧盟经济受到金融危机冲击，GDP 增长率分别为 -0.14%、-1.09%、0.54%，2009 年更是分别降为 -2.54%、-5.42%、-4.34%，之后尽管有所恢复，2018 年分别达到 2.86%、0.79%、2.01%，但一直处于较低水平，经济复苏无望。更令人沮丧的是，世界经济增长动能不足，没有涌现出前景光明的可以显著带动世界经济增长的产业。逆全球化现象凸显，美国为首的西方国家为了本国经济发展奉行贸易保护主义，严重阻碍经济全球化的进

① 习近平：《决胜全面建成小康社会　夺取新时代中国特色社会主义伟大胜利——在中国共产党第十九次全国代表大会上的报告》，人民出版社，2017，第 58 页。

程。另外，局部地区局势紧张甚至陷入冲突和战争，国际恐怖主义、环境污染、能源枯竭、网络安全、贫富差距扩大、重大传染性疾病等全球性问题亟待解决，对世界经济发展提出了更大挑战。对中国来讲，中国的经济总量已居世界第二位，粗放式的经济增长方式不仅在国内不可持续，国际条件也不支持；世界新一轮的科技革命正在如火如荼地进行，我国只有推进高质量发展才能适应新科技的要求，才能适应产业变迁的要求，跟上世界经济发展的步伐，才能提高我国产品的竞争力，在国际贸易中处于有利地位，并消除我国经济发展中面临的诸多关键技术的掣肘；我国已经站到国际舞台的中心，无论是对世界经济增长的贡献还是对其他国家的影响都显著增强，只有推进高质量发展才能不断提高国家竞争能力，并拉动世界经济的发展。

### （二）国内经济发展形势发生深刻变化

新时代，我国经济发展进入新常态，“增长速度要从高速转向中高速，发展方式要从规模速度型转向质量效率型，经济结构调整要从增量扩能为主转向调整存量、做优增量并举，发展动力要从主要依靠资源和低成本劳动力等要素投入转向创新驱动”[①]，经济发展面临不平衡不充分、实体投资不足、高质量产品供给不足、人口老龄化、资源环境约束加强等难题。破解之道是经济转向高质量发展。高质量发展不仅包括产品质量的提高，还包括产业层次提升、产品结构优化、产业布局合理、资源配置优化、资本边际效率提高，进而构建现代化经济体系，增强经济发展的可持续性[②]。我国经济发展需要进行经济结构战略性调整，向形态更高级、分工更优化、结构更合理阶段演化，需要以供给侧结构性改革为主线，“减少无效和低端供给，扩大有效和中高端供给，增强供给结构对需求变化的适应性和灵活性，提高全要素生产率”[③]；我国经济发展需要实现经济动力转换，从主要依靠资源和低成本劳动力等要素投入转向创新驱动，要调动创新主体的主观能动性，重视基础科学研究，加强前沿应用技术开发，创新科技成果产业化机制，建立产学研深度融合的技术创新体系，构建国家创新体系，

---

① 习近平：《在省部级主要领导干部学习贯彻党的十八届五中全会精神专题研讨班上的讲话》，人民出版社，2016，第 2 页。

② 李义平：《深入理解我国经济发展进入新时代》，光明网 2018 年 3 月 7 日，http://theory.gmw.cn/2018-03/07/content_27912205.htm。

③ 同①书，第 29-30 页。

以创新为引领推动实体经济结构优化，加快发展先进制造业、现代服务业，推动新技术与实体经济深度融合，促进我国产业向全球价值链中高端转移，打造经济发展新引擎，为经济发展提供新动能；我国经济发展要求完善市场经济体制，以习近平新时代中国特色社会主义思想为指导，坚持加强党对经济工作的领导，让市场在资源配置中发挥决定性作用，有效激发各类市场主体活力，加快形成相应的指标体系、政策体系、标准体系、统计体系、绩效评价机制、政绩考核机制，创建和完善制度环境；我国经济发展要贯彻以人民为中心的发展思想，更加关注人民日益增长的美好生活需要，努力实现发展成果由全体人民共享。

## 三、我国经济发展理念发生转变和提升

在总结国内外发展经验教训以及客观分析我国发展面临的国内外形势的基础上，以习近平同志为核心的党中央提出要坚定不移贯彻创新、协调、绿色、开放、共享的新发展理念，努力实现“更高质量、更有效率、更加公平、更可持续”的发展。

实现更高质量的发展，就是要转变经济增长方式，强调经济发展的质量而非速度，提高全要素生产率，实现集约型的经济增长，产业结构上由资源密集型、劳动密集型为主向知识密集型、技术密集型为主转变，产品结构上向生产技术含量较高、附加值较高的产品转变，注重控制成本、资源的循环利用，淘汰高污染、高排放的产业，提高经济效益的同时注意生态环境的保护。实现更有效率的发展，就是要提高资源的配置效率，充分发挥市场在资源配置中的决定性作用，更好发挥政府作用，把资源配置到社会生产最需要的地方，以创新驱动经济发展，通过开发、利用先进技术和机器设备提高资源的利用效率，告别粗放式增长方式，实现更少消耗资源和更多生产高质量产品的有机统一。实现更加公平的发展，就是要贯彻以人民为中心的发展思想，发展成果由人民共享，为人民创造实现个人价值的公平环境和机会，努力推进共同富裕和人的自由全面发展，努力缩小贫富差距、城乡差距、东中西部地区收入差距，构建兼顾公平和效率的收入分配制度和社会保障制度，实现社会公平正义。实现更可持续的发展，就是要解决目前经济发展中面临的资源约束趋紧的问题，避免资源浪费和

环境污染，要树立和践行“绿水青山就是金山银山”的理念，着力推进绿色发展、低碳发展、循环发展，在推动经济发展的同时注意节约资源和保护环境，实现人和自然的和谐发展，建设美丽中国。

新发展理念反映了我国的发展思路、发展方向以及发展着力点，是当前乃至今后一段时间内我国推进改革、谋求发展的重要遵循。建设现代化经济体系是贯彻新发展理念的重要举措，也是实现经济高质量发展的必由之路。

## 第二节　建设现代化经济体系的基本内涵

### 一、现代化经济体系的内涵和特征

建设现代化经济体系，首先要厘清现代化经济体系的内涵，准确把握其特征。现代化经济体系，是“由社会经济活动各个环节、各个层面、各个领域的相互关系和内在联系构成的有机整体”[①]。现代化经济体系以新发展理念为指导，集中体现了中国特色社会主义进入新时代、我国经济发展的国内外环境发生深刻复杂变化、社会主要矛盾发生转变、经济发展进入新常态的背景下我国经济在转变经济增长方式、优化经济结构、转换经济增长动力、实现经济全面均衡发展等方面的迫切要求。

现代化经济体系主要包括以下几个方面的内容。一是建设创新引领、协同发展的产业体系，实现实体经济、科技创新、现代金融、人力资源协同发展，使科技创新在实体经济发展中的贡献份额不断提高，现代金融服务实体经济的能力不断增强，人力资源支撑实体经济发展的作用不断优化。二是建设统一开放、竞争有序的市场体系，实现市场准入畅通、市场开放有序、市场竞争充分、市场秩序规范，加快形成企业自主经营公平竞争、消费者自由选择自主消费、商品和要素自由流动平等交换的现代市场体系。三是建设体现效率、促进公平的收入分配体系，实现收入分配合理、社会公平正义、全体人民共同富裕，推进基本公共服务均等化，逐步缩小收入分配差距。四是建设彰显优势、协调联动的城乡区域发展体系，

① 中共中央宣传部编《习近平新时代中国特色社会主义思想三十讲》，学习出版社，2018，第142页。

实现区域良性互动、城乡融合发展、陆海统筹整体优化，培育和发挥区域比较优势，加强区域优势互补，塑造区域协调发展新格局。五是建设资源节约、环境友好的绿色发展体系，实现绿色循环低碳发展、人与自然和谐共生，牢固树立和践行“绿水青山就是金山银山”理念，形成人与自然和谐发展现代化建设新格局。六是建设多元平衡、安全高效的全面开放体系，发展更高层次开放型经济，推动开放朝着优化结构、拓展深度、提高效益方向转变。七是建设充分发挥市场作用、更好发挥政府作用的经济体制，实现市场机制有效、微观主体有活力、宏观调控有度。以上几个方面的内容是个统一的整体，要一体建设、一体推进[①]。

现代化经济体系呈现出如下特征。①系统性。现代经济体系是一个由产业体系、市场体系、收入分配体系、城乡区域发展体系、绿色发展体系、经济体制等因素构成的相互作用、相互联系的有机整体。建设现代化经济体系需要整体推进，保证经济体系的系统性，避免某一方面出现漏洞或存在短板影响整个经济体系作用的发挥。②协同性。建设现代化经济体系要求系统各要素协同推进、相互促进，要实现实体经济、科技创新、现代金融、人力资源的协同发展，推进城乡区域协同发展，实现人与自然、中国与世界的协同发展等。③创新性。建设现代化经济体系以新发展理念为指引，通过体制改革、技术创新转变经济增长方式，实现经济动能转换。④开放性。现代化经济体系是开放的经济体系，坚持“引进来”和“走出去”并重，强调共商共建共享，主张通过国际间的合作互通有无、取长补短，实现共赢。⑤稳定性。现代化经济体系要保证经济发展坚持中国特色社会主义方向，化解经济运行中面临的风险，推动经济平稳运行，既要充分发挥市场机制的作用，又要克服市场调节的自发性、盲目性、滞后性，增强政府驾驭风险的能力。⑥可持续性。建设现代化经济体系有利于实现可持续发展。现代化经济体系坚持创新驱动，淘汰落后的社会生产力，转变经济发展方式，实现经济发展动能转换；强调经济发展要与环境、资源的承载能力相协调，着力推进构建兼顾公平和效率的收入分配体系，力图实现人与自然、经济与社会的和谐发展。

---

① 中共中央宣传部编《习近平新时代中国特色社会主义思想三十讲》，学习出版社，2018，第142-143页。

## 二、建设现代化经济体系的理念

"理念是行动的先导，一定的发展实践都是由一定的发展理念来引领的。"[①] 党的十八届五中全会提出创新、协调、绿色、开放、共享的新发展理念。新发展理念是我们党在深刻总结国内外发展经验教训尤其是我国改革开放以来发展经验教训，深入分析当前我国发展的国内外形势的基础上，针对我国发展中亟须解决的突出问题和矛盾提出来的，体现了我们党对我国发展规律的深刻理解和精确把握，是新时代我国坚持和发展中国特色社会主义的基本方略，反映了当前乃至今后一段时间内我国发展思路、方向、着力点，对破解我国发展难题，推动经济增长方式转变、经济动能转换，优化经济结构，实现经济高质量发展具有非常重要的指导意义，也为建设现代化经济体系提供了科学指引和根本遵循。

### （一）坚持创新驱动发展，培育经济增长新动力

发展动力是决定发展速度、效能、可持续性的根本因素。解决了发展动力问题，就抓住了牵动经济发展全局的"牛鼻子"，否则，实现经济的高质量发展就无从谈起。建设现代化经济体系就要坚持创新驱动发展，培育经济增长新动力。创新是民族进步的灵魂，是一个国家兴旺发达的不竭动力，也是引领发展的第一动力。十八届五中全会提出，我们要"把创新摆在国家发展全局的核心位置，不断推进理论创新、制度创新、科技创新、文化创新等各方面创新，让创新贯穿党和国家一切工作，让创新在全社会蔚然成风"[②]。创新是复杂的系统工作，要推进以科技创新为核心的各方面创新。推进科技创新，就是通过开发利用新技术提高生产要素的适用效率、形成新的要素组合，为发展提供内生动力。推进科技创新可以打造新的发展引擎，创造新的发展机遇，拓展发展空间，有利于推动农业现代化、新型工业化、服务业现代化，也是实现城乡区域协调发展、绿色发展、提高产品国际竞争力的重要基础。同时，还要推进理论创新、制度创新、文化创新，为发展提供与时俱进的科学理论的指导，提供鼓励创新、激发市场活力、规范市场行为的制度保障，提供包容、充满生机的文化

① 中共中央文献研究室编《十八大以来重要文献选编》中，中央文献出版社，2016，第 824 页。

② 同上书，第 825 页。

环境。

## （二）坚持协调发展，着力形成平衡发展结构

新时代，我国社会主要矛盾发生了重大转变，发展的不平衡不充分问题成为制约我国经济发展、阻碍人民群众追求美好生活的主要因素。目前，我国发展的不协调不平衡问题，突出表现在“区域、城乡、经济和社会、物质文明和精神文明、经济建设和国防建设等关系上”[①]。坚持协调发展，就是要解决发展不平衡的问题，补齐短板，“必须牢牢把握中国特色社会主义事业总体布局，正确处理发展中的重大关系，不断增强发展整体性”[②]。坚持协调发展是建设现代化经济体系的内在要求。要推动区域协调发展，支持革命老区、民族地区、边疆地区、贫困地区建设，推进西部大开发、东北老工业基地振兴战略，推动中部地区崛起，实现东中西部地区的均衡发展；要推动城乡协调发展，“坚持工业反哺农业、城市支持农村，健全城乡发展一体化体制机制，推进城乡要素平等交换、合理配置和基本公共服务均等化”[③]；要推动产业协调发展，促进新型工业化、信息化、城镇化、农业现代化同步发展。

## （三）坚持绿色发展，着力改善生态环境

改革开放以来，我国经济发展取得巨大成就的同时，资源环境的承载能力也逼近极限，以前高投入、高能耗、高污染的发展方式难以为继，人民群众对清新空气、干净饮水、优美环境的需求越来越强烈。绿色发展，要义是“要解决好人与自然和谐共生问题。人类发展活动必须尊重自然、顺应自然、保护自然，否则就会遭到大自然的报复，这个规律谁也无法抗拒”[④]。建设现代化经济体系就要坚持绿色发展，坚持绿色富国、绿色惠民，发展低碳经济、循环经济，全面节约和高效利用资源，淘汰高能耗、高污染的产能，破除生态环境、自然资源对我国发展的制约，“既要金山银山，又要绿水青山”，促进人和自然的和谐共生。

## （四）坚持开放发展，着力实现合作共赢

随着全球化程度的不断加深，世界各国越来越紧密地联系在一起，一

① 中共中央文献研究室编《十八大以来重要文献选编》中，中央文献出版社，2016，第825页。
② 同上书，第826页。
③ 同上书，第801页。
④ 习近平：《深入理解新发展理念》，《求是》，2019年第10期。

损俱损，一荣俱荣。世界各国需要加强合作，互通有无，实现共赢，任何一个国家都无法在封闭的环境下发展。建设现代化经济体系就要坚持开放发展，发展更高水平、更高层次的开放型经济，要在立足国内，充分发挥我国资源、市场、制度优势的基础上利用好国际国内两个市场、两种资源，加强国际合作，实现共赢。要“推动形成全面开放新格局。开放带来进步，封闭必然落后。中国开放的大门不会关闭，只会越开越大。要以‘一带一路’建设为重点，坚持引进来和走出去并重，遵循共商共建共享原则，加强创新能力开放合作，形成陆海内外联动、东西双向互济的开放格局”①，构建有着广泛共同利益基础的人类命运共同体。

### （五）坚持共享发展，着力增进人民福祉

“让广大人民群众共享改革发展成果，是社会主义的本质要求，是社会主义制度优越性的集中体现，是我们党坚持全心全意为人民服务根本宗旨的重要体现。这方面问题解决好了，全体人民推动发展的积极性、主动性、创造性就能充分调动起来，国家发展也才能具有最深厚的伟力。”②建设现代化经济体系，就要坚持共享发展，增加公共服务的供给，促进就业创业，健全兼顾公平和效率的收入分配制度，缩小收入差距，实施扶贫攻坚工程，建立全面覆盖、更加公平、更可持续的社会保障制度，坚持全民共享，经济、政治、文化、社会、生态文明各方面建设成果全面共享、共建共享、渐进共享，增进人民福祉，使全体人民有更多的获得感、幸福感、安全感，努力实现共同富裕。

创新、协调、绿色、开放、共享的新发展理念“相互贯通、相互促进，是具有内在联系的集合体，要统一贯彻，不能顾此失彼，也不能相互替代”③。以新发展理念为指引的现代化经济体系的建设也是一个复杂的系统工程，需要统筹协调、整体推进。

## 三、建设现代化经济体系的基本框架

建设现代化经济体系是一个系统工程，其基本框架如下。

---

① 习近平：《决胜全面建成小康社会　夺取新时代中国特色社会主义伟大胜利——在中国共产党第十九次全国代表大会上的报告》，人民出版社，2017，第 34-35 页。

② 中共中央文献研究室编《十八大以来重要文献选编》中，中央文献出版社，2016，第 827 页。

③ 同上。

### （一）指导理念：新发展理念

现代化经济体系全面贯彻创新、协调、绿色、开放、共享的新发展理念，坚持创新驱动，促进区域、城乡、产业间协调发展，强调节约资源和保护环境，继续推进对外开放，坚持发展成果全体人民共享。

### （二）主线：供给侧结构性改革

建设现代经济体系以供给侧结构性改革为主线，通过发展现代农业、加工制造业、服务业，推进产业向全球价值链中高端攀升等提高供给体系的质量，解决我国经济发展中面临的深层次问题和矛盾，推动经济高质量发展。

### （三）价值取向：质量第一、效益优先

目前，我国经济发展的资源约束越来越强，人民在解决温饱后的需求也呈现出个性化、多样性的特征，经济发展再也不能不计投入和成本片面追求速度和数量，再也不能以牺牲环境为代价换取经济增长，而要强调质量第一和效益优先。建设现代经济体系就是通过提高发展质量解决我国高质量产品无法满足人民群众需求的问题，通过集约式发展提高资源的利用效率，满足人民群众对美好环境的需求，获取更好的经济效益。

### （四）核心：质量变革、效率变革、动力变革

针对之前我国经济发展中出现的尽管速度快、规模大，但许多领域发展质量不高、经济增长效率较低、人口红利逐渐减少等现象，我国通过建设现代化经济体系推进质量变革、效率变革、动力变革，提高全要素生产率。“质量变革是主体，效率变革是主线，动力变革是基础，关键是切实、持续地提高全要素生产率。”①

### （五）保障：市场经济体制改革

市场经济体制改革是现代化经济体系的重要保障，要充分发挥市场在资源配置中的决定性作用，更好发挥政府作用，有效发挥市场机制作用，增强微观主体的活力，加强政府对经济的宏观调控。

### （六）支撑：建设实体经济、科技创新、现代金融、人力资源协同发展的产业体系

实体经济是财富创造的源泉，是建设现代化经济体系的基础，科技创

① 刘世锦：《推动经济发展质量变革、效率变革、动力变革》，载《党的十九大报告辅导读本》编写组编著《党的十九大报告辅导读本》，人民出版社，2017，第 185 页。

新、现代金融、人力资源要为实体经济服务。同时，科技是第一生产力，科技创新可以有效推动经济发展；金融为经济发展更便利地提供资金；劳动创造财富，人力资源是最宝贵的资源。建设现代化经济体系就是要建设现代化的产业体系，实现实体经济、科技创新、现代金融、人力资源的协同发展，形成合力，推动经济高质量发展。

## 第三节 建设现代化经济体系的主要任务

建设现代化经济体系是一项长期的任务。按照党的十九大的工作部署，建设现代化经济体系需要做好深化供给侧结构性改革、加快建设创新型国家、实施乡村振兴战略、实施区域协调发展战略、加快完善社会主义市场经济体制、推动形成全面开放新格局等六个方面的工作。

### 一、深化供给侧结构性改革

建设现代化经济体系要以深化供给侧结构性改革为主线。深化供给侧结构性改革是以习近平同志为核心的党中央在全球经济受国际金融危机影响长期低迷、我国经济发展进入新常态、社会主要矛盾发生转变的背景下，为了满足人民日益增长的美好生活需要、解决发展不平衡不充分问题、推进经济高质量发展而提出的重要战略举措。当前，我国供需关系方面的结构性失衡、错位已经成为制约我国经济发展的重要因素。一方面，因受国际经济增长缓慢影响我国出口需求减少，国内居民消费需求增长乏力，我国产生了大量的无效供给，钢铁、煤炭、水泥、有色金属、玻璃等许多行业出现严重产能过剩，过剩产能被闲置，造成社会资源的重大浪费，也成为经济转型的负担；另一方面，我国供给体系和社会需求严重不匹配，中低端产品过剩，高端产品却供不应求，严重依赖进口。深化供给侧结构性改革，就是要“用改革的办法推进结构调整，减少无效和低端供给，扩大有效和中高端供给，增强供给结构对需求变化的适应性和灵活性，提高全要素生产率”①，也是从生产、供给方面着手，调整供给结构，通过满足居民多样化需求来释放居民消费潜力并将其转化为现实的社会生

---

① 习近平：《论坚持全面深化改革》，中央文献出版社，2018，第240页。

产力，也为开发经济增长新动能寻求路径。供给侧结构性改革，“既强调供给又关注需求，既突出发展社会生产力又注重完善生产关系，既发挥市场在资源配置中的决定性作用又更好发挥政府作用，既着眼当前又立足长远”①。

深化供给侧结构性改革要贯彻“巩固、增强、提升、畅通”的方针。一是要巩固“三去一降一补”成果，即要去产能、去库存、去杠杆、降成本、补短板，重点是加大“破、立、降”的力度。“破”就是要破除无效供给，处置占用大量土地、资本、资源、劳动力等生产要素却不产生经济效益甚至阻碍新技术研发使用、新产业发展壮大、新动能培育的“僵尸企业”，加快出清过剩的产能；“立”就是要加速壮大新动能，研发使用新技术、生产新产品、培育新业态、发展新产业，引导要素资源向效率高的产业流动；“降”就是降低营商成本，通过进一步减轻企业税负、降低企业融资成本、营造公平竞争市场环境、建立亲清政商关系等降低市场交易成本。另外，还要加大基础设施等领域补短板力度。二是要增强微观主体活力。要发挥企业和企业家的主观能动性，培育企业家精神，建立公平开放透明的市场规则，推进营商环境的法治化，打破要素的流动壁垒，充分发挥市场机制作用，促进正向激励以及企业的优胜劣汰，发展更多优质企业。三是要提升产业链水平。保持并巩固产业体系的完整性并充分发挥我国完整产业体系的集约效应和竞争优势，加强技术创新，改善许多关键核心技术受制于人的局面，推动产业升级，培育和发展新的产业集群，促进产业链向高端发展。四是要畅通国民经济循环。就是要“加快建设统一开放、竞争有序的现代市场体系，提高金融体系服务实体经济能力，形成国内市场和生产主体、经济增长和就业扩大、金融和实体经济良性循环”②。

## 二、加快建设创新型国家

党的十九大报告深刻指出：“创新是引领发展的第一动力，是建设现代化经济体系的战略支撑。”③建设创新型国家，就是通过创新驱动经济社

① 习近平：《论坚持全面深化改革》，中央文献出版社，2018，第 240 页。

② 吴秋余、林丽鹂、邱超奕、葛孟超：《深化供给侧改革　八字方针指明航向》，《人民日报》2018 年 12 月 22 日，第 2 版。

③ 习近平：《决胜全面建成小康社会　夺取新时代中国特色社会主义伟大胜利——在中国共产党第十九次全国代表大会上的报告》，人民出版社，2017，第 31 页。

会发展，主要依靠科技进步和全面创新提高社会劳动生产率和社会生产力水平，让科技和人才成为国家最重要的战略资源。加快建设创新型国家，就要促进科技创新，实现重点领域、关键核心技术突破，加强国家创新体系建设，深化科技体制改革，加强科技创新人才队伍建设等。一是促进科技创新。要“瞄准世界科技前沿，强化基础研究，实现前瞻性基础研究、引领性原创成果重大突破”①。加强基础研究和应用基础研究，为实现科技突破积累必要的知识；攻关国家重大科技项目，在新能源、新材料、生命科学、人工智能、信息通信等领域突破关键共性技术；在太空和海洋开发利用、生物健康、电子信息、能源环境等领域突破并掌握一批前沿性、引领性、颠覆性技术；加强现代工程技术研发和攻关，在重型装备、交通运输、农业等领域掌握现代化技术。二是加强国家创新体系建设。通过建设世界一流水平的战略科技创新基地、重大科技基础设施，整合国家科研基地，优化国家科研平台布局，激发企业创新主动性、积极性，推进产学研深度融合等建设国家创新体系，强化战略科技力量。三是深化科技体制改革。完善支持企业创新的政策体系，强化知识产权的创造、运用和保护，促进科技成果转化，健全创新激励制度，倡导鼓励创新的社会文化。四是加强科技创新人才队伍建设。“培养造就一大批具有国际水平的战略科技人才、科技领军人才、青年科技人才和高水平创新团队。”②

## 三、实施乡村振兴战略

党的十九大报告指出：“农业农村农民问题是关系国计民生的根本性问题，必须始终把解决好‘三农’问题作为全党工作重中之重。”③要解决好“三农”问题，就要大力实施乡村振兴战略，这也是建立现代化经济体系的重要基础。实施乡村振兴战略，要“坚持农业农村优先发展，按照产业兴旺、生态宜居、乡风文明、治理有效、生活富裕的总要求，建立健全城乡融合发展体制机制和政策体系，统筹推进农村经济建设、政治建设、文化建设、社会建设、生态文明建设和党的建设，加快推进乡村治理体系

① 习近平：《决胜全面建成小康社会　夺取新时代中国特色社会主义伟大胜利——在中国共产党第十九次全国代表大会上的报告》，人民出版社，2017，第31页。

② 同上书，第31-32页。

③ 同上书，第32页。

和治理能力现代化，加快推进农业农村现代化，走中国特色社会主义乡村振兴道路，让农业成为有奔头的产业，让农民成为有吸引力的职业，让农村成为安居乐业的美丽家园”[①]。一是要加快农业现代化步伐。通过健全粮食安全保障机制、加强耕地保护和建设、提升农业装备和信息化水平、夯实农业生产能力基础，通过优化农业生产力布局、推进农业结构调整、壮大特色优势产业、保障农产品质量安全、培育提升农业品牌、构建农业对外开放新格局等加快农业转型升级，通过巩固和完善农村基本经营制度、壮大新型农业经营主体、发展新型农村集体经济、促进小农户生产和现代农业发展有机衔接等建立现代农业经营体系，通过提升农业科技创新水平、打造农业科技创新平台基地、加快农业科技成果转化应用等强化农业科技支撑，通过加大支农投入力度、深化重要农产品收储制度改革、提高农业风险保障能力等完善农业支持保护力度。二是要建设生态宜居的美丽乡村。通过强化资源保护与节约利用、推进农业清洁生产、集中治理农业环境突出问题等推进农业绿色发展，持续改善农村人居环境，加强农村生态保护与修复。三是繁荣发展乡村文化。加强农村思想道德建设，践行社会主义核心价值观，巩固农村思想文化阵地，弘扬中华优秀传统文化，丰富乡村文化生活。四是健全现代乡村治理体系。加强农村基层党组织建设，深化村民自治实践，建设法治乡村，提升乡村德治水平，建设平安乡村等。五是保障和改善农村民生。加强农村基础设施建设，提升农村劳动力就业质量，通过优先发展农村教育事业、推进健康乡村建设、加强农村社会保障体系建设等增加农村公共服务供给。六是构建乡村振兴新格局。统筹城乡发展空间，优化乡村发展布局，分类推进乡村发展。七是完善城乡融合发展政策体系。加快农业转移人口市民化，强化乡村振兴人才支撑，加强乡村振兴用地保障，健全多元投入保障机制，加大金融支农力度等。

## 四、实施区域协调发展战略

发展的不平衡不充分问题是新时代制约我国经济社会发展、解决社会主要矛盾的重要因素。实施区域协调发展战略，建立与全面建成小康社会

① 中共中央党史和文献研究院编《十九大以来重要文献选编》上，中央文献出版社，2019，第158-159页。

相协调的区域协调发展新机制是优化现代化经济体系空间布局的重要举措，是建设现代化经济体系的内在要求。实施区域协调发展战略可以在更大、更广的空间区域内实现资源的优化配置，解决发展不平衡不充分问题，促进社会公平正义，释放发展潜能，解放和发展社会生产力。党的十九大报告指出，实施区域协调发展战略要“加大力度支持革命老区、民族地区、边疆地区、贫困地区加快发展，强化举措推进西部大开发形成新格局，深化改革加快东北等老工业基地振兴，发挥优势推动中部地区崛起，创新引领率先实现东部地区优化发展，建立更加有效的区域协调发展新机制”①。实施区域协调发展战略，一是要建立区域战略统筹机制。要推动国家重大区域战略融合发展。以西部、东北、中部、东部四大板块为基础，促进区域间相互融通、协调发展，推动“一带一路”建设、京津冀协同发展、长江经济带发展、粤港澳大湾区建设等。要统筹发达地区和欠发达地区的发展。推动东部沿海发达地区继续保持强劲增长的同时加强改革创新、转换发展动能以及区域一体化发展，推动中西部条件较好地区的发展，支持革命老区、民族地区、边疆地区、贫困地区加快发展。要推动陆海统筹发展。科学发展海洋经济，科学开发海洋资源，加强海洋科技研发及其产业化，建设海洋强国。二是要建立市场一体化发展机制。促进城乡区域间要素的自由流动，推动区域市场一体化建设，完善区域交易平台和制度。三是深化区域合作机制。推动区域间的合作互动，促进流域上下游合作发展，加强省际交界地区合作等。四是优化区域互助机制。继续深入实施东西部扶贫协作，开展对口支援，创新开展对口协作。另外，还需要健全区域利益补偿机制，完善基本公共服务均等化机制，创新区域政策调控机制，健全区域发展保障机制等。

## 五、加快完善社会主义市场经济体制

社会主义市场经济体制是现代化经济体系的制度基础。完善社会主义市场经济体制就是要正确处理好市场与政府的关系这一经济体制改革的核心问题。我们党在十八届三中全会通过的《中共中央关于全面深化改革若干重大问题的决定》中历史性地提出“使市场在资源配置中起决定性作用

① 习近平：《决胜全面建成小康社会 夺取新时代中国特色社会主义伟大胜利——在中国共产党第十九次全国代表大会上的报告》，人民出版社，2017，第32-33页。

和更好发挥政府作用”①，这一论断是我国市场取向改革伟大历史实践经验的总结，是改革开放以来我国社会主义市场经济理论的继承和发展，是马克思主义政治经济学理论的创新，标志着我们党对社会主义市场经济的认识达到了新高度，也是新时代我国加快完善社会主义市场经济体制的根本遵循。一是要切实发挥市场在资源配置中的决定性作用。切实发挥市场在资源配置中的决定性作用，就是要在遵循价值规律的基础上，充分发挥市场机制的作用，把包含土地、资本、劳动力、经济信息、技术等生产要素以及生存资料、发展资料、享受资料等消费品在内的资源配置到最有效率的环节和领域。市场决定价格，将错综复杂的社会偏好、产品质量及稀缺情况等信息整合起来并以简单的价格信号反映出来，动态更新，及时传导，引导企业和消费者作出最优决策和选择，实现产品的优胜劣汰和供求平衡。切实发挥市场在资源配置中的决定性作用，就要建设统一开放、竞争有序的现代市场体系。要建立公平开放透明的市场规则，完善主要由市场决定价格的机制，建立城乡统一的建设用地市场，完善金融市场体系，深化科技体制改革②。二是要更好发挥政府作用。“更好发挥政府作用，不是要更多发挥政府作用，而是要在保证市场发挥决定性作用的前提下，管好那些市场管不了或管不好的事情。”③更好发挥政府作用要求科学的宏观调控、有效的政府治理。政府的职责和作用主要是“保持宏观经济稳定，加强和优化公共服务，保障公平竞争，加强市场监管，维护市场秩序，推动可持续发展，促进共同富裕，弥补市场失灵”④。三是要毫不动摇地坚持社会主义初级阶段基本经济制度。《中共中央关于全面深化改革若干重大问题的决定》指出：“公有制为主体、多种所有制经济共同发展的基本经济制度，是中国特色社会主义制度的重要支柱，也是社会主义市场经济体制的根基。公有制经济和非公有制经济都是社会主义市场经济的重要组成部分，都是我国经济社会发展的重要基础。”⑤要毫不动摇坚持公有制经济的主体地位，促进非公有制经济发展，积极发展混合所有制经济。四是要

① 中共中央文献研究室编《十八大以来重要文献选编》上，中央文献出版社，2014，第513页。

② 同上书，第517-519页。

③ 中共中央文献研究室编《习近平关于社会主义经济建设论述摘编》，中央文献出版社，2017，第66页。

④ 同①书，第500页。

⑤ 同①书，第514-515页。

辩证地处理好政府和市场关系。辩证地处理好政府和市场关系并不是简单的市场作用多一点、政府作用少一点的问题，而是要科学厘清政府和市场的边界。凡属市场能发挥作用的领域，要充分发挥其决定性作用，打破行业、地域壁垒，利用市场机制优化资源配置；政府要简政放权，不能干预过多，更不能不当干预。凡属“市场管不了或管不好的事情”，政府应当主动补位，更好发挥作用，要管到位，管出水平，要在尊重市场规律的基础上通过改革、出台政策、制定规划等激发市场活力、引导市场预期、明确投资方向、规范市场行为。要找准市场和政府的最佳结合点，切实把二者的优势都充分发挥出来，更好地体现社会主义市场经济体制的特色和优势。

## 六、推动形成全面开放新格局

“开放带来进步，封闭必然落后。”[①] 全面开放是实现我国繁荣富强的必由之路，有助于我国更好地开拓国际发展空间，更好地参与全球经济治理，更好地利用全球资源和市场，更好地发挥以开放促发展、促改革、促创新的作用。现代经济体系是开放的系统。继续实行对外开放基本国策，推动形成全面开放新格局是建设现代化经济体系的必然要求。党的十九大报告指出：“要以‘一带一路’建设为重点，坚持引进来和走出去并重，遵循共商共建共享原则，加强创新能力开放合作，形成陆海内外联动、东西双向互济的开放格局。”[②] 推动形成全面开放新格局要坚持主动开放、双向开放、全面开放、公平开放、共赢开放、包容开放，实现“引进来”与“走出去”、沿海开放与内陆沿边开放、制造业开放与服务业开放、向发达经济体开放与向发展中国家开放、多边开放与区域开放、开放与安全等方面的更好结合。推动形成全面开放新格局要推动构建人类命运共同体，扎实推进“一带一路”建设，积极推进贸易强国建设，改善外商投资环境，创新对外投资方式，优化区域开放布局，促进贸易投资自由化便利化，健全高水平对外开放安全保障机制等。

---

① 习近平：《决胜全面建成小康社会　夺取新时代中国特色社会主义伟大胜利——在中国共产党第十九次全国代表大会上的报告》，人民出版社，2017，第 34 页。

② 同上书，第 34-35 页。

# 第三章　加快推进农业农村现代化

在现代化视域中，全面建设社会主义现代化国家，需要有也的确有一个系统布局，该系统布局应与党的基本路线和“五位一体”总体布局相吻合。中共十九大报告和现行《中国共产党章程》重申党在社会主义初级阶段的基本路线，强调以经济建设为中心，把我国建设成为富强民主文明和谐美丽的社会主义现代化强国。其中富强指经济建设和物质文明，民主指政治建设和政治文明，文明指文化建设和精神文明，和谐指社会建设和社会文明，美丽指生态建设和生态文明，体现“五位一体”总体布局。新时代农业农村现代化，是全面现代化系统布局中不可或缺的重要组成部分，同样包括农村经济现代化（这是中心或重点）、政治现代化、社会现代化、文化现代化和生态现代化。

## 第一节　现代化理论与世界农业农村现代化进程

本节首先概论现代化理论的阶段性演变、现代化概念的全面内涵、农业农村现代化的内在要素，继而归纳英、美、法、德、日等发达国家，埃及、印度、巴西等资本主义发展中大国，以及苏俄 / 苏联等世界主要国家的乡村农业现代化特点，分别奠定学理支撑和国际视野。

### 一、现代化与农业农村现代化

现代化理论产生于 20 世纪 50 年代，随着现代化进程的深入而发展。早期现代化理论或狭义现代化理论，又称经典现代化理论或传统现代化理论，盛行于 20 世纪五六十年代。经典现代化理论具有时代局限性，而且本身存在逻辑缺陷，因此许多学者从 20 世纪 60 年代后期起开始批判传统现代化理论，修正主义现代化理论随之出现。依附论也对经典现代化理论提出质疑。依附论盛行于 20 世纪 60 年代，以欠发达国家作为研究对象，旨在阐释欠发达国家欠发达的原因并试图找到摆脱这种不发达状态的途径。自20世纪80年代起，以罗荣渠为代表的部分中国学者，在批判和借鉴“革命范式”与国外现代化理论特别是经典现代化理论的基础上，实际上已提出“以一元多线论为基础的现代化范式”①。

总体而言，迄今为止诸多学者认为，现代化起源于西欧与北美，继而扩展至其他地区，是一个历史过程和一种进步趋势，体现在诸多领域。笔者认为，现代化是从传统社会向现代社会的过渡，具有全球性、阶段性和全面性。各个国家和地区在现代化浪潮中概莫能外，因而现代化具有全球性。现代化是一个长期性的转变过程，故不可避免地带有阶段性。由于传统社会与现代社会在诸多方面尖锐对立，所以现代化又呈现出全面性。在经济层面，从农本社会向工业社会过渡（即工业化），从自给自足到互通有无（即市场化）是其主要内涵。社会现代化则主要指城乡联系加强、闭塞状态消失以及职业流动。在政治层面，通常表现为民族国家的建立、官僚体制的形成、政治参与的扩大与依法治国的原则。此外，现代化还表现在意识形态、生态环境等层面。但是，少数学者特别是发展中国家的学者，对“现代化”的内涵与意义持有不同看法。

农村现代化是现代化的重要组成部分，主要包括农村经济现代化、政治现代化、社会现代化、文化现代化和生态现代化。农业现代化是农村经济现代化的中心任务。农业有广义和狭义之分。广义的农业不仅包括种植业，还涉及林业、畜牧业和渔业等；狭义的农业特指种植业。农业涉及农业技术和播种面积、农业劳力和农业管理、农业产量和价格水平。农业技术和播种面积是农业生产要素中物的因素，农业技术主要包括播种、施肥、水利、除虫、收获、储运等领域的技术变革和农资供给，播种面积主要涉及与农业技术紧密相关的耕地面积和复种指数。农业劳力和农业管理系农业生产要素中人的因素，其中前者特指种植行业的劳力数量、劳力结构（主要涉及性别结构和年龄结构）、劳动生产率和农业工资。“物的因素”与“人的因素”紧密结合，不仅使农产品和使用价值被生产出来，而且使生产关系得以延续、价值出现转移和再造。因此，农业生产兼具自然再生产与经济再生产的双重性质，同时受自然规律和经济规律的支配。农业产量是各类农业生产要素综合作用的结果，能够反映土地生产率、资金

① 董正华：《从历史发展多线性到史学范式多样化——围绕“以一元多线论为基础的现代化范式”的讨论》，《史学月刊》2004年第5期。

生产率与劳动生产率，进而说明耕地、资金与劳力的产出状况。一般而言，农产品市场化水平越高，农业产量受价格水平的影响就越大；而价格水平不仅与农产品需求相关，也和国家政策须臾不可分离。

## 二、世界主要国家农业农村现代化特点

现代化是当代世界的普遍现象和基本趋势，世界主要国家的农业农村现代化历史和现状对中国有着很强的借鉴意义。英语国家英美、欧陆与欧盟国家法德、东亚国家日本，可以代表西方发达国家；西亚北非阿拉伯大国埃及、南亚最大国家印度、拉丁美洲最大国家巴西，可以代表资本主义发展中大国；苏俄/苏联则是世界历史上第一个社会主义国家。上述三类国家的农业农村现代化历程，特别是土地制度的演变特点，具有典型性和研究价值。

在过去两百多年间，小国寡民的英国和地广人稀的美国先后成为引领世界现代化的头号强国，也是当今世界英语国家与英美法系的代表。在世界历史上，英国是最早启动并实现农业农村现代化的国家。19世纪的英国，雇佣关系在农业领域得到充分发展；第二次世界大战结束后，英国逐渐成为一个盛行家庭农场的国家，土地经营者往往掌握地权。美国的农业生态环境优势相当全面，其农业农村现代化的主要特点是：土地制度和经营模式，分别是土地私有制与家庭大农场，所有权与经营权通常合二为一，与美国的资本主义制度和地广人稀状况相适应；私有的家庭大农场，耕地资源非常丰富而劳力供给相对不足，加之地势平坦，因而长期致力于提高机械化水平，着眼于提高劳动生产率；私有家庭农场，大多面向国内外市场，种植单一作物或养殖单一牲畜，农产品市场化程度很高；农场主利用自身的选举权和多种农业合作社，影响官方涉农立法与行政活动，促使政府采取多项惠农政策。

法国和德国是大陆法系的代表，是欧共体和欧盟的创始国。法国是欧洲最重要的农产品生产和出口国，也是较早启动现代化进程的世界强国，到19世纪末20世纪初已经基本完成农业农村现代化。德国在欧洲较晚建立统一民族国家，其现代化进程的启动也较晚，却后来居上，自19世纪后期起成为欧洲经济最发达的国家，其农业农村现代化水平很高。法德两

国均立法保障农村土地私有制，并盛行家庭农场经营模式。

日本作为国土狭小、山地众多而耕地极少的二战战败国，却成为亚洲最早实现乡村农业现代化的国家，其单位面积产量与土地生产率很高，多数农产品质优价高，农民获得丰厚的农业收入与非农收入，而且享受全面的社会保障。日本农业农村现代化的基本经验，在土地制度方面表现为：承认土地私有，日本政府在美国占领当局推动下实施土改，通过征购和出售超额地产，使日本成为小农土地所有制居主导地位的国家；日本政府后来鉴于农业机械化、农民兼业化、农村少子化、农村人口老龄化与城市化，为提高农业劳动生产率和经济效益，多次修改或出台法律，推动农地买卖和租赁，进而扩大农地经营规模。

在现代埃及特别是阿拉伯埃及共和国农业农村现代化的进程中，农地制度、农产品市场化、粮食问题、村民流动与乡村政治参与之间具有紧密的内在关联。埃及政府或建立土地国有制进而剥夺小农的土地所有权，或推动地权私有化进而纵容土地兼并，或推广土改合作社进而侵蚀小农对耕地的经营权和用益权，由此达到限制小农产权、控制乡村民众和转移农业剩余的多重目的[①]。至此，即便在土地私有化条件下，小农土地所有制也已沦为徒有虚名的所有制或曰纯粹名义上的所有权。

印度农业农村现代化始于18世纪中后期英国殖民统治初期，印度独立后长期实施以土改和合作化为重点的“制度战略”和以“绿色革命”为中心的“技术战略”。在土地制度方面，印度独立后继续走资本主义道路，重视保护私有地产，土地改革法通常强调和平赎买超额土地并稳定农业租佃关系；另外，独立后的印度没有实行中央集权制和总统制，而是采取联邦制的国家结构形式与议会制政体，中央政府的权力受到较大制约，在实施土改过程中受到多方掣肘，多次土改尝试收效不大。

巴西农业农村现代化始于19世纪初期的独立运动。与中华人民共和国相比，当代巴西走资本主义道路，实行土地私有制，并未经历较为彻底的土地改革或革命，较多地保留了葡萄牙殖民统治时代的大地产；巴西地广人稀，而且农村人口比重较小，因此，巴西村民人均耕地面积广阔，但耕地高度集中，私人大庄园与农业雇佣关系十分典型。

① 刘志华：《阿拉伯埃及共和国的三农问题及其对中国的启示研究》，北京理工大学出版社，2018，第140-141页。

俄罗斯是当今世界面积最大的国家，其前身是苏联最大加盟共和国苏维埃俄国。苏俄 / 苏联的乡村农业现代化特指从 1917 年十月革命爆发到 1991 年苏联解体前夕俄国的乡村农业现代化，主要涉及土地制度和粮食问题，而这两个领域密切相关。

十月革命后初期，苏俄实施战时共产主义政策，在乡村农业领域取消一切商品交换，强制实行余粮征集制和口粮配给制，并以行政力量消灭地主阶级和改变土地占有格局。战时共产主义政策实施的地区，农用土地所有权名义上归村社，经营权归农户，用益权归布尔什维克和苏俄政府，这是一种特殊形式的土地国有制。苏俄内战结束后，战时共产主义政策已经不合时宜且遭到激烈抵制，于是列宁开始实施新经济政策，在乡村农业领域以降低的粮食税代替余粮征集制，恢复粮食贸易，废除口粮配给制。新经济政策实施时期，俄国农用土地所有权归村社，经营权和用益权归农户，这是一种特殊形式的小农土地所有制。

列宁去世后几年，斯大林废除新经济政策，实施农业集体化。农业集体化的实质是，土地等全部生产资料和部分生活资料的所有权名义上归集体农庄，经营权和用益权实际上掌握在推行指令计划的国家手中。农业集体化消灭土地私有制和家庭经营制，摧毁村庄原有的自治倾向和内聚特征，违反自愿和渐进原则，完全剥夺农户的产销自主权，使农业剩余长期流向工业和城市，从而严重打击农户的积极性，导致农业产量增长乏力，甚至出现多次严重饥荒；农业集体化将农民固着于集体农庄之内，成为所谓的贡税承担者，妨害农民的自由迁徙，事实上恢复了农奴制。斯大林去世后，苏联继任领导人曾对集体农庄制度进行细微改革，但集体农庄制度直至苏联解体时依然存在，农业领域高度集中的计划经济体制始终未曾改变。

综观当代世界人口过亿的国家中，只有美国和日本实现了农业农村现代化，但是两国的人口、农业人口和农村常住人口还不到中国的一个零头。在中国这样一个人口众多，尤其是农业人口和农村常住人口占比较大的超级大国实现农业农村现代化，既无先例可循，也有极大难度。即使有朝一日中国的城市化水平超过 90%，中国仍将有过亿人口常住农村。由此可见，中国的农业农村现代化具有开创性、艰巨性、长期性和战略性。

# 第二节　新中国农业农村现代化进程与“乡村振兴战略”概述

中华人民共和国成立初期，中国农业农村现代化走过一段弯路。改革开放以来，中国农业生产曲折发展，广大乡村不断从闭塞走向开放，乡村居民的社会地位缓慢提高，农业农村现代化取得显著进步。本节回顾从新中国成立后到中共十八大前农业农村史概况，总结中共十八大以来习近平总书记关于农业农村现代化战略地位的论述，概述“乡村振兴战略”，为之后几节提供历史基础和理论依托。

## 一、新中国改革开放前的农业农村史（1949—1978 年）

1950 年与 1952 年，新中国和埃及先后颁布土改法。此前两国为农业国，土地问题至关重要；战争或贫困导致乡村陷入动荡状态；中国共产党已在局部地区平分土地并从 1949 年起执政，埃及倾向土改的自由军官组织亦于 1952 年掌权。在土改中两国未将土地公有化，但中国后来实行集体化；两国没收或征购地主超额地产，继而向小农免费或有偿分地。通过限制大地产和土地再分配，两国新政权旨在乡村培育社会基础。没收还是征购超额地产，免费还是有偿给予小农土地，最终是否实施土地集体化，构成新中国与中东土改政策的主要差别。

统购统销制与农业合作化是新中国成立初期国家推进工业化的重要手段。1953—1954 年国家对重要农产品实行统购统销制，实质在于调整城乡和工农关系。农业合作化系 20 世纪 50 年代前中期中国乡村的普遍现象，是“过渡时期总路线”的重要内容。毛泽东主要依据共同劳动的程度和土地制度的属性，将农业合作化分成初级互助组、常年互助组、初级社、高级社等从低到高的几个阶段，鼓励村民共同劳动并实现耕地集体所有[①]；在毛泽东的推动下，农业合作化到 1956 年基本完成，多数乡村建立高级社，

① 中共中央文献研究室编《毛泽东年谱（1949—1976）》第 2 卷，中央文献出版社，2013，第 178-190 页。

农村绝大部分耕地从个体所有变为集体所有。农业合作化旨在增强政府对乡村人力物力的调控能力，从而为粮食等农产品的统购统销提供条件，为工业化提供商品市场、原料产地和资金积累。

1958 年，全国开展了“大跃进”和人民公社化运动。政社合一与“一大二公”的人民公社，力图提高农业生产力并加强政府对农村人力物力的调动能力，可以说是乡村农业生产关系、社会组织和政治动员方面的“大跃进”，严重挫伤了社员生产积极性，直接导致村民消极怠工，加剧乡村普遍贫困，甚至造成饥荒。面对极其严重的经济困难特别是粮食短缺，中央在 20 世纪 60 年代前期大力纠“左”，确立“三级所有，队为基础”的生产资料所有制[①]，制止公社一级无偿征调下级农村集体经济组织和农户的生产资料、劳力和农产品，废除公共食堂和农村按需分配制度，恢复社员自留地和家庭副业。尽管中央只是退了半步，却将平均主义范围从公社一级缩小至生产队（小队），使农民的劳动付出和所得的关系更加直接，因此收效显著。

## 二、中国改革开放初期农村改革的启动

改革从农村开始，农村改革从调整农民和土地的关系开启。从中共十一届三中全会召开后，到人民公社体制退出历史舞台前，中国的“三农”问题主要表现在土地制度方面，其焦点是人民公社体制与家庭联产承包责任制的此消彼长，涉及“三农”事业生产关系的调整和生产力的改变。

从农业合作化基本完成到 20 世纪 60 年代初，中国农民在不触动耕地集体所有制的前提下，曾经顽强地进行过多次家庭经营尝试，力图将农户劳动与收益直接挂钩，但都被制止。在中共十一届三中全会召开前后，面对极其严峻的粮食问题，部分干部和农民在不改变农村土地集体所有制的前提下，抛弃原有共耕制，开始实行多种形式的责任制，大大提高了农民的生产积极性与农业产量。然而，基层改革尝试起初在中央遭遇严重阻力。在这个重大历史关头，邓小平强调“解放思想”“实事求是”“因地制

① 中央档案馆、中共中央文献研究室编《中共中央文件选集（1949 年 10 月—1966 年 5 月）》第 39 册，人民出版社，2013，第 62-77 页。

宜”“不要争论”“政策要放宽”，指出“从当地具体条件和群众意愿出发，这一点很重要”①。在邓小平和党中央的认可和推动下，包干、包产到户迅速成为农村家庭联产承包责任制的主要形式。与包产到户相比，包干到户（“大包干”）更受农民欢迎。大包干承包的并非分解到户的农业产量，而是农业税费；超产的劳动成果不再由基本核算单位生产队（小队）按工分分配给各农户，而是直接由农户享有；因此，大包干彻底摆脱了生产队（小队）内部的平均主义因素。

以包干到户这种家庭经营为主要形式的农村家庭联产承包责任制，削弱甚至抛弃了基本核算单位在农业生产中的组织、监督、核算和分配职能，进而冲击在集体经营基础上建立的人民公社体制，使这种“一大二公”、政社合一的低效机构毫无用武之地。在这种情况下，邓小平因势利导，提倡改革乃至废除人民公社体制。在农村改革实践与邓小平的双重推动下，中共十二大后，经济体制改革全面展开，家庭联产承包责任制迅速成为农业生产责任制的主要形式，农户在承包耕地后普遍自主安排劳动时间，自主确立种植结构，自主决定复种指数，自主承担农业税费，自主享有剩余产品，导致以集体劳动为特征的人民公社体制走到尽头。1983 年中共中央、国务院宣布废除人民公社体制，建立乡（镇）政府作为基层政权，同时成立村民委员会作为村民自治组织。

改革开放初期农村经济结构的调整，主要包括两个层次的问题，一是依靠政策和科学来推进农业现代化，二是发展乡镇企业与农村非农产业。邓小平多次强调，实现农业现代化，要靠政策和科学②。随着家庭联产承包责任制的广泛实施与人民公社体制的瓦解，农村出现大量富余劳动力，农民也获得一定的迁移自由，因此大批农民不再固着在耕地上从事农业生产，而是在短缺经济形势下从事获利较高的工商业和服务业；在这种情况下，集体的、个体的和私营的乡镇企业在农村开始出现。邓小平敏锐地觉察到乡镇企业在解决农村富余劳动力就业、增加农民收入等方面的巨大作

---

① 邓小平：《关于农村政策问题》，载《邓小平文选》第 2 卷，人民出版社，1994，第 315-317 页。

② 中共中央文献研究室编《邓小平年谱（1975—1997）》，中央文献出版社，2004，第 837-838 页。

用，曾多次给予高度评价并大力提倡[①]。在邓小平和党中央的支持下，乡镇企业提高了农村的工业化和商品经济水平，有助于增加财政收入、提高政府效能，有助于增加农民收入、提高其生活质量，有助于提高城镇化水平，成为改革开放初期我国经济发展的一支生力军。

## 三、新时代“三农”工作的直接历史基础与“乡村振兴战略”的提出

中共十四大后至十八大前的“三农”工作，构成新时代“三农”工作的直接历史基础。中共十四大后至十六大前，以江泽民同志为核心的党的第三代中央领导集体，在乡村农业领域着重调整农业结构并做好扶贫攻坚工作。一是调整农业结构，推进农业产业化经营[②]；二是实施《国家八七扶贫攻坚计划（1994—2000年）》，减少农村贫困人口[③]。中共十六大后至十八大前，以胡锦涛同志为总书记的中央领导集体，逐步调整工农、城乡关系，力图“以工促农、以城带乡”，降低农民负担并增加农民收入[④]。相关成就集中表现在以下两个方面。一是加快农村税费改革并废除农业税。从20世纪80年代初人民公社体制废除，到21世纪初农业税费改革之前，农民除了向中央上缴农业税外，还要向乡村两级提供“三提五统”，负担非常沉重。从1989年到21世纪初，农民还要出纳“两工”。农业税费与“两工”制度被取消，深刻改变了农民、其他村民、土地、粮食生产、村干部、乡镇、中央之间的关系。二是初步建立农村社会保障体系。这一时期中国基本建立了覆盖全国的免费义务教育制度、新型农村合作医疗制度、农村最低生活保障制度、新型农村社会养老保险制度，在制度上实现了从无到有的历史性转变。

中共十八大以来，习近平总书记非常重视“三农”工作和“三农”问

---

① 邓小平：《一切从社会主义初级阶段的实际出发》，载《邓小平文选》第3卷，人民出版社，1993，第251-252页。

② 中共中央文献研究室编《十五大以来重要文献选编》上，人民出版社，2000，第560-568页。

③ 中共中央文献研究室编《十四大以来重要文献选编》上，中央文献出版社，2011，第673-675页。

④ 胡锦涛：《关于工农城乡关系的两个趋向》，载《胡锦涛文选》第2卷，人民出版社，2016，第247-248页。

题，多次围绕农业农村战略地位这一问题发表重要讲话，实际上已指出“三农”问题和“三农”工作的地位表现在历史、现实和未来三个维度。回顾历史，“三农”问题是“历史性课题”[①]。在现实中，“三农”问题是“根本性问题”，“三农”工作是“重中之重”，因此必须坚持“优先发展”[②]；新时代“三农”领域的相关成就和变革是“历史性”的[③]；新时代乡村农业领域的不足，主要表现在农业基础比较薄弱，还是四个现代化的“短腿”，表现在农村还是全面建成小康社会最突出的“短板”[④]。展望未来，“三农”是“大头重头”和“基础”。到2035年基本实现社会主义现代化，大头重头在“三农”；到2050年把我国建成社会主义现代化强国，基础在“三农”[⑤]。

中国特色社会主义进入新时代后，解决“三农”问题更显迫切，发展“三农”事业具有更为扎实的物质基础和理论储备。中共十九大首次提出的“乡村振兴战略”适逢其时，在中国“三农”事业发展进程中具有里程碑意义，成为新时代做好“三农”工作的总抓手。

从纵向看，“乡村振兴战略”是着眼“两个一百年”奋斗目标的战略举措，贯穿到全面建成小康社会、基本实现社会主义现代化、建成富强民主文明和谐美丽的社会主义现代化强国全过程。“乡村振兴战略”的目标任务是实现农业农村现代化，这个总目标将分阶段实现：到2020年乡村振兴取得重要进展，到2035年乡村振兴取得决定性进展并基本实现农业农村现代化，到2050年乡村全面振兴并全面实现农业强、农村美、农民富[⑥]。

从横向看，“产业兴旺”取代“生产发展”，可以涵盖流通和消费环

---

① 习近平：《在中央农村工作会议上的讲话》，载中共中央党史和文献研究院编《习近平关于“三农”工作论述摘编》，中央文献出版社，2019，第12页。

② 习近平：《决胜全面建成小康社会 夺取新时代中国特色社会主义伟大胜利——在中国共产党第十九次全国代表大会上的报告》，人民出版社，2017，第32页。

③ 同②书，第7页。

④ 习近平：《在中央农村工作会议上的讲话》，载中共中央文献研究室编《十八大以来重要文献选编》上，中央文献出版社，2014，第658页。

⑤ 同②书，第11页。

⑥《中共中央、国务院关于实施乡村振兴战略的意见》，载中共中央党史和文献研究院编《十九大以来重要文献选编》上，中央文献出版社，2019，第159-160页。

节，更加突出供给侧结构性改革这条主线，反映农业农村经济适应市场需求变化、加快优化升级、促进产业融合的新要求。“生活富裕”取代“生活宽裕”，是因为中国特色社会主义进入新时代后我国社会的主要矛盾发生转变，从需求角度看，“美好生活需要”在深度和广度上已经超过“物质文化需要”。“村容整洁”变成“生态宜居”，显然是因为后者不仅包含前者，而且涉及水环境、大气治理、垃圾处理、土壤质量、生物多样性等更为广阔的内容，反映农村生态文明建设质的提升并体现农民对建设美丽家园的追求。“管理民主”变成“治理有效”，内涵更为准确，突出国家治理体系和治理能力现代化取向，旨在推进乡村治理现代化，让农村既充满活力又和谐有序。只有“乡风文明”这个提法保持不变，重点是弘扬社会主义核心价值观，保护和传承农村优秀传统文化，加强农村公共文化建设，开展移风易俗。

## 第三节　新时代中国农业现代化与农村经济现代化

乡村振兴战略的总要求，是中国共产党社会主义初级阶段基本路线“富强民主文明和谐美丽”五大目标在农业农村农民中的具体体现，是“五位一体”总体布局在“三农”事业上的逻辑延伸。产业兴旺涉及经济建设、物质文明和经济现代化。本节综述新时代中国土地制度、粮食安全、农业供给侧结构性改革与乡村新产业、城乡关系，以经济建设为中心，系统阐释“产业兴旺”、农业现代化与农村经济现代化。

### 一、深化农村土地制度改革

土地是最基本的农业生产资料，土地制度是构成农业生产关系的核心因素，主要涉及农用地特别是耕地的所有制、承包经营制等制度安排。农业社会主义改造完成后，中国共产党和政府一贯坚持农村土地特别是耕地的集体所有制；改革开放以来，党和政府不断扩大农户的生产自主权，主要表现在稳定农户承包权方面；党的十八大以来，党和政府强调放活农村集体所有的农用地经营权，实行土地所有权、承包权和使用权的“三权分置”[①]，这种安排有助于扩大农民的财产性权利、生产自主权和自由择业权，是当前中国农村土地制度改革的重要特点，符合农业现代化发展方向。

坚持集体所有权。全国土地按照土地用途分为农用地、建设用地和未利用地，依据土地所有者类别分为国有土地和集体土地。鉴于改革开放以来中国农村基本经营制度的重要地位及其与农村土地集体所有制的密切联系，习近平总书记强调，必须坚持农村集体对土地的所有权[②]。农村集体经济组织是农村集体土地制的载体，通常指20世纪50年代农业合作化时期初级社，人民公社时期的生产队或小队，还有人民公社体制退出历史舞台后的自然村或村民小组。20世纪60年代初人民公社制度调整时期确立的“三级所有，队为基础”土地制度，既是改革开放初期农村土地制度改革的对象（取消其集体经营制度），又是其前提（承认其集体所有制度）。因此，人民公社体制被废除后，农村“集体”既可被理解为村民小组（原生产队或小队），也可被理解为行政村（原生产大队），甚至可被理解为乡镇（大体上相当于原人民公社）。但这个模糊的“集体”，却成为土地承包法所规定的发包方，享有明确的发包、监督、制止等权利[③]，这些权利实际上是土地所有权的实现形式。农村集体土地面积广大但权属模糊、异常分散，使其在面积较小但权属清晰、相对集中的城市国有土地面前，处于弱势，更显另类。征地补偿标准差异则是两类土地地位迥异的真实写照。

稳定农户承包权。在1986年《中华人民共和国土地管理法》颁布前，通常由中共中央、国务院文件来确认或调整农村土地承包关系。《中华人民共和国土地管理法》实施后特别是2002年《中华人民共和国农村土地承包法》颁布后，同时由中央文件和若干法律来确认或调整农村土地承包关系。1986年颁布的《中华人民共和国土地管理法》首次明确规定，农户的承包经营权受法律保护。1993年第八届全国人大第一次会议通过宪法修正案，“家庭联产承包责任制”首次入宪。1999年第九届全国人大第二次

---

① 习近平：《在中央全面深化改革领导小组第五次会议上的讲话》，载中共中央党史和文献研究院编《习近平关于“三农”工作论述摘编》，中央文献出版社，2019，第56页。

② 习近平：《坚持和完善农村基本经营制度》，载《论坚持全面深化改革》，中央文献出版社，2018，第70-71页。

③ 《中华人民共和国农村土地承包法》（2002年8月29日第九届全国人大常委会第二十九次会议通过，2018年12月29日第二次修正文本），中国法制出版社，2019，第10-22页。

会议通过的宪法修正案明确规定：“农村集体经济组织实行家庭承包经营为基础、统分结合的双层经营体制。”2002 年颁布的《中华人民共和国农村土地承包法》，是新中国史上第一部关于农村土地承包的专门法律，侧重保护农户承包经营权。在禁止调整承包地、“增人不增地、减人不减地”的情况下，以上规定在理论上意味着村集体每个成员所持承包地面积因每户人数不同以及人数增减而有差异和变化。该法还多次规定，承包方拥有多种土地权利，尤其是可以“互换、转让”承包经营权并“流转”土地经营权。2007 年第十届全国人大第五次会议通过的《中华人民共和国物权法》，将土地承包经营权界定为“用益物权”；享有土地承包经营权意味着承包经营者是土地的用益物权人，对土地享有占有、使用和收益权。党的十八大以来，党中央和习近平提出“三权分置”，强调要稳定农户承包权、放活土地经营权；党的十九大以来，党中央和习近平提出，在第二轮土地承包到期后再延长三十年[①]。2018 年 12 月底最新修正的《中华人民共和国农村土地承包法》，已将党的十八大和十九大以来出现的“三权分置”和承包期延长等重要表述纳入法律，上升为国家意志。

放活土地经营权。承包权有身份性和封闭性，经营权则相反。如果说承包权主要需要“保障”，那么经营权就必须“放活”。近年来，我国农村农用地经营权流转现象越来越普遍，土地承包权主体同经营权主体出现相当程度的分离。现行《中华人民共和国农村土地承包法》明确规定：农村农用地承包方可以“流转”土地经营权，承包地经营权受让方也可流转土地经营权；土地经营权的流转原则是“依法、自愿、有偿”等；流转形式是“出租（转包）、入股或者其他方式”；土地经营权实际拥有者，有权凭经营权向金融机构融资担保。伴随着农村农用地经营权的流转，中国出现多种新型农业经营主体。在当前农村土地集体所有制和农户承包制情况下，农村土地经营权流转显然是发展农业规模经营的前提。推动土地经营

① 习近平：《决胜全面建成小康社会　夺取新时代中国特色社会主义伟大胜利——在中国共产党第十九次全国代表大会上的报告》，人民出版社，2017，第 32 页。

权流转、发展农业规模经营的总体原则是“三个相适应”①。中国必须处理好培育新型农业经营主体和扶持小农生产的关系，农业生产经营规模要坚持因地、因时、因人制宜，宜大则大、宜小则小。

## 二、健全粮食安全保障体制

“粮食”是食物的种概念，口粮的属概念。关于食物和口粮的概念，学界和官方并无明显分歧，食物是人类可食用物的总称，口粮是人类主要食用的谷物。然而，关于粮食的概念，相关定义复杂多样。本书认为，粮食是稻谷、小麦和玉米三大谷物与大豆的总称，理由是：20 世纪 90 年代后特别是进入 21 世纪，稻谷、小麦和玉米三大谷物产量占中国政府现行“粮食”产量统计口径的比重往往超过 90%，薯类播种面积和产量在粮食总播种面积和总产量中的比重微乎其微，大豆在生产、人类消费和禽畜消费方面却具有重要意义。粮食安全受生产能力、流通能力和消费能力三大因素影响。粮食播种面积、播种结构与单位面积产量是影响粮食生产能力的因素，人口数量和人均消费水平是影响粮食消费能力的因素，国内外粮食贸易量以及国内储运设施和制度是影响粮食流通能力的因素。粮食安全非常重要。习近平总书记主要从治国理政、乡村振兴、农村改革、供给侧结构性改革、经济发展、社会稳定和国家安全等角度阐述粮食安全和粮食生产的极端重要性，强调在任何时候都不能放松粮食生产或忽视粮食安全，强调决不能重演大饥荒的历史悲剧。

认清“总体紧平衡”的粮食安全形势，是实施粮食安全战略的根本前提。“以我为主、立足国内、确保产能、适度进口、科技支撑的国家粮食安全战略”②，则是针对粮食安全形势而实施的。“保谷物、保口粮”是国家粮食安全战略的首要目标和集中体现，是“最基本最重要的”方面或“重

① 习近平：《坚持和完善农村基本经营制度》，载《论坚持全面深化改革》，中央文献出版社，2018，第 74 页；习近平：《在中央全面深化改革领导小组第五次会议上的讲话》，载中共中央党史和文献研究院编《习近平关于“三农”工作论述摘编》，中央文献出版社，2019，第 56 页。

② 习近平：《在中央经济工作会议上的讲话》，载中共中央党史和文献研究院编《习近平关于“三农”工作论述摘编》，中央文献出版社，2019，第 67-68 页；习近平：《在中央农村工作会议上的讲话》，载中共中央文献研究室编《十八大以来重要文献选编》上，中央文献出版社，2014，第 660 页。

点”[①]。实施以“保谷物、保口粮”为重点的国家粮食安全战略，需要中央政府与省级政府两级分工，中央政府承担首要责任，省级政府承担主体责任。

我国人均粮食占有量连续多年超过世界平均水平，比较稳定地实现了粮食基本自给；但在目前的科技水平下，中国粮食生产受到水资源、耕地资源和生态环境的硬约束，增产乏力；“北粮南调”规模呈扩大之势，粮食生产的地区布局发生显著变化，导致虚拟水“北水南调”。保障粮食安全，关键是要保粮食生产能力；粮食生产根本在耕地，命脉在水利，出路在科技，动力在政策[②]，四者大体上可被概括为“藏粮于地、藏粮于技”战略。藏粮于技，即以科技支撑单位面积产量。农业科技创新，涉及农业机械化和信息化；农业科技推广，离不开县乡两级农业技术机构和队伍。藏粮于地，即通过扶持政策和耕地保护来确保种植面积。只有提高粮食的经济效益，才能提高粮农的生产积极性和粮食主产区政府的管理积极性。提高粮食生产的经济效益，既需要市场这只看不见的手，也需要政府这只看得见的手。政府出台的粮食价格支持和农业补贴等各项扶持政策，力图通过提高种粮经济效益来确保种植面积。改革开放以来，中国工业和服务业迅速发展，城市建设用地不断扩张，农民收入水平和宅基地面积扩大，加上退耕还林、还草、还湖、还湿力度较大，导致耕地萎缩形势比较严重。应对耕地萎缩，总体原则是守住耕地数量与质量红线。具体做法有两个：限制耕地非农化规模并搞好耕地占补平衡。耕地被占用之前，中央限制耕地非农化规模。耕地被占用之后，中央强调要实行耕地占补平衡政策。耕地占补平衡中，普遍存在着补充数量不到位、补充质量不到位问题[③]。补充数量不到位，主要是占多补少；补充质量不到位即占优补劣或曰占好补差，后果最为严重，并有多种表现。

粮食储备要妥善处理中央和地方、政府和民间的关系。一方面，中央

① 习近平：《在中央农村工作会议上的讲话》，载中共中央文献研究室编《十八大以来重要文献选编》上，中央文献出版社，2014，第662页。

② 习近平：《在河南考察时的讲话》，载中共中央党史和文献研究院编《习近平关于“三农”工作论述摘编》，中央文献出版社，2019，第84页。

③ 习近平：《就做好耕地保护和农村土地流转工作作出的指示》，载中共中央党史和文献研究院编《习近平关于“三农”工作论述摘编》，中央文献出版社，2019，第57-58页。

和地方储备粮职能定位不同；另一方面，政府要调动市场主体储粮积极性。中央之所以要调动地方政府和社会仓储的积极性，主要是由于近年来国粮入库导致中央财政负担沉重。这些负担或耗费种类多样，一是银行贷款本息与收购大量新粮带来的耗费；二是兴建、维修和改造大批粮仓带来的支出；三是保管入库粮食带来的耗费；四是陈粮出现数量损耗和质量降级，粮库在粮食存储到期前夕亏本销售陈粮。为了减轻粮食储备压力，中央除了要调动地方政府和社会的积极性，还要在农业结构性调整方面下功夫。中国加入世界贸易组织之后，粮食进口量呈现上升趋势，中国迅速成为粮食净进口国。大豆是中国对外依存度最高的粮食种类，也是进口额最大的粮食种类，而且短期内中国大豆的对外依存度和进口额还将呈现上升趋势。中国大豆具有自给率很低、来源国集中、运输线单一三大特征，因此中国进口大豆时除应考虑经济安全和政治安全外，还须顾及“地理可获得性”问题，充分估计进口风险。在国内粮食生产确保谷物基本自给、口粮绝对安全的前提下，为了减轻国内农业资源环境压力，弥补部分国内农产品供求缺口，中国有必要适当增加进口和尝试在国外租地、买地或搞合作开发。

中国加入世界贸易组织之后，经济总量得到迅速提升、城乡居民收入大幅提高，加之人口总数上升与城镇人口比重提高，中国人均全口径粮食消费量呈现上升趋势。改革开放以来，中国城乡居民的食物消费结构出现重大变化，居民人均直接消费口粮减少，动物性食品、木本食物及蔬菜、瓜果等非粮食食物消费增加，食物更加多样，饮食更加健康。但是，食物浪费尤其是粮食浪费是全世界的普遍现象，有相当多的粮食浪费发生在中国，消费环节的浪费本来可以避免，却占比最高。因此，我们一方面要注重解决粮食在收储、销售、加工过程中的浪费，另一方面要阻止餐桌上的浪费，尤其是要遏制公款吃喝。

## 三、融合发展农村一、二、三产业，拓宽在村农民增收渠道

增加农民收入是农业农村工作的关键，是“三农”工作的中心任务，农民收入是否增加是检验农村工作是否具有实效的一个重要尺度，是农民

能否达到小康生活水平的关键。

通过农业供给侧结构性改革促进农民增收，其实质是通过提高农产品市场化程度或商品率来增加农民的农业收入。进行农业供给侧结构性改革，资源禀赋是定位器，市场需求是导航灯，要以科技为支撑①，以家庭农场和农民合作社为抓手。但以上举措仰赖农业劳动力和经营者的努力。应通过富裕农民、提高农民、扶持农民，解决“谁来种地”的问题②。通过适度规模经营“富裕农民”，解决“愿不愿意种地”问题；通过职业技能培训“提高农民”，解决“会不会种地、什么人来种地”问题；通过财政或金融等手段“扶持农民”，解决“怎样种地”问题。

当今乡村的功能和价值分为从事农业功能和经济价值、生态涵养功能和生态价值、休闲观光功能和社会价值、文化体验功能和文化价值。乡村具有的上述独特功能和价值，使其成为发展休闲旅游业的重点区域。乡村休闲旅游业是乡村非农产业以及一、二、三产业融合发展的重要体现。农民从乡村休闲旅游业中所能获得的非农收入，除经营性收入和工资性收入外，还有财产性收入。农民的财产性收入来源，特指农民私人所有的住宅和集体所有的资产，后者主要指“三块地”，即属于农用地的耕地、属于建设用地的宅基地和农村集体经营性建设用地。赋予农民更多财产权利，是增加其财产性收入的前提。

## 四、重塑城乡关系

改革开放以来，我国的工业和服务业持续发展，进城打工的乡村人口数量呈现上升趋势，我国城市常住人口所占比重随之逐渐提高。农村劳动力进城打工的原因有三。一是由于农村人口自然增长和农业劳动生产率提高，农业剩余劳动力出现并增加。二是城乡发展水平差距。城乡政治地位的巨大差距，对国家在投资和税收等方面的政策导向具有重大影响。投资差距和税收差距进一步扩大城乡居民的就业和收入差距，影响了乡村农业

① 习近平：《加快转变农业发展方式》，载中共中央党史和文献研究院编《习近平关于“三农”工作论述摘编》，中央文献出版社，2019，第91-92页。

② 习近平：《在中央农村工作会议上的讲话》，载中共中央文献研究室编《十八大以来重要文献选编》上，中央文献出版社，2014，第678页。

领域的投资环境，进而扩大了城乡在基础设施和公共服务领域的差距。三是改革开放以来农民人身自由度提升。改革开放以来，家庭联产承包责任制的广泛推行和人民公社制度退出历史舞台，使村民的人身束缚趋于瓦解，乡村居民得以摆脱制度羁绊流入城市。

城乡关系不仅涉及区域关系，而且与农业现代化、工业化、城镇化这三个现代化领域密切相关，推进城乡发展一体化，是现代化和社会主义现代化建设的内在要求与重要标志①。当前中国城乡关系还存在严重弊端。一是我国的城市化水平实际上仍然很低。我国通常将高于城市化率的城镇化率视为城市化率，这就容易使人误解中国的真实城市化水平，我国城市和镇的户籍人口所占比重低于常住人口所占比重。二是乡村"三留守"问题十分严重。改革开放后特别是中国"入世"以来，中国逐渐融入国际劳动分工和世界贸易体系，为东部沿海地区带来海量就业需求，导致大量农民特别是中西部农村人口涌入东部沿海大中城市寻求就业机会。由于二元户籍制度及福利制度的阻隔，尚未成为劳动力的农村儿童难以在城镇获得平等教育机会，暂时丧失劳动力的农村孕妇、产妇和哺乳期妇女也无法在城镇就业，已经丧失劳动力的农村老人更难以在城镇享受养老和医疗保障，已经成为劳动力的农村青壮年在丧失劳动力后也必须返乡养老。因此，近年来农村常住人口远少于户籍人口，农村人口的年龄结构畸形化、农村空心化和"三留守"问题（尤其是老龄化问题）非常严重。

以人为本是城镇化的基本原则之一，城镇化必须以人为核心。一是让农民自由转移至非农产业。推动农民进城打工和定居，有助于减少农业人口、农村常住人口和农村户籍人口，推动耕地使用权的流转和集中，促进农业的规模经营，提高在村农民的农业收入、人均收入和消费水平。二是让农民自由迁移至城市定居。户籍制度将农民工与当地市民隔绝开来，使其无法享受与户籍挂钩的系列公共服务和就业机会。因此必须逐步放开户籍限制，使农民工及其家属可以在城市定居。三是为那些不愿或不能定居

---

① 习近平：《在十八届中央政治局第二十二次集体学习时的讲话》，载中共中央党史和文献研究院编《习近平关于"三农"工作论述摘编》，中央文献出版社，2019，第33页。

城市的农民在农村提供较好的公共服务和基础设施，使其能够过上富足的生活。要推动城镇基础设施向农村延伸，城镇公共服务向农村覆盖，使不愿或不能定居城市的农村常住人口，特别是农村“三留守”人员能够过上富足的生活。总之，要通过制度保障，让进城的人进得放心，让留在农村的人留得安心。

## 第四节　新时代中国农村其他领域的现代化

乡村振兴战略的总要求中，生态宜居涉及生态建设、生态文明和生态现代化，乡风文明涉及文化建设、精神文明和文化现代化，治理有效涉及政治建设、政治文明和政治现代化，生活富裕涉及社会建设、社会文明和社会现代化。本节论述新时代中国农村其他领域的现代化，分别是改善农村民生并打赢脱贫攻坚战（对应“生活富裕”）、农村生态文明建设（对应“生态宜居”）、乡村治理体系和治理能力现代化（对应“治理有效”和“乡风文明”），详略不一，但均侧重历史回顾和现状分析。

### 一、消除贫困，改善民生，实现农村生活富裕

彻底摆脱贫困、积极改善民生、实现生活富裕，不仅是乡村振兴战略的总要求之一，而且是社会主义的题中之义和本质要求。新时代实现农村生活富裕，在相互联系的两个方面表现尤为突出：一是加强农村基础设施和公共服务建设，改善民生；二是打赢精准脱贫攻坚战，消除贫困。

农村基础设施建设是生活富裕的前提、表现和结果，主要涵盖农村交通、生产生活用水、用电用气、信息化建设等领域。必须完善农村基础设施建设机制并发挥政府投资的作用，也就是一靠政策、二靠金钱。农村公共服务，主要涉及教育、医疗、社会保障三个方面，要从经费倾斜、资源投入、服务延伸、力量下乡等方面发力。优先发展相当滞后的农村教育事业，是教育公平的重要体现，必须兼顾机会公平、过程公平和结果公平，在学前教育、义务教育、高中教育和职业教育多个教育阶段加强软硬件建设。推进健康乡村建设，缩小城乡医疗条件差距。加强

农村“三留守”人员关爱服务体系建设；完善农村养老保险制度，并提高农村养老金水平；完善农村居民基本医疗保险制度和大病保险制度；统筹协调农村扶贫标准和低保标准，统筹协调城乡低保水平，着力提高农村低保水平。

从新中国成立到改革开放前，中国官方并无针对少量农民的扶贫工作。改革开放初期，农村贫困人口大幅减少并成为农民中的少数群体，真正意义的扶贫工作开始出现。党的十八大以来，党中央和习近平总书记关于扶贫、脱贫的重要论述或政策的基本思路是：到 2020 年打赢脱贫攻坚战，实现农村贫困人口全部脱贫，做到“两不愁，三保障”和“两个确保”①；要实现“六个精准”的“精准脱贫”，就要解决“扶持谁”“谁来扶”“怎么扶”“如何退”等“四个问题”②；通过实施发展生产脱贫一批、易地搬迁脱贫一批、生态补偿脱贫一批、发展教育脱贫一批、社会保障兜底一批的“五个一批”工程③，解决“四个问题”中的“怎么扶”。2021 年 2 月 25 日，全国脱贫攻坚总结表彰大会在京隆重举行，习近平总书记庄严宣告：我国脱贫攻坚战取得了全面胜利。

## 二、加强农村生态文明建设，实现生态宜居

实现生态宜居，是实施乡村振兴战略的重要任务，应从以下三个方面采取措施：坚持绿色发展，加强农村突出环境问题综合治理，推动乡村生态振兴。

坚持绿色发展。通过科学技术和政策法规，促进节约农业资源特别是水资源；开展土壤污染治理和修复，着力解决土壤污染导致的农产品安全和人居环境健康两大突出问题；加强农业面源污染治理，通过推动化肥、农药使用量零增长实现投入品减量化，通过提高农膜回收率实现生产清洁化，通过综合利用农作物秸秆和畜禽养殖废弃物实现废弃物资源化。

---

① 《中共中央国务院关于打赢脱贫攻坚战的决定》，载中共中央党史和文献研究院编《十八大以来重要文献选编》下，中央文献出版社，2018，第 53-54 页。

② 习近平：《在中央扶贫开发工作会议上的讲话》，载中共中央党史和文献研究院编《十八大以来重要文献选编》下，中央文献出版社，2018，第 38-45 页。

③ 同上书，第 40-44 页。

加强突出环境问题综合治理，改善农村人居环境。要从农村实际出发，重点做好垃圾污水处理，“厕所革命”，建筑、道路、卫生和绿化方面的村容村貌提升。

保护与修复农村生态系统。良好生态环境仰赖生态环境保护建设，而目前我国开展生态环境保护建设的必要性和可能性都已齐备。保护与修复农村生态系统，应加强耕地轮作、遏制水土流失；保护与修复保护地、山体、水系、荒漠、森林、草原等其他生态系统。

## 三、推进乡村治理体系和治理能力现代化

乡村治理体系和治理能力现代化，与国家治理体系和治理能力现代化，是种概念和属概念的关系。狭义的乡村治理体系和治理能力是当前我国乡村社会建设制度和该制度执行能力的集中体现。

推进乡村治理体系和治理能力现代化，从乡村角度看是实施乡村振兴战略的需要，从治理体系和治理能力角度看是坚持和完善社会治理制度、推进国家治理体系和治理能力现代化的需要，从现代化角度看是实现“两个一百年”奋斗目标和农业农村现代化的需要。

健全自治、法治、德治相结合的乡村治理体系，并坚持和完善党对农村工作的领导[①]，是新时代乡村治理体系和治理能力现代化的核心内容。村民委员会的广泛设立，成为村民自治实践的历史起点；深化村民自治实践主要表现在民主选举、民主决策、民主管理、民主监督方面。法治中国建设覆盖乡村，乡村治理也离不开法治；当前法治乡村建设，重点在于建设平安乡村并完善信访制度。提升乡村德治水平，主要表现在加强农村思想道德建设、传承发展提升农村优秀传统文化、加强农村公共文化建设、开展移风易俗行动四个方面。办好农村的事情，实现乡村振兴，关键在党[②]；加强和改善党对农村工作的领导，关键是抓好农村基层组织建设；要健全以党组织为核心的组织体系，加强农村基层党组织带头人队伍建设和党员队伍建设，强化农村基层党组织建设责任与保障。

---

① 《中国共产党农村基层组织工作条例》，党建读物出版社，2019，第 12 页。

② 习近平：《在中央农村工作会议上的讲话》，载中共中央党史和文献研究院编《习近平关于“三农”工作论述摘编》，中央文献出版社，2019，第 190 页。

乡村治理体系和治理能力现代化，既具有乡村的个性或特殊性，又具有社会治理的共性或普遍性。要通过全面深化改革来克服城乡基层社会治理体系中存在的问题；城乡社会治理不可管得太死，也不能管得太松，要在活力和秩序之间寻找平衡。

在全面现代化系统布局中，农业农村现代化独具特色。农业与二三产业的现代化，主要标志都是尽力降低环境污染率并提高全要素生产率。但是，农业劳动对象是土地及生物，劳动过程仰赖农民现场决策，农民拥有产品用益权。因此，农业现代化更具脆弱性和差异性，主要表现在更受制于土壤、地形、气候等自然条件因而更需要政府的支持保护，更受制于生物生长规律因而更青睐自营制并排斥雇佣制。另外，与工业和第三产业相比，农业的生产时间和劳动时间的差别特别显著，生产时间即动植物生长时间，比较固定、长期连贯；劳动时间即农民的作业时间，相对自由、短暂断续；农民的剩余时间即生产时间和劳动时间之差，同时基本上是农民“静待花开”的动植物生长时间。农业的这个特点决定了农业劳动力总是拥有剩余时间，长期耕作小块耕地的中国季风区农民更是如此。如何利用远多于劳动时间的剩余时间，在相当大程度上决定农民能否获得以及获得多少除农业收入以外的非农收入，决定农民能否通过多种经营大幅增收。不论投身乡村旅游新业态还是进城务工经商，本质上都是农民利用剩余时间增加非农收入的过程，是改革开放以来中国农村的重要特点和显著优势。

改革开放以来，中国农民的生产自由度、消费自由度、贸易自由度、人身自由度都出现明显提高，在21世纪初农业税费取消后尤其如此。在生产自由度方面，农民在尊重自然条件和生物规律的前提下，逐渐能够自主决定种不种、种哪种、种几茬、种几亩、何时种和收、怎么种和收。在消费自由度方面，越来越多农民已经有能力决定吃不吃、吃什么、吃多少、在哪吃。在贸易自由度方面，农民逐渐能够自主决定卖不卖、卖哪种、卖几次、卖多少、何时卖、卖给谁。在人身自由度方面，村民在相当大程度上可以自主决定是否离开农村以及迁往何处，政府的限制越来越少。农民的自由度提高，是20世纪80年代末90年代初东欧剧变和苏联解体后多数前社会主义国家农业农村现代化的共性，是20世纪70年代末以来中国等发展中大国农业农村现代化的共性，是世界反法西斯战争结束后所有发达国家农业农村现代化的共性，是地理大发现以来几百年世界农业农村现代化中不可阻挡的历史潮流。

# 第四章　加快科技现代化

党的十八大以来，习近平总书记综合剖析当今世界科技的发展态势，精准定位科学技术在经济发展中的引领地位，继承发展马克思主义的科学技术观，创造性地提出了具有中国特色的新时代科学技术观。习近平新时代科学技术观内涵深刻、包罗万象，涵盖了科技战略观、科技制度观、科技人才观、科技创新观、科技民生观等各方面的内容体系，可以说这是实现中国科技现代化的根本指导，是中国驾驭科技革命趋势的总体观，也是中国特色社会主义理论体系的重要组成部分。

中国的科技现代化是指通过引入世界科技领域最先进的成果，使中国在科学技术领域成为诸多行业的领军者，将世界先进科技与生产生活各个部门相融合，巩固中国各个方面的事业，加速中国在科技领域跻身国际先进水平和行列的步伐。所以，把握好什么是科技现代化，了解清科技现代化的内涵与特点，认识透新时代科技现代化的重要意义，梳理全中国科技现代化的历史沿革及发展现状，分析准世界科技现代化的瞻望，摸索出中国科技现代化的实践路径，对于加快中国科技现代化的步伐意义重大，对于实现中华民族伟大复兴的中国梦意义非凡。

## 第一节　科技现代化的界定

对科技现代化这个概念的界定是中国科技现代化理论研究的基础，是保证研究准确性和严谨性的关键，因此厘清科技现代化的内涵尤为重要。从词语的构成方式来看，“科技现代化”是一个合成词，由“科技”和“现代化”两个语素构成。欲明晰“科技现代化”的含义，必须分别对“科技”和“现代化”进行解释。

### 一、科技的内涵

“科技”是科学技术的总称，包含“科学”和“技术”这两重含义。

然而随着科学和技术的融合发展，双方的界限逐渐被冲淡，在当今社会，人们常常将“科学”和“技术”联用，合称“科技”或者“科学技术”[①]。但事实上，“科学”和“技术”并不是两个完全相同的概念，在有些语境中将两个词联用，表达的含义并不准确。要精准把握“科学技术”的内涵，必须分别对“科学”和“技术”有恰当的认识。

### （一）关于科学

科学是我们这个时代被广泛使用的高频概念，但对于究竟什么是科学，学界尚存在较大争议。

关于科学本质的探究可以追溯到13世纪，“最早对科学本质发表看法者是英国的罗吉尔·培根”。[②] 罗吉尔·培根认为，离开经验，任何东西都无法被充分认识，任何推理得出的结论都必须通过经验得到证实。在此基础上，罗吉尔·培根认为“科学就是推理加经验”[③]。在文艺复兴时期，达·芬奇认为理论与实践同等重要，认为完全脱离经验的纯粹理性探讨是毫无意义的，因此科学应该是理性与经验的完美结合。此后，弗兰西斯·培根也肯定了经验的作用，他认为只有通过实验的途径对经验事实进行收集，然后运用归纳法对实验进行分析，才能得到真理性知识。显然在弗兰西斯·培根的观念里，科学是实验和理性的密切结合。然而，笛卡儿并不赞同经验主义的科学观。他认为人的经验和感官是不可靠的，科学应当是理性思想的成果，因为只有理性才能为人类提供无法怀疑的真理。在此之后，英国唯心论者贝克莱将“科学”拉入了“精神”领域。他认为“存在就是被感知”，知识的对象是感知发生后所形成的观念，所以科学就是由科学家们能动的精神主体感知到的观念的集合。贝克莱之后，德国古典哲学家康德提出了科学的“不可知论”。康德认为所谓的科学只是物质世界作用于人的感性而产生的表象，是经验对象的合理法则，并非“自在之物”本身，科学本身是无法被认识的。“黑格尔则认为科学就是真正的知识，这种知识的内容不断发展变化，是人通过理性思维获得的真理性知

① 孟宪俊、黄麟雏主编《科学技术学》，西北电讯工程学院出版社，1986，第3页。

② 张之沧等：《科学技术哲学》，南京师范大学出版社，2009，第73页。

③ 北京大学哲学系外国哲学史教研室编译《西方哲学原著选读》上，商务印书馆，1981，第287-291页。

识。”①

黑格尔之后学术界关于科学本质的探寻并没有停止，大批哲学家针对科学的本质发表了自己的观点，形成了不同流派的科学观，其中马克思的科学观对中国的科学发展影响深远。马克思认为，科学是以人的需求为出发点的，建立在人的感性基础之上，是人们利用理性思维对经验世界的变化规律进行概括的结果。马克思在这里提到的经验世界既包括自然界，也包括人类社会，所以马克思所说的科学是指自然科学和社会科学的总和。马克思认为科学是历史的产物，是需要通过实践来证实的知识，属于真正的知识。在历史的进程中，任何科学都不是最后的、终极的绝对真理。在马克思看来，科学具有以下属性。

第一，社会性。科学是人特有的一种社会活动，反映人的精神需求，这是毋庸置疑的。所以科学活动往往带有目的性，是人类精神意志的表达，是一种社会文化现象，是人类文化符号的一种生动表达。

第二，实践性。科学是一种思维创造，是精神领域的一种重要生产活动。马克思曾明确指出，生产力中也包括科学，在马克思看来生产过程就是科学的应用过程，是将理论落实到实践的过程。而科学反过来又成了生产过程的因素，是实践活动中的指导性理论。科学在本质上体现了“人对自然界”的理论关系，是一般生产力，科学必须和直接的生产过程相结合才能转化为现实的生产力。

第三，双面性。作为推动社会前行的内生动力，科学是社会生产力的重要表现形式之一。但是科学在创造强大生产力的同时，也带来了诸如资源透支、环境污染等一系列社会问题。科学的确促进了社会的高速发展，但同时它也让人类付出了惨痛代价。

### （二）关于技术

同科学一样，对技术的本质的探讨也是纷繁多样、宽泛而不断发展的。在中国古代，“技”和“术”是分开的两个词汇。古汉语中“技”泛指各种技能、本领，骑马、射箭、书法乃至歌舞等都属于“技”的范畴。“术”的内涵更为广泛，凡是用于达成某种目的的手段、方法、策略等都是“术”。在古希腊，技术的含义要比古代中国狭窄，它不包含“术”的

① 北京大学哲学系外国哲学史教研室编译《西方哲学原著选读》下，商务印书馆，1981，第361-366页。

意思，而仅指技能、技艺。直到今天，“关于‘技术’的定义也远未达到一致的看法”[①]。到目前为止，学者对技术本质的探讨大致可以分为六类：第一类站在哲学视角分析技术，研究技术的认识论；第二类将技术放在社会大系统内进行讨论，将技术视为人类社会发展的决定性因素之一；第三类侧重人的发展，把技术看作人类生存必不可少的手段；第四类关注时间维度，指出技术是历史的产物；第五类将技术视为人类的精神产品，主张技术是人类主体意识的反映；第六类结合工业社会的生产实践，把技术限定于生产技术。

马克思和恩格斯站在多重视角，将技术与自然界、人类社会、历史延续、人的发展紧密相连，对技术进行了哲学层面的剖析。马克思认为技术在本质上是人与自然之间相互关系的现实反映。技术体现在人类发明和运用各种手段对自然进行改造利用的整个过程，这一过程在人类社会中表现为“直接的生产力”，推动社会向前发展[②]。与此同时，技术也展现出其革命性的力量，引起生产关系的改变，最终导致社会的大变革。社会在变革发展的过程中又会产生对新技术的需要，进而催生各种新技术成果，因此技术也成为特定历史时期的产物。回到人类本身，马克思认为人的本质是社会关系的总和。技术作为人的创造物，是人的精神意志的表达，是人的本质的对象化。马克思、恩格斯立足广视域对技术本质进行了深入剖析，但不论从哪种角度看，技术都难以脱离自然和社会的束缚。技术的自然属性和社会属性迫使技术成为具有规律性和目的性的人类实践活动及其产物。

### （三）关于科技

今天，科学和技术已经渗透进人类社会的方方面面，无时无刻不在影响着人类的生活。科学和技术往往被连起来使用，统称为科技。科学和技术始终保持辩证统一的发展态势，二者的界限已经越来越模糊。放眼历史，技术原本是先于科学的，如果没有技术，科学就无从谈起。但是随着科学逐步成为一种独立的理论形态，技术失去了最初的发展优势，科学开始赶在了技术之前。尤其是第一次工业革命以来，科学成了制约和指导技

① 许良：《技术哲学》，复旦大学出版社，2005，第 49 页。

② 国家科委政策法规司编《马克思恩格斯列宁毛泽东周恩来邓小平论科学技术》，科学技术文献出版社，1990，第 9 页。

术转化的重要因素，科学技术化趋势日益明显。随之而来的是，科学和技术相互交叉、相互融合的程度不断加深，两者的关系愈发密切。当今社会，科学技术一体化的双向互动成为主旋律，科学和技术已经成为一个相互影响、相互制约、相互促进、紧密相关的整体。

马克思和恩格斯十分关注科学技术的发展，对科学技术进行了全面、系统、深刻的论述，他们的科学技术观是全面的科学技术观。马克思和恩格斯认为，科学技术作为人类社会中的重要知识组分，它涵盖自然科学知识、人文科学知识和社会科学知识三个方面。“自然界的运动、人类的活动、社会的发展是三类科学技术共同作用的结果，人类不应当只是片面地追求某一种科学技术知识。”[①] 关于科学技术的重要作用马克思和恩格斯是持辩证观点的，他们首先肯定了科学技术在提高劳动生产力方面所表现出的强大力量，之后又进一步指出科学技术在提高社会生产力的同时也在改变人类社会，推动人类历史的演变。他们还认为科学技术不断发展的过程就是人类不断获得解放的过程，随着劳动生产效率的提高，劳动对人的束缚随之减弱，人类也因此而获得更大程度的解放。然而马克思和恩格斯也看到了科学技术所产生的巨大副作用，面对科技的飞速发展，地球资源和自然环境等越来越不堪重负。尽管马克思和恩格斯肯定科学技术在人类发展历史中的巨大作用，但是他们并不支持毫无限制地滥用科学技术。

## 二、科技现代化的内涵

### （一）关于现代化

什么是“现代化”？其内涵是什么？外延是什么？针对这些问题，不同的哲学家、经济学家、社会学家分别进行了大量的研究。西方学者最早对现代化要领和理论进行研究。改革开放以来，我国学者开始探索现代化的发展并形成自己的看法。

1954 年，刘易斯发表了《劳动力无限供给条件下的经济发展》一文。他认为，“发展中国家的现代化过程就是打破二元经济模型的过程，即扩大现代资本主义部分，缩小传统农业部分的过程”[②]。美国学者列维认为，

① 陈佳利、陈文化、易显飞：《论马克思的“全面科学技术观”》，《长沙理工大学学报（社会科学）》，2016 年第 5 期。

② 陈晓律：《战后发展理论研究》，四川人民出版社，1995，第 40 页。

"现代的标准是非生物能源与生物能源的比率，比率越高现代化程度越高"[①]。美国学者塞缪尔•亨廷顿认为，"现代化是二个多层面的进程，这涉及人类思想和行为所有领域里的变革"[②]。此外，他还概括了大部分学者承认的现代化进程所包含的 9 种特征。

20 世纪 60 年代以来，经济学家于光远、香港中文大学教授金耀基、北京大学教授罗荣渠等都对现代化内涵进行了系统阐释。作为中国研究现代化的开拓者，罗荣渠在自己的著作《现代化新论——世界与中国的现代化进程》中从广义和狭义两个角度对现代化进行了阐释。他指出："广义上的现代化是一个工业化渗透进人类社会各个方面，进而引起全球大变革的历史阶段。狭义上的现代化表现为落后国家追赶先进国家以求在各个方面实现现代化水平的过程。"[③]可见罗先生的"现代化"是一个带有史学意味的概念，它代表人类社会发展的一个特定历史阶段，也代表落后国家在各方面奋起直追以期实现这一特定历史阶段目标的过程。现代化以工业化为主要驱动，渗透进人类活动的方方面面。

现代化的内容是十分丰富的，而科学技术作为"第一生产力"，在实现工业化、现代化的过程中举足轻重，因此在整个现代化进程中科技现代化是起到先导作用和标识作用的。

### （二）科技现代化

准确把握"科技现代化"的内涵，要立足于对"科学技术"以及"现代化"概念的诠释。对科技现代化而言，"现代"是指现代科技所达到的先进水平，"化"是指当前科技发展趋近或达到世界先进水平的程度。科技现代化，就是要在科学技术领域进入先进行列，这个行列指的是接近、赶上或超过世界上其他国家和地区先进水平的行列。当然，科技现代化是一个整体概念，它代表科技领域的总体发展水平。"也就是说仅是科技领域内某单一方面达到世界先进水平，并不算真正意义上的科技现代化。"[④]此外，"现代化"还是一个历史概念，其内容具有时效性。就科技现代化而言，随着科技的进步，新科技成果会不断涌现，要保持科技现代化就要

---

① M. 列维：《现代化与社会结构》，载谢中立、孙立平主编《二十世纪西方现代化理论文选》，上海三联书店，2002，第 104 页。

② 塞缪尔 • 亨廷顿：《变化社会中的政治秩序》，生活 • 读书 • 新知三联书店，1989，第 30 页。

③ 罗荣渠：《现代化新论——世界与中国的现代化进程》，北京大学出版社，1993，第 16-17 页。

④ 李京文主编《科技进步与中国现代化》，中国物资出版社，1998，第 5 页。

不断更新科技成果，以“先进”取代“落后”。因此，科技现代化的道路永无止境。科技现代化不仅是一个“追逐并赶上”的过程，更是一个“创新并超越”的过程。“现代”是目标，“化”是发展，现代化就是一个反复地由落后到先进，再由先进向更先进不断趋近的发展过程。

## 三、科技现代化的内涵的演进

科技无国界，在世界一体化趋势不断加剧的时代背景下，中国的科技发展不可能做到脱离世界发展大潮。党的十八大以来，面对全球化科技变革如火如荼、新科技浪潮气势磅礴的现状，以习近平同志为核心的党中央审时度势，革故鼎新，提出了一系列具有中国特色的科技发展新理念。

### （一）以人为本——科学技术本质论

党的十八大以来，习近平围绕中国特色社会主义这一主题，强调人民对美好生活的向往，就是我们的奋斗目标。这为中国的科技现代化建设指明了方向。中国的科学技术现代化要切实融入中国共产党带领中国人民实现中华民族伟大复兴的进程中，科技现代化必须充分围绕以人民为中心这个重要论断展开，所以中国科学技术的发展必须体现出以人为本的思想，这也是一种历史的必然选择。

以习近平同志为核心的新一届中央领导集体始终坚守初心，把人民作为党治国理政的核心。这是对中国共产党宗旨的进一步阐述，是对中国特色社会主义根本目的的进一步明确，更是对中国共产党科技现代化道路的进一步引导。从科学技术的本质上来看，科学技术作为人类认识世界和改造世界的一种实践活动，其主体是“人”。实现“科技的现代化”就是实现“人的现代化”，科技现代化的根本就是要秉承“以人为本”的根本宗旨，大力发展科学技术。随着新时代的到来，民生问题已然成为社会焦点。习近平总书记从新时代的现实境遇出发，继承和发展了科技民生的理念，把科技作为解决民生问题的重要手段。“让科技为人类造福”是习近平对科技与人的全面发展关系理论的进一步完善。这既是党执政为民的基本体现，又是对人民需求的一种实质性的回应。以人为本顺应中国共产党的初心要求，立足于新时代中国的国情需要，是新时代中国科技现代化的历史使命。

### （二）自主创新——科学技术发展观

习近平在科技现代化理念中的重大论断之一就是“创新是引领发展的第一动力”。该论断将创新作为推动社会各个领域获得发展的核心力量，指明了创新与发展之间的关系，肯定了创新相对于发展的重要作用。党的十八大提出实施创新驱动发展战略，创新被提升到国家战略高度，从此中国科技现代化“走什么路”的问题得到了完美解答。实现社会全面创新，建设创新型国家，其核心要义就是以创新为引领，以科技为核心。习近平进一步明确了创新对于科技发展的历史作用，进一步指出“创新是民族进步之魂”。中华民族有着悠久的科学技术文化传统，曾经创造了一大批影响世界的科学技术发明。中国古代的“四大发明”曾经推动了整个人类的科技进步和文明传播。习近平认为，我们中华民族在世界历史演进历程中，发挥自己的聪明才智，不仅“创造了高度发达的文明”，而且创造出了“无数科技创新成果”。毫不惭愧地说，在世界文明的发展与进步历程中，我们中华民族的贡献不容忽视，正因为我们民族贡献的科学智慧，我们才得以“长期居于世界强国之列”。近代以来，中国长期闭关锁国，而西方借科技革命的优势，打开了中国紧闭的大门。曾经辉煌的中国传统科技逐渐没落，与西方科学技术的差距逐渐拉大。历史的经验和现实的挑战都充分说明，创新影响着一个民族科技发展的精神气质。它是影响我们国家、民族向前迈步的“灵魂”，也是我们国家、民族发展的不竭动力，是我们民族“最鲜明的民族禀赋”①。历史的发展不是偶然的，科学技术的发展有其自身规律，创新已经成为新的历史条件下直面新一轮科技革命及重振民族进步之魂。

### （三）强国兴民——科学技术动力论

“科学技术是第一生产力”，邓小平当时认真审视世界形势，紧密结合中国国情，为中国的现代化建设指出动力核心。习近平的科学技术动力论是对“科学技术是第一生产力”在新时代下的新阐释。其实质就是从生产力的角度出发，把科学技术作为强国兴民的基石和推动力。

推动生产力发展的是科技，而科技发展的核心手段是创新。随着国际

① 《坚持走中国特色自主创新道路　不断在攻坚克难中追求卓越》，《人民日报》2014 年 1 月 7 日，第 1 版。

科技竞争日渐激烈，以习近平同志为核心的党中央，进一步巩固了科技创新在国家发展全局的核心位置，认为科技创新能够显著地提高社会生产力，是提高综合国力的必备因素。实施创新驱动发展战略就是要将科技创新作为解放和发展社会生产力、提高劳动生产率的关键任务来抓，就是强调要以科技创新带动社会的全面创新，就是强调科技创新在全面创新中的核心地位，就是强调科学技术在提高社会生产力中的决定作用。

## 第二节　新时代科技现代化的重要意义

党的十八大以来，习近平总书记高瞻远瞩、鉴往知来，认为中国科技现代化是当今世界科技发展态势的迫切要求，是经济社会获得长足发展的强烈需要，是科研领域敢为人先、抢占科技制高点的战略目标。

### 一、科技现代化是顺应世界发展趋势的必然选择

人类历史上，每一次科技革命都为人类社会带来了天翻地覆式的变化。当前，第四次科技革命蓄势待发，抓紧科技大发展的机遇，抢占科技洪流的制高点，对中国未来的发展至关重要。历史经验证明，错失良机，科技滞后，就要“挨打”。鸦片战争以来，中国备受帝国主义蹂躏，往日“天朝大国”的形象一去不复返。究其原因，曾经的中国长期闭关锁国，用故步自封的顽固思想断然将第一次科技革命的洪流拒之门外。拒绝进步就要遭殃，中国的近代史用血泪为后人提供了前车之鉴。科学技术作为人类社会向前发展的强大推动力，是提升综合国力的重要战略支撑，是支撑国家繁荣昌盛的“硬实力”。习近平同志强调“必须把科技创新摆在国家发展全局的核心位置”，就是明确了科学技术在社会全面发展中的核心地位[①]。前文提到，科技现代化是人类社会发展的特定历史阶段，它代表人类由落后向先进前进的追赶过程。保持国家强大的生命力，就要大力发展科技，发展世界先进科技。中国走科技现代化道路既是大势所趋，也是历史的必然选择。

---

① 马述强、梁晓华：《让中华文明同世界丰富多彩的文明一道为人类提供正确的精神指引和强大的精神动力》，《光明日报》2014 年 3 月 28 日，第 1 版。

## 二、科学技术是加速中国社会发展的主要推动力

马克思主义理论已经证明，科学技术在人类社会发展中具有不可估量的力量，社会不可能摆脱科学技术独自发展。中国在迅速崛起的过程之中，遇到了一系列新的挑战和困难，加速科技现代化不可避免地成为中国建设社会主义现代化强国的题中应有之义。处在经济发展新常态的时代背景下，我国的整体发展正面临一系列新状况。经济发展的速度放缓、社会治理效率低下、环境遗留问题凸显、人民生活追求不断提高等诸多难题迫切需要解决。面对当下的国情，只有创新才能在社会各方面实现突破，为发展找到新的动力源。而科学技术的社会属性恰恰让科技创新成为最具“爆发力”的创新类别，因此为社会全面发展寻找增长点的重担顺理成章地落在了科技创新肩上。进一步优化经济结构、升级发展驱动、完善社会治理体系、建设生态文明、改善人民生活水平，是新时期我国的科技发展肩负的新使命。

## 三、新时代科技观是习近平新时代中国特色社会主义思想的重要内容

党的十八大以来，新一届国家领导人全面审视世界科技发展态势，紧密结合中国现实发展状况，将科技建设摆在国家发展战略全局的核心位置。党中央高度重视科技现代化工作，力求将科技现代化精神落到实处，让新时代科技观落地生根，努力形成全民科技观。习近平先后发表系列讲话，召开系列会议，推进系列改革，努力完善科技现代化建设体系。相关统计显示，“科技”“创新”已经成为习近平系列重要讲话及相关报告中的热词，仅十九大报告中“科技”一词就出现了17次，“创新”更是出现59次之多。习近平认为，科技创新能力不强就是一个国家和民族的“阿喀琉斯之踵”，事关整个国家和民族的前途命运。为体现科学技术在人类社会中的特殊地位，习近平多次用“牛鼻子”“撬动地球的杠杆”“新引擎”等词汇形象作比，彰显科学技术在人类社会发展中的巨大作用。在党的十九大报告中，习近平统筹谋划创新型国家建设战略布局，科学技术作为创新的重要载体，被熔铸于创新型国家建设的每一个角落。党的十八大以来，

习近平关于科技发展的系列理论共同构成了新时代科学技术观，是习近平新时代中国特色社会主义思想必不可少的组成部分。新时代科技观与时俱进、来源丰富、内涵深刻、路径鲜明，站在战略高度为建设中国特色社会主义现代化和实现中华民族伟大复兴的中国梦提供了强大支撑①。

## 四、新时代科技观是实现中国科技现代化的根本指导

目前科技发展日新月异，人类已经站在新一轮科技革命的前夜，科技领域突破性成果层出不穷，颠覆性技术创新陆续涌现。作为世界上最大的社会主义国家，中国迫切需要科学理论的指导，准确把握全球科技发展态势，抢占未来科技发展的制高点，以迎接来势汹汹的新一轮科技革命。党的十八大以来，中国经济发展持续稳步推进，人民对美好生活的向往日益迫切，客观上需要中国在科技领域取得重大突破以支撑国计民生。新时代科技观是以习近平同志为核心的党中央在纵观世界形势、透析中国国情的基础上，在科技领域采取的应对之策。根据相关预测，未来的科技革命涉及领域更广、包含维度更多、推进程度更深，这意味着中国将要面临的形势也更为复杂。面对形势的考验，新时代科技观合理布局，有的放矢，要求瞄准前沿，抢占科技高地；辨析时局，驾驭科技发展；奋发图强，打造科技强国，为中国的科技现代化建设指明发展逻辑和前进道路。新时代科技观具有全球性战略远见，兼顾基础科学和应用科学，始终坚持“以人为本”的科技发展方向，在整个社会主义现代化建设中举足轻重。习近平强调要以科技创新为“火车头”引领科技进步，以提升科技贡献率为“主抓手”巩固科技地位，以挖掘科技潜力为“关键点”实现科技突破，稳准快深实现科技现代化目标。目前我国科技现代化正处于“弯道超车”的关键时期，以正确的科技观指导科技创新，对我国科技由跟随追赶实现并跑领跑的转变至关重要。“新时代科技观顺应历史潮流，符合实际国情，满足形势需要，为我国实现科技现代化提供了宝贵的理论指导。”②

---

① 程建华、舒展：《习近平新时代科技强国观解析》，《湖北省社会主义学院学报》2018 年第 5 期。

② 解慧娟：《习近平新时代科技观探析》，《理论探索》2018 年第 5 期。

## 五、为后发国家科技现代化提供“中国方案”

作为后发的科技现代化国家，中国在困难重重的科技现代化道路中披荆斩棘取得了举世瞩目的成就。中国共产党在100年科技现代化的理论和实践中，硕果累累、可圈可点。新时代科技现代化，同样可为后发科技现代化国家提供具有中国智慧的“中国经验”以及具有中国特色的“中国方案”。

“集中力量办大事”是中国特色社会主义制度的一大优势[①]。资源高度集中，资源调度和配给快速有效，为科技创新和竞争提供全方位支撑，这正是中国特色社会主义制度的优势所在。同时，政府间纵向关系弹性十足，为多变的形势提供了灵活的应对途径。科技现代化建设正是以科技进步为主要目的，调动社会不同力量协调共进的鲜明典范。中国共产党的“集权”将资源和人才进行有序集中，“放手”让市场进行科技成果转化，以此形成良性循环。无论是“政治集权”还是“经济放权”，在中国的科技现代化途中，社会主义制度都彰显出了强大的生命力。社会主义市场经济体制的确立和发展为改革政治经济生活打下良好基础，宏观调控实现了政府和市场之间的灵活沟通。强大的制度优势将政治和经济两方面的动力进行结合形成双重动力，在双方和多方的合作中达成共赢，从而为科技现代化发展夯实基础。中国共产党的科技现代化是时代进步的产物，科技现代化的最终目的是“以人为本”，科技现代化建设促进了新时期不同机制间的全面协同。中国的成功不可复制但可供借鉴，正如马克·莱昂纳德所指出的那样，对于广大发展中国家来说，“一种新的对世界的见解正在形成，并可发展为广受认可的中国模式——一条可选择的、非西方的道路，供世界上的其他地区加以仿效”[②]。对内深化改革，对外促进交流，以此造福世界——中国的科技现代化尽显大国担当，中国的科技现代化再一次为世界贡献了“中国智慧”，分享了“中国方案”，贯通了“中国力量”。

---

① 习近平：《为建设世界科技强国而奋斗——在全国科技创新大会、两院院士大会、中国科协第九次全国代表大会上的讲话》，《人民日报》2016年6月1日，第1版。

② 马克·莱昂纳德：《中国在想什么——英国学者著书介绍中国当代思想界》，康慨编译，《东方早报》2008年3月5日，C07版。

### 六、新时代科技观是对马克思主义科技观的丰富和发展

马克思深入资本主义社会的各个角落，潜心研究资本主义社会的生产实践，最终发现了科学技术的生产力作用。他看到了科学技术所表现出的革命性力量，指出了科学技术在历史发展中的推动作用。同时马克思所有的理论都在为谋求人的解放而努力，马克思主张人的全面发展，认为科学技术是人全面自由发展的重要实现途径。在无数后来者的共同努力下，马克思的科技观得到了充分发展，逐渐形成了动态的马克思主义科技观。新时代科技观就是马克思主义科技观在中国的最新理论成果。习近平运用马克思的科技原理，以“科学技术是生产力”作为理论核心，密切联系中国国情，将毛泽东科技发展思想和邓小平“科学技术是第一生产力”的观点相结合，创造性地提出了新时代科学技术观。新时代的科技观同样关注人的发展，将“以人为本”作为科学技术的根本目的。充分发挥社会主义的制度优势，牢牢把握科技革命的契机，全面协调社会优势资源，大力支撑中国的现代化事业，这是新时代科技观要着力完成的使命。2016 年 5 月 30 日，在中国科学院第十八次院士大会、中国工程院第十三次院士大会开幕式上，习近平激励科研工作者敢为人先，开拓创新，掌握科技革命主动权。习近平的讲话系统阐释了新时期的科学技术观，他强调科技事业发展要以党的领导为根本原则，以高质量科技供给满足人民需求为目的，以科技创新和制度创新“双轮驱动”为动力，以深度参与全球科技治理为途径，积极打造现代化科技强国。习近平强调科研活动要尊重自然、尊重创造、尊重灵感，建设强大的科研人才队伍，建立完善的科技成果评价体系。新时代科学技术观因势利导，站在国家发展战略高度全面审视科学技术，为科技发展提供了新观点、新见解、新理论，是对马克思主义科技观的又一次丰富和发展。

## 第三节　科技现代化的历史沿革

新中国成立前夕，老一辈无产阶级革命家就已经看到了科学技术的巨大力量，逐步开启了中国的科技现代化之路。至今，中国的科技现代化建

设已经在曲折中摸索前进了70个春秋。

1949年9月29日，中国人民政治协商会议第一届全体会议通过的《中国人民政治协商会议共同纲领》就包含“努力发展自然科学”的重要内容，这是新中国准备发展科学技术的开端。然而，成立之初的新中国千疮百孔、满目疮痍。学校等教育机构匮乏，专业科研机构稀缺，专门科研人才奇缺，现实的国情并不能支撑新中国将科技列为发展重心。以毛泽东同志为核心的党的第一代中央领导集体深入研究国情，一边恢复国民生产，一边为发展科技创造条件。兴办教育、成立科研机构、建设人才队伍，成立之初的新中国全力为日后的科研工作奠定扎实基础。在初步具备一定的科研条件后，1956年，毛泽东正式发出了“向科技进军”的号召。随后，党中央统筹制定了12年科学技术发展规划，在中国科学院的基础上正式成立了中国科学院学部，中国科学界精英集团正式形成，科研体系初步建立，中国的科技事业迈向了新阶段。社会主义制度基本确立后，毛泽东更加关注科技发展，它明确指出建设时期要把技术革命作为党的工作重点。在党的正确领导以及大量积极政策的扶植下，新中国的科技现代化事业迎来了“第一个春天”。“百家争鸣”“洋为中用”的号召为中国创造了良好的科研人才环境，周恩来首次提出“四个现代化”发展目标，科技现代化成为国家发展的重要目标。

“文革”结束后，中国的科技现代化进程重新回到正轨。以邓小平同志为核心的党的第二代中央领导集体重新审视中国国情，认真分析当时的科技发展局势，重新将发展科技摆在了国家建设中的重要位置。平反冤假错案、重建科研机构、恢复知识分子地位等一系列工作相继展开。在1978年的全国科学大会上邓小平再次强调“四个现代化”的关键就是“科学技术现代化”[①]。1988年9月，邓小平进一步作出“科学技术是第一生产力”的重要论断[②]。邓小平大力提倡尊重知识、尊重人才，建立并不断完善科技人才管理体系。1982年，在邓小平科技思想的指导下，“科技现代化”被写入宪法，从此“科技现代化”以宪法的形式被确定为中国的基本国策。邓小平的科技现代化理论，实现了马克思主义科技理论的重大飞跃，明确

① 朱敏彦：《中国共产党领导现代化建设基本经验》，东方出版中心，2011，第142页。

② 魏礼群主编《当代中国社会大事典 1978—2015 第1卷》，华文出版社，2018，第249页。

了科学技术与经济建设的关系，肯定了科学技术在社会主义建设过程中的巨大作用，为中国的现代化事业指明了建设方向。

20 世纪 90 年代，经济全球化、世界多极化加剧，科技进步日新月异，知识经济席卷全球。面对世界形势的新变化，以江泽民同志为核心的党的第三代中央领导集体精准定位提高综合竞争力的关键，进一步强调了科学技术特别是高技术对于国家发展的重要性。在不断深化科技体制改革，健全科技法律体系，完善经费管理制度的同时，江泽民洞察形势，指出知识总量、人才素质和科技实力是决定综合国力的关键。通过对世界形势的准确判断，江泽民将教育和科技同时置于世界竞争体系中的关键位置。1995 年 5 月，江泽民正式提出实施科教兴国战略，并将其作为中国的基本国策长期执行。科教兴国战略是在深刻认识中国国情的基础上，对毛泽东思想和邓小平理论的创新性发展，是中国共产党科技现代化思想与时俱进的重要体现。

21 世纪初，世界竞争日趋激烈，但中国经济社会发展也迎来了重要的战略机遇期。为把握机遇，将中国的科技现代化推向新高度，人才强国战略应运而生，建立创新型国家被提上战略日程。2002 年 5 月 7 日，在中共中央、国务院制定下发的《2002—2005 年全国人才队伍建设规划纲要》中，实施人才强国战略首次亮相。2007 年，作为中国较长时间内人才建设的总体谋划，人才强国战略被正式写入中国共产党章程和党的十七大报告，成为中国特色社会主义的三大基本战略之一①。为增强自主创新能力，2005 年 10 月 11 日，十六届五中全体会议审议通过的《中共中央关于制定国民经济和社会发展第十一个五年规划的建议》明确提出了建设创新型国家的任务。人才强国战略的实施和建设创新型国家任务的推进，为中国培育了大量创新型科技人才，中国的科技现代化进程又向前迈了一大步。

中国特色社会主义步入新时代，以习近平同志为核心的党中央审时度势，当机立断，指出加快创新步伐，实施创新驱动发展战略势在必行。2016 年 5 月，中共中央、国务院正式发布《国家创新驱动发展战略纲要》，创新成为国家发展的驱动力量，科技创新能力以其强大的社会推动力顺理成章地成为国家力量的核心支撑。经济新常态背景下，中国整体发展动力

① 魏礼群主编《当代中国社会大事典 1978—2015 第 1 卷》，华文出版社，2018，第 332-333 页。

不足，科技创新能力作为打造创新驱动新引擎的中坚力量被“寄予厚望”。创新驱动战略旨在以科技创新为核心驱动，引领社会的全面创新，“三步走”实现建设世界科技创新强国的宏伟目标。创新驱动战略的全面实施进一步明确了科学技术的重要地位，指明了新时期科技现代化的目标，确定了科技现代化的实现路径，同时也为科技现代化提供了不竭的动力。新时期中国的科技事业正在取得一个又一个举世瞩目的新成就，中国的科技现代化正在迈向新阶段。

## 第四节　中国科技现代化的发展现状

### 一、中国科技现代化的时代背景

中国的科技现代化既要扫除国际障碍又要破除国内羁绊。从国际上来看，当前科技领域绝大多数的发展制高点被发达国家所控制，发展中国家整体的科技实力远远落后于发达国家，世界科技发展严重不平衡。由于全球化进程不断加快，创新能力不足、科研知识匮乏成为发展中国家的致命威胁。不仅如此，在国际政治领域，科技霸权具有“合法性”。西方国家与跨国公司极力控制技术发展的方向和速度，遏制发展中国家的科技现代化，企图通过把握世界科技霸权巩固经济霸权，进而影响世界政治方向。就中国而言，科技现代化同样面临着巨大的国际阻力。近年来，中国的政治体制优势不断凸显，国内市场需求不断扩大，劳动力资源不断丰富，高科技产业开始与美国等国的跨国科技巨头“同台竞技”，这些变化触动了美国的霸权地位。对此，美国在科技领域对中国采取了一系列遏制策略。以美国为首的西方发达国家，用核心技术筑起阻止中国崛起的“最优壁垒”。敌对势力综合施策，阻碍中国推进核心技术自主研发进程，遏制中国科技产业迅速崛起，以此维持自己的优势地位。

从国内局势来看，党的十八大以来，国内经济社会的深刻变革与国际经济环境的恶化对中国的经济发展产生了明显的副作用。中国急需寻找新的增长点来带动经济的进步，科学技术发展迎来契机，科技创新成为时代需求。出于经济转型的巨大需求，科学技术毫无疑问地成为能够帮助其顺利转型的最有效手段。不仅是在中国，目前全世界的经济发展速度都趋于和缓，科学技术因此被看作全球经济转型的突破点。围绕科技发展，党中央和政府出台了十几部文件，其中涉及科技改革、科技发展规划、科技投入和资金管理、知识产权、科技服务业、科学仪器、新型智库、科学基金、新兴科技产业、科技成果转化等诸多方面。新时期的科技政策相比于上一时期，更加注重多元化和创新能力的培育，科技创新成为大势所趋。

## 二、中国科技现代化的发展机遇

中国特色社会主义制度是中国科技现代化的一大制度优势。政治制度是历史发展的产物，任何国家意识形态，任何发展阶段都离不开政治。政治制度是维持社会稳定和谐的基础，同时政治开明是推动科技现代化进程的最重要法宝。中国特色社会主义政治制度以马克思主义基本原理为理论支撑，将中国具体国情作为实践基础，具有创造性、独特性和优越性。这种优越性就体现在选择了正确的道路，坚持了正确的方向，对社会发展的各个方面作出了一系列制度的合理设计与安排，为中国科技的发展提供了有力的政治保障。党的十八大以来，习近平总书记统筹领导，规划了近30年的发展蓝图。全面深化改革，高压反腐倡廉，实现政治稳定，助力科技发展，为之后的经济领域改革打下扎实的政治基础，同时为中国科技现代化的加速推进提供良好的政治环境。

根据马克思主义科技理论，科技是一种知识和技能的同时也是文化的重要组成部分——科技文化。科技文化与科技发展相辅相成，是中国科技现代化的精神根基。中国的科技现代化，始终坚持将人民的需求放在首位，在不断提高人民物质生活水平的同时，兼顾人民的精神文化生活。步入新时代，党中央高度重视科教兴国、人才强国的战略地位，习近平更是将人才比作第一资源，将创新比作第一动力。党中央尊重人才、重视科技、激励创新的一系列重大举措，为中国营造了良好的科技文化氛围。科学技术的文化属性使科技文化成为一种独特的民族精神，只有优秀的科技文化才能让国家有生机、民族有希望。科技文化以科学技术为依托，与科技的发展密切互动、相得益彰。新时期，在党中央的正确领导下，中国广大科技工作者秉持科技兴国的理想信念，坚持用创新文化激发创新精神，用创新精神激励创新实践，用创新实践开拓创新事业，打下了牢固的科技文化基础。

经济新常态是新时代中国的一大基本国情，国内经济实现稳健增长，中国正在实现由富起来到强起来的伟大飞跃，社会主义建设相较于历史上任何时期都具有无与伦比的优越性。国内经济、产业正处在“弯道超车”的关键节点，急需由科技创新打造“全新驱动”，不断增添成长活力。面对国际形势和国内环境的双重呼唤，中国的科技现代化拥有前所未有的新机遇。

## 三、当前中国科技现代化的危机与挑战

进入新时期，中国的科学技术得到了长足发展，科技成果琳琅满目。然而中国的关键核心技术依然受制于人，科技发展仍然面临巨大瓶颈，整体科技基础薄弱，与世界发达国家相比差距尤为悬殊。当前科技现状与党的十九大报告中对科技事业的殷切期望相去甚远，中国科技视野格局不够、创新能力不足、资源配置不佳、体制政策不优等诸多问题依然存在。从国际上来看，全球科技创新空前活跃，新一轮科技革命来势汹汹。世界主要发达国家和经济体均积极采取应对举措，以创新为对象展开激烈角逐，竭力抢占科技发展制高点。自 2011 年俄罗斯发布《俄罗斯联邦 2020 年前创新发展战略》后，德国、欧盟、美国等纷纷制定“创新战略”，展开创新竞争。德国的“工业 4.0 计划”、欧盟的“地平线 2020”、美国的《美国国家创新战略》报告等，这一系列对策均将竞争的焦点转向了创新。从各国各地区对待创新的态度来看，科技创新能力已经成为主导世界格局的关键[①]。世界新一轮科技革命即将到来，国内发展方式急需升级转变。当前中国面临的机遇千载难逢，迎接的挑战空前严峻。抓住机遇就可以顺势而为，或能实现弯道超车；错失良机就会一落千丈，或被越甩越远。

---

① 王达阳：《“科技兴则民族兴，科技强则国家强”——学习习近平关于科技创新的思想》，《邓小平研究》2017 年第 4 期。

## 四、当前中国科技现代化的具体举措

习近平认为科技现代化的根本出路在于自主创新。以习近平同志为核心的党中央分析时势、把握国情，作出实施创新驱动发展战略的伟大抉择。中国领导人把控全局、提纲挈领，紧紧抓住“科技”这个国家发展的核心积极展开战略部署。2015 年 3 月 13 日，在党中央的统一领导下，《中共中央　国务院关于深化体制机制改革加快实施创新驱动发展战略的若干意见》将创新驱动发展战略领上历史舞台。随后党中央采取了一系列重大举措，以求创新驱动战略切实落地。习近平强调要尊重科技创新人才，提高科技工作者的待遇，鼓励科研人员大胆创新。不断深化科技体制机制改革，解除体制机制对科技创新的束缚。大力弘扬创新精神，号召广大科研人员以“科创精神”为指导，全身心投入科技现代化事业。

习近平多次强调科技现代化离不开全球视野，他认为科学技术是时代的产物，是全人类的产物，只有“聚四海之气、借八方之力”才能实现“不拒众流，方为江海”。积极参与国际合作是新时期科技发展的重要举措。新时期的国际科技合作途径大致可以归纳为三个。第一，科研主阵地多合作。习近平认为科研机构是科技创新的主阵地，加强与国际顶尖机构的合作对提升中国的科技实力必不可少。第二，人才大本营广交流。大学是培养人才的大本营，加强与世界一流研究型大学的交流学习对中国的人才建设意义重大。第三，创新主群体勤沟通。企业是技术创新的主体，加强国内外创新型企业的沟通合作对提升中国科技水平十分有利。不断拓展全球视野，深度参与国际科技治理，是提升中国国际影响力的一大举措。

加强科技供给，用科技带动经济建设，用科技改善民生。这既是习近平科技观的重要内容，也是新时期科技现代化的重要举措。习近平提到“穷理以致其知，反躬以践其实”，指出科学技术要为国家的经济建设服务。聚焦经济和产业发展的科技瓶颈及需求，提升科技转化率，为经济、产业发展打造新驱动、增添新活力。人民群众是中国科技现代化的服务对象，致力改善人民生活，不断满足人民需求，是对科技现代化的根本要求。认真倾听人民的呼声，急民之所急，想民之所想，将科学技术渗透进医疗卫生、食品安全、公共服务等各个领域，切实解决人民的问题。瞄准经济产业和人民需求，指向明确地提高科技转变率，是新时代背景下科技现代化的另一重大举措。

## 五、世界科技现代化的瞻望

近代以来，尤其是20世纪以来，科学技术迅猛发展，人类社会因此进入了“大科学时代”。进入新世纪，信息技术、生命科学技术、制造技术、能源技术、空间技术、海洋技术等实现重大突破，人类步入以信息产业为主导的经济发展时代。随着经济全球化程度不断加深，科技全球化势不可挡，新一轮科技革命一触即发。在让人类社会空前繁荣的同时，科学技术也产生了一系列副作用。人口爆炸、自然资源短缺、生态环境恶化等世界性问题正在严重威胁人类的生存，与此同时，科技发展不平衡引起的国家实力不平衡使人类社会的不稳定因素也越来越多。

人类共同的困境为科学技术指出了新的发展走向，追求人与自然和谐共生成为未来科学技术的主攻方向。科学技术肩负着开发新型驱动引擎、革新传统生产方式的光荣使命，这就使得当今科技和产业的变革方向共同指向绿色发展。随着科技发展引起的国际格局变化，科学技术成为影响国家前途命运的重要因素，自然也成了国际竞争的重要内容。可以说在未来社会科技实力直接决定发展高度。在进行“科技战”的同时，创新也成为人类共同的需求。科技的进步离不开创新的引领，为此越来越多的国家围绕创新展开了激烈的竞争。另外，作为科技活动的主体，人才不可避免地被卷入了这场“没有硝烟的战争”。随着这场“科技战”愈演愈烈，科技创新型人才成为世界各国和经济体抢夺的主要资源。为了迎接新一轮科技革命，科学技术仍会延续现在的发展趋势——以国家为主导，以创新为形式，以人才为资源，以绿色为目标，投入下一轮竞争中去。

大科学时代科学技术所表现出的发展特征正在影响科技现代化的未来走向。大科学是发展迅猛的科学，科技规模持续扩大、速度持续提升，科研领域和深度不断拓展。大科学是综合交叉、整体发展的科学，科学技术各学科领域互为依托、共同发展。大科学是科学和技术“不分你我”的科学，科学和技术相互依赖，二者的界限逐渐模糊。大科学背景下，尖端科技与相关产业群保持共生，科学技术的要素更多、系统更大、结构更复杂。科学技术体系呈现高度分化与高度综合的双面性，学科划分更为精细的同时，科技体系的要素联系也更加紧密。自然科学与人文社会科学实现交叉，大量新兴学科崛起，重构了现代科技体系。科技和社会相辅相成，科技社会化、社会科技化双向发展。科技现代化是科学技术的现代化，尽管各个国家选择的实现路径不尽相同，但都不可能脱离科学技术的发展规律。顺应时代召唤，遵循科技规律才是实现科技现代化的良方。

## 第五节　中国科技现代化的实践路径

人类社会正处在新一轮科学技术革命的前夜。抓住机遇，有的放矢，迎接挑战，是中国的科技现代化必须考虑的问题。

### 一、持续推进创新驱动发展战略

中国和平崛起途中遇到的障碍从未间断，西方国家持续对华的技术封锁仍在继续。残酷的现实表明，自主创新是中国科技现代化的唯一出路，实施创新驱动发展战略是中国科技现代化的明智之举。实践证明，创新驱动发展战略实施以来的确是成绩斐然。中国重大科技成果层出不穷，科技实力正在实现质的飞跃。基础研究和应用基础研究实现创新性突破，部分领域后来居上位居世界前列。国家战略高技术研究稳步前进，正在步入世界先进行列。相关科技产业逐渐向中高端迈进，经济水平大幅提高，民生福祉不断改善。国家创新体系进一步完善，相关创新基地统筹协同，大胆改革科技机制，创新企业、创新人才聚集成长。在理论研究方面，关于创新驱动发展战略的理论研究逐渐兴起，成果颇丰。刘忠和等人的“科技创新核心”说、刘志彪等人的“经济增长引领”说、张银银等人的“系统工程协作”说等共同丰富了创新驱动发展战略的理论体系[①]。但不可否认的

① 赵卢雷：《十八大以来创新驱动发展战略思想研究述评》，《社会科学动态》2018 年第 10 期。

是，创新驱动发展战略在落地途中依然存在诸多问题，相关支撑制度不完善、创新体系不健全、各方面力量不统一等都是亟待扫除的“藩篱”。全面深化创新驱动发展战略的各项相关体制改革，完善创新驱动发展战略的要素建设，增强全社会推进创新驱动发展的战略合力，是将创新驱动发展战略实施到底的当务之急。在理论研究领域，对马克思创新思想的深入探讨相对匮乏，研究成果的理论基础不够丰富，理论说服力有待提升。整体来看，学界采用的研究方法普遍单一，创新型理论相对缺乏。另一层面，不同学者聚焦各自领域进行研究，理论的系统性有所欠缺。因此，学术界自我提升创新意识，拓展研究方法，将马克思的创新思想与中国创新驱动发展的实际相结合，加强跨学科、跨领域合作，形成系统化的创新驱动发展战略理论体系是顺应时代要求的必然选择。将推进创新驱动发展战略的实践与理论研究紧密结合，既是中国当前国情的真切召唤，也是中国科技现代化的现实需求。

## 二、不断加强科技人才队伍建设

科技人才是科技活动的主要参与者，是现代化建设特别是科技现代化建设的中坚力量，抓住人才就抓住了科技现代化的主动权。建设一支具有创新精神的高质量科技人才队伍，是实现科技现代化的必备条件。

中国的人才建设思想由来已久，早在改革开放之初党中央就已经开始着力关注人才建设工作。从 1978 年党中央顺应时势，确定了“尊重知识、尊重人才”的国策开始[①]，到 2002 年开始长期实施“人才强国战略”，再到 2007 年“人才强国战略”写入党章和十七大报告，直到今天党中央从未停止过人才建设的步伐[②]。党的十八大以来习近平反复强调“人才是创新的第一资源”，在党中央的一系列人才政策推动下，中国的人才建设卓有成效。目前，中国的科技人才地位进一步提高，科技人才资源总量位居世界第一，但逐渐显现的科技人才建设所存在的问题也不容忽视。科技人才评价制度不合理、高层次科技人才匮乏、科技人才培养模式不完善等制约人才发展的问题依然存在。加强科技人才队伍建设，中国要寻找新的发力点，

① 魏礼群主编《当代中国社会大事典 1978—2015》第 2 卷，华文出版社，2018，第 332 页。

② 丁惠炯：《新常态视野下现代职业教育治理体系研究》，经济日报出版社，2018，第 18-19 页。

应在坚持实施“人才强国战略”的基础上，革新人才评价机制，完善人才培养模式，尊重人才成长规律，营造良好创新氛围。壮大科技人才队伍，是当前中国科技现代化的迫切需要。

## 三、继续深化科技体制改革

科技体制规定了科技活动的运行原则，恰当的科技体制会成为促进科技发展的动力，不当的科技体制则会成为禁锢科技发展的“藩篱”。就当前而言，中国的市场资源配置机制仍有待完善，价格主导资源配置的现象还没有得到有效约束，不合理的资源竞争给技术创新带来了巨大阻碍。另外，科技创新体制存在漏洞，中国经济发展并没有从根本上摆脱对传统生产方式的依赖，不必要的资源浪费严重影响科技创新投入。整体上来看，中国科技体制改革进度缓慢，科技发展的体制桎梏仍然存在。

中国亟须建立宏观协调机制，引导资源有效配置。增强政府对科技活动的宏观调控力度，推动科技机制重构。完善激励、经费、晋升等一系列配套制度，鼓励企业、高校积极投身创新实践，健全科技创新体系。政府主导，积极营造科技资源共享氛围，推动科技创新社会化。完善体制改革的保障措施，将科技体制改革落到实处，彻底改变“说了很多年，最后老是没有根本改变”的局面。实现科技现代化，深化科技体制改革刻不容缓。

## 四、大力加强创新文化建设

近年来，创新文化作为一种软实力对科技发展的影响越来越大。美国马里兰大学教授钱颖一就指出，“发展高科技，资金固然重要，但更重要的是要有一种能充分发挥人的创造力的体制和文化”[①]。创新文化之所以密切影响科技发展，是因为其包含着一系列优质科技活动所必备的精神。追求卓越、良性竞争、不畏风险、提倡主动、以人为本、协同合作、奖励成功、包容失败等这些都是提升科技活力的必要精神品质。反观中国现状，

① 汪怿、朱雯霞：《全球科技创新中心人才生态建设》，上海社会科学院出版社，2018，第136页。

逐利思想尚在，为了金钱而做学问的现象尚存；学风不正，趋炎附势，“以官为本”的腐败思想依然存在；腐朽守旧思想尚在，逃避竞争、安于现状的现象不在少数；考核评价机制不完善，学术研究追求“短平快”的现象普遍存在。种种不正之风严重侵蚀中国的创新文化，为科技现代化带来了巨大阻力。

培育健康的创新文化，肃清科技文化糟粕势在必行。调动企业的创新积极性，扭转核心技术依赖国外的不利局面，激励自主创新。健全法律体系，尊重知识产权，为自主创新保驾护航。营造良好的创新氛围，鼓励全社会尊重科学、尊重人才、尊重创新。让每一个创新政策落地生根，让科技创新文化生根发芽。

## 五、深度参与国际交流合作

当今社会科学技术是群体合作的产物，在全球一体化加剧的情形下“关起门来搞建设”注定会失败。深度参与国际交流与合作是时代的选择，对中国的科技现代化至关重要。习近平强调发展科学技术必须具有全球视野，善于利用国际资源，构建互利共赢的伙伴关系，为中国科技现代化提供便利。党的十八大以来，中国不断加大对外开放力度，积极参与国际科技合作，但“就目前发展实际情况来看，NSFC① 资助下两国科技合作比较多，而三国及以上的合作形态比较少”。由于影响因素多，促成难度大，当前多边合作整体呈现出数量少、规模小、程度浅的特征。针对现状，有效巩固两国合作基础，积极创造多边合作机会十分关键。树立“科学外交”观念，以科技促外交，以外交带科技。有效结合“一带一路”倡议，创新多边合作机制，促成多边合作实践，让国际交流与合作更顺利、更广泛、更深入，这是中国科技现代化有效应对当前国际形势的必由之路。

人类正在迈入一个以高科技为主导的新纪元，在这新纪元来临的前夜，中国正在空前的机遇和严峻的挑战中稳步前行。在中国共产党的领导下，中国的科技现代化正在实现质的飞跃。追根溯源，寻找理论源泉；实事求是，联系当下国情；高瞻远瞩，研究应变之策；统筹谋划，落实战略

① NSFC 即中国国家自然科学基金委员会。

部署。新时期中国的科技现代化逻辑鲜明，与时俱进，未雨绸缪，布局严谨。在党中央的带领下，中国的科技发展正在实现由“追赶”到“超越”的伟大飞跃，中国正在用实力创造新的历史，中国已经做好了充分的准备迎接新纪元的到来。

# 第五章　建设社会主义民主政治

1945年7月，毛泽东与黄炎培在延安曾有过一次著名的对话。黄炎培问毛泽东，中国共产党如何跳出“其兴也勃焉，其亡也忽焉”的历史周期率。毛泽东回答：“我们已经找到了新路，我们能跳出这个周期率。这条新路，就是民主。”[①]经过新中国成立以来的风雨洗礼、实践感悟，“没有民主就没有社会主义，就没有社会主义现代化”的历史教诲已深深植根于亿万人民的精神血脉，社会主义民主政治作为近代以来中国历史发展的内在要求、中国特色社会主义的本质规定，已成为全党全国各族人民普遍认同的价值追求和奋斗目标。在新的历史条件下，充分认清社会主义民主政治的历史必然性，倍加珍惜来之不易的社会主义民主政治建设成果，坚定不移走中国特色社会主义政治发展道路，以更加坚定的信念和更加自觉的行动推进中国特色社会主义民主政治发展，对于把我国建设成为富强民主文明和谐美丽的社会主义现代化强国，意义重大而深远。

## 第一节　民主政治的基本内涵

两千多年前，被称为“历史之父”的古希腊人希罗多德第一次把“人民”和“权力”这两个词组合在一起，创造了“民主”一词。“人民”作为一个社会历史范畴的概念，通常是指以其存在和活动推动历史发展，促进社会进步的那些阶级、阶层和社会集团。“权力”作为一个社会政治范畴，就是主体通过把自己的意志强加于客体，使客体行为发生改变来实现自己的意志。权力既然能够支配客体，使客体服从，那么支配者与服从者双方一定都有意志，因此，权力关系只能发生在人与人之间。由于这种支配无论是否得到被支配者认可其都必须服从，因此，权力这种支配力量必然具有强制性。而实现这种支配上的强制没有一定的凭借是不行的，只有凭借财富和暴力这样的物质力量，权力才能达到自己的目的。由此可以得

---

① 黄炎培：《延安归来》，载《八十年来》，文史资料出版社，1982，第148页。

出结论，所谓权力，就是凭借某种物质力量对人的一种强制性的支配。可见，权力内在地包含着统治的属性。而民主其义如其文，就是人民和权力的结合，即“人民的权力”“多数人的统治”。

民主是与专制相对立的概念。按照马克思主义的观点，民主就是人民主权、人民意志的实现，就是人民自己创造、自己建立、自己规定国家制度，并运用这种国家制度决定自身事务。在这里，按照人民的意志管理国家和社会事务与管理国家和社会事务的组织形式是民主不可缺少的两个方面。其中人民的意志是民主的内容，是民主的本质；人民意志的表达和实现方式则是民主的形式，是民主本质的体现。在民主政治发展史上，只有社会主义民主才是人民主权、人民意志的真正实现，才能确保人民当家作主。这种社会主义民主，就是全体人民在生产资料公有制的基础上当家作主，以不同形式管理国家和社会事务的制度。衡量一个国家是否民主，可以从以下几个方面来把握：一是国家权力归谁所有，二是国家运行由谁管理，三是国家取向为谁服务。其中国家权力归谁所有起决定作用，它决定国家运行由谁管理、取向为谁服务。在通常情况下，如果国家权力归人民所有，运行由人民管理，所有者和管理者是统一的，那么国家运行的取向只能是人民。如果国家权力归人民所有，但运行不是由人民而是由人民的公仆代表人民实施管理，所有者和管理者处于分离的状态，那么国家运行的取向既可能是人民，也可能是人民的公仆。如果是后者，那就意味着人民的公仆发生了蜕变，变成了人民的主人。因此，在所有者和管理者处于分离的状态下，作为国家主人的广大人民能否对自己的公仆实施有效的制约监督，是衡量一种民主制度成熟与否的重要标志。习近平总书记指出：“一个政党，一个政权，其前途和命运最终取决于人心向背。”① 鉴此，他一方面强调“人民是共和国的坚实根基，人民是我们执政的最大底气”②，“必须牢记我们的共和国是中华人民共和国，始终要把人民放在心中最高的位置，始终全心全意为人民服务，始终为人民利益和幸福而努力工作”③；另

① 习近平：《在第十八届中央纪律检查委员会第二次全体会议上的讲话》，《人民日报》2013 年 1 月 23 日，第 1 版。

② 习近平：《二〇一九年新年贺词》，《人民日报》2019 年 1 月 1 日，第 1 版。

③ 习近平：《在第十三届全国人民代表大会第一次会议上的讲话》，《人民日报》2018 年 3 月 21 日，第 1 版。

一方面深刻指出："时代是出卷人，我们是答卷人，人民是阅卷人。"① 这实际上昭示我们：党和国家的一切权力来自人民，其一切权力行为都要对人民负责，为人民服务，受人民监督。

作为政治文明的产物，民主早在原始社会就已经萌生，然而政治意义上的民主则是人类进入阶级社会以后的事情。从奴隶社会到封建社会，社会形态依次更替，但留给民主生长的制度空间却十分有限。资本主义社会基于自身发展需要，以民主制取代了君主制，这在民主发展史上是一个巨大的进步，然而这种坐落在不平等的经济基础之上的民主大厦，冠冕堂皇，实质上依然没有超越少数人统治多数人的历史局限。而能够超越这一历史局限的是社会主义民主。社会主义民主与资本主义民主都是建立在市场经济基础之上的，都讲自由、平等和人权，都实行选举制和任期制，都实行法治。社会主义民主与资本主义民主的根本区别不在这些具体制度上，而在两者耸立其上的经济基础、政治基础和价值取向上。资本主义民主的经济基础是生产资料资本家私人占有的经济制度，政治基础是资产阶级占统治地位的政治制度，价值取向是维护资产阶级的经济利益和政治统治。因此，资本主义民主虽然在形式上建立了一种平等的政治关系，但是在貌似平等而实际上不平等的经济关系基础上，真正平等的政治关系是建立不起来的。在资本主义社会，虽然民众可以平等地参与政治，甚至可以平等地竞选总统，但由于政治上的平等被经济上的不平等所置换，使他们实际上无法对政治产生直接的实质的影响。在资本主义条件下，担任公职就像悬在空中的馅饼，只有金钱垫在脚下才能得到，因而实际上所谓的民主只是少数人的特权。

中国特色社会主义民主政治是中国共产党把马克思主义基本原理与我国具体实际相结合，在科学总结世界社会主义各国政治建设的经验教训、批判地借鉴人类政治文明优秀成果基础上的伟大创造，是我们党带领全国人民英勇奋斗、艰辛探索几十年取得的重大成果。"我们的国家治理体系和治理能力总体上是好的，是有独特优势的，是适应我国国情和发展要求的。"② 中国特色社会主义民主政治的核心内容是人民当家作主；本质特征

① 《以时不我待只争朝夕的精神投入工作　开创新时代中国特色社会主义事业新局面》，《人民日报》2018 年 1 月 6 日，第 1 版。

② 习近平：《习近平谈治国理政》，外文出版社，2014，第 105 页。

是党的领导、人民当家作主和依法治国的有机统一；实践要求是民主与集中相结合、票决与协商相补充、效率与公平相统一、活力与秩序相协调。中国特色社会主义民主政治是与公有制为主体、多种所有制经济共同发展的经济基础相适应的政治制度；是以工人、农民、知识分子为主体，包括一切爱国的阶级、阶层在内的具有最为广泛社会基础的政治制度；是植根中国社会，符合中国国情，既坚持社会主义基本原则，又具有鲜明中国特色的政治制度，为全面建成小康社会、加快推进社会主义现代化、实现中华民族伟大复兴奠定了稳固的政治基础。诚如习近平总书记所指出的："一个国家的政治制度决定于这个国家的经济社会基础，同时又反作用于这个国家的经济社会基础，乃至于起到决定性作用。在一个国家的各种制度中，政治制度处于关键环节。"①

改革开放以来，随着中国特色社会主义政治制度的发展完善，我国民主建设取得了重大进展，已建立了使党的主张经过法定程序变为国家意志的民主机制；健全了国家机关及其工作人员依法管理国家和社会事务，对人民负责、受人民监督的民主程序；完善了人民依照法律法规，通过各种途径和形式行使国家权力、享有公民权利的民主制度。在国家政治生活中，共产党处于领导和执政地位，通过多党合作和政治协商制度，与各民主党派和各界人士共商国是，实现其领导权；通过人民代表大会制度，组织和支持人民当家作主，实现其执政权。政治协商会议是人民集体行使政治权利的政治组织形式，人民代表大会是人民集体行使国家权力的政权组织形式，二者在共产党领导下，形成了具有中国特色的政治运行机制：共产党通过政协汇集民意，又通过人大使其变为国家意志，然后通过政府机关组织实施，通过党派团体带头贯彻。其实质是党依照法定程序组织和支持人民当家作主，实现党的领导、人民当家作主和依法治国的有机统一。中国特色社会主义民主政治的生动实践，使神州大地发生了翻天覆地的变化。一个曾经满目疮痍、饱受欺凌、贫穷落后的中国，已经变成了一个经济发展、政治稳定、文化繁荣、社会和谐、生态美丽的社会主义中国，这昭示出中国特色社会主义政治制度具有巨大的优越性和强大的生命力。

衡量一种政治制度优劣的标准，主要看它是否适合本国国情、体现本

① 习近平：《在庆祝全国人民代表大会成立六十周年大会上的讲话》，《人民日报》2014年9月6日，第1版。

国特色，是否有利于国家统一稳定、有利于社会发展进步、有利于人民富裕幸福。所谓本国特色，就是一个国家自然地理、历史传统、经济文化、社会制度方面所呈现的基本面貌和基本特点。从政治上看，中国特色主要体现在两个方面：在政治制度上，广泛民主与高度集中相结合；在政党制度上一党领导与多党合作相结合。这种特色是由我国既具有统一的国家政权、统一的发展道路、统一的领导力量、统一的指导思想，又具有不同的社会主体、不同的经济形式、不同的政治意愿、不同的文化需求这一基本国情决定的。这表明，中国特色社会主义民主政治是博大的、宽宏的、兼容的，既可以保证中央政令统一，保证党和国家的决策部署得到迅速有效的贯彻执行，有利于形成全国“一盘棋”的强大社会动员力，有效应对前进道路上的各种风险和挑战，又可以统筹兼顾不同民族、不同党派、不同阶层、不同群体的利益，有利于尊重多数人的正确意见，照顾少数人的合理要求，使各种利益得到正确反映和合理协调；既可以充分调动各方面的积极性和创造性，又可以使这种积极性和创造性得到正确引导和有效发挥，为促进我国的经济发展、政治进步、文化繁荣、社会和谐、生态美丽服务。

## 第二节　社会主义民主政治的内在价值

人作为社会的主体，必然要同客体发生各种联系，这些联系主要有两种；一种是实践，一种是认识。而无论是实践还是认识，都包含着客体属性、功能与主体需要之间的关系。这种关系就是一种价值关系。换言之，价值就是发生在主体与客体之间的一种关系，表示客体对主体的意义。因此，价值不是一种实体概念，而是一种关系概念。所谓民主的价值，就是作为客体的民主满足作为主体的人的需要。由此可见，民主的价值反映的是民主对人的意义、民主与人的需要之间的关系。民主既是目的，又是手段，是目的与手段的统一，它决定了社会主义民主的基本价值也表现为两个方面：作为目的的民主价值和作为手段的民主价值。前者通过保障人的尊严与权利得到体现，后者通过促进社会的发展与进步得到体现。

按照马克思主义的观点，人是社会活动的主体，也是社会活动的目的。社会活动是人自身的活动，所以人也是自身活动的目的。人与社会的关系不同于物与社会的关系，就在于人有着觉醒的自我意识，能够省察自身的价值及其同外部世界的关系，并通过能动的创造活动，改造自身及外部世界，使人的本质力量在同外部世界的关系中得到充分展示，从而实现自己的预期目的，确证自己的主体地位。正因为只有人以自身为目的，其他任何事物都不能以自身为目的，所以人才与其他事物区别开来。民主作为人的一种社会活动，是人的本质力量的具体体现。因为人的本质在于自由自觉的活动，而民主恰恰使人成为自己的主人，其丰富的价值意蕴在于维护人的尊严，保障人的权利，并提供与维护和保障这种尊严和权利相适应的制度安排，从而促进社会的发展与进步。“人间最高贵的事就是成为人。”这是民主成为得到人们普遍认同和追求的价值取向的内在根据。

在社会主义条件下，人彻底摆脱了人身占有关系和人身依附关系，赢得了作为人的尊严，拥有自主的地位和独立的人格，能够真正把头颅长在自己的肩膀上，以自己的本性所固有的方式去生活，积极从事自由自觉的创造活动，在生活方式上追求内容的丰富性，在情感方式上追求志趣的多样性，在思维方式上追求意向的新颖性，在行为方式上追求价值的独特性，从而成为自己的主人。同时，人彻底摆脱了遭受欺压和凌辱的处境，赢得了作为人的权利，有权决定国家拥有哪些权力、这些权力由哪些人行使、行使这些权力应遵循何种规则、违反这些规则应承担何种责任；有权通过言论、出版、集会、结社、游行、示威等形式和批评、意见、建议、申诉、控告、检举等方式监督国家权力，维护自身利益；有权通过各种途径参与国家经济生活、政治生活、文化生活和社会生活的决策与管理，从而成为国家的主人。社会主义民主的根本特征就是确认、维护和保障人民民主权利。而任何权利都带有自由的特性，有某种权利就有某种自由。自由意味着在法律和道德范围内不受人为限制自行其是，自负其责，尽可能地发挥自己的潜力和优长，从而实现人的多样化发展。同时，人民民主权利的拥有，表明人民是国家的主人，主人与主人之间地位平等，即享有同等的权利，承担同等的义务，任何人都不得享有法律以外的各种特权。从这种意义上说，社会主义民主是一种旨在优化人的生存环境，提高人的生活质量，使人受到的压抑最小，束缚最少，最有利于人的自由、全面、和谐、持续发展的政治制度。这是社会主义民主具有强大的生命力之所在，也是社会主义民主具有巨大的感召力之所在。

社会主义民主的价值还在于有利于提高效率、促进稳定。按照马克思主义的观点，人是生产力中最活跃、最积极的因素，效率归根到底是作为物质产品和精神产品创造者的人的效率。而“人们为之奋斗的一切，都同他们的利益有关”①。因此，要提高效率，就要着力营造社会目标与个人利益的联系机制，充分调动人的积极性、主动性和创造性。民主则是营造这种机制的必要前提。在民主的条件下，人们执行的决策都是由人们自己参与制定的，都是人们自己意志的反映和利益的体现，因而人们执行决策的义务乃是基于这样一个事实：我参与了决策的制定，这些决策与我的利益息息相关，我就不言而喻地承担了执行的义务②。实践表明：无论是制度创新还是艺术创造，无论是科学发现还是技术发明，都离不开民主。只有在民主的条件下，在自由、平等、宽松、和谐的氛围中，人们才能独立地探索奥秘，独立地判断是非，独立地支配行动，才能真正领略到自己劳动创造所带来的喜悦，从而使作为积蓄在人身上的巨大的能源宝藏的个性得到充分激活和健康发展，使人的聪明才智得到充分挖掘和有效发挥，成为推动社会文明、人类进步的取之不尽、用之不竭的源头活水，不断创造出人间奇迹。诚如托克维尔所说：“使整个社会洋溢持久的积极性，具有充沛的活力，充满离开它就不能存在和不论环境如何不利都能创造出奇迹的精力。这就是民主的真正好处。”③ 同时，民主对于效率的意义还在于，开拓、创新是效率的生命，而开拓、创新就意味着没有既定的思路可供遵循，没有现成的模式可供照搬。这样一来，开拓、创新就有可能异于成说或权威，谬于差错或失误。这两种情况如果得不到宽容，那么开拓、创新便无从谈起。而按照保障人的自由平等权利的民主理念，既然每个人的认识水平不可能整齐划一，但却可以自由平等地表达自己的见解，那么它就必然内在地包含着宽容。因此，民主，也只有民主，才能营造有利于开拓、创新的宽松环境，才不致使整个社会停留于复制与模仿而僵化起来。

作为以和平的方式实现社会整合的有效手段，民主之所以能够促进社会的稳定，原因就在于通过民主的运作，可以使各种利益群体按照正常的

---

① 马克思恩格斯列宁斯大林著作编译局编译《马克思恩格斯全集》第1卷，人民出版社，1995，第187页。

② 张文显主编《政治与法治：中国政治体制改革与法制理论思考》，吉林大学出版社，1994，第41页。

③ 托克维尔：《论美国的民主》上卷，商务印书馆 1991，第280页。

程序表达自己的意愿，使国家在制定政策时能够充分反映这些意愿；通过扩大国家政策的整合幅度，将不同的利益群体纳入自己的调控范围，从而大大增强人们对国家权力的认同程度。国家权力一旦得到社会的普遍认同，就会形成政治权威，形成维护这种权威的群体压力，这种群体压力不仅可以强化人们对政治权威的服从意识，而且还会对那些出于个人原因反对政治权威的社会成员形成一定的约束力。民主能够使具有不同利益取向的社会群体按照既定的程序参与政治，通过相互沟通，化解利益矛盾，在公平竞争、和平共处的基础上彼此涵化互异因素中的积极成分，由此实现群体上的共存共荣、利益上的互增互补。不仅如此，由于民主能够确保公民的普遍参与，使不同社会群体之间围绕政治权力的政治竞争由社会来进行最后裁决，并由系统的法规制度进行规范和约束，这就从根本上改变了以往政治竞争只是由少数人在政治暗箱中进行，与社会和社会利益没有直接关联的特质。由于民主以多数人的意志为其政治合法性基础，因而将政治竞争纳入既定的程序和规则之中，有助于政治权力的和平转移，有助于避免和消除因人事更迭和政策变动所引起的社会动荡。

人民民主是中国人民的百年追求与梦想，也是中国人民经过艰苦卓绝的斗争赢得的胜利成果。近代以来，中华民族外遭帝国主义侵略，内受封建主义压迫；国家主权沦丧，濒临亡国灭族；人民备受屈辱，失去生命安全和人格尊严的起码保障。为改变国家和民族的命运，英勇不屈的中国人民前仆后继、浴血奋战，最终在中国共产党的领导下，赢得了民族独立和自身解放，成为社会主义国家的主人。因此，我们今天的人民民主，蕴含着近代以来无数仁人志士的思索和追求，凝结着千千万万革命先烈的奋斗和牺牲，承载着一代又一代中国共产党人的理想和信念。中国人民之所以能够“共同享有人生出彩的机会，共同享有梦想成真的机会，共同享有同祖国和时代一起成长与进步的机会”[①]，从根本上说就是自己当家作了主人。民主是党的生命之根，是社会主义的力量之源，是我们须臾不可离身的法宝。我国的国体是人民民主专政，我国的政体是人民代表大会制度，我们党和国家的组织原则是民主集中制，中国特色社会主义的共同理想是建设富强民主文明和谐美丽的社会主义现代化强国，这其中都包含着民主。我们党多次强调：党内民主是党的生命，人民民主是社会主义的生

① 习近平：《习近平谈治国理政》，外文出版社，2014，第40页。

命。“没有民主就没有社会主义，就没有社会主义的现代化，就没有中华民族伟大复兴。”[①] 由此可见，民主对于我们党和国家来说，可谓生死与共，血肉相连，不是一件想穿上就穿上、想脱下就脱下的外套。在民主已经成为时代的必然、人民的选择的历史条件下，丑化和诋毁民主，丢掉和放弃民主，实际上就是丢弃我们党和社会主义的生命。

## 第三节　建设社会主义民主政治的实施举措

民主是社会主义的本质规定，但这并不意味着社会主义民主一诞生就完美无缺。社会主义制度的建立，只是社会主义民主发展的起点而不是终点。要创造社会主义民主的实现条件，使人民真正成为国家的主人，还需要长期的实践探索和理论思考。目前我国民主发展的总体状况是：制度优越但体制不够合理，内容真实但法制不够健全，形式多样但机制不够完善，保障可靠但发展不够平衡，主体广泛但参与不够充分。这与我国社会主义初级阶段的基本国情是相适应的。作为一项艰巨复杂的社会系统工程，发展社会主义民主必须遵循渐进、梯次、有序、协调的准则，依据客观规律和实际可能，有领导、有计划、有步骤地向前推进。

### 一、坚持党的领导

在社会主义条件下，由于人民行使管理国家的权力不可能由个人以各自为政的形式来实现，只能以民主的组织原则和程序，把民主与集中有机地结合起来，形成强有力的人民民主政权来实现，因而人民民主内在地需要一个坚强的核心来领导。在我国，这个核心就是中国共产党。党政军民学，东西南北中，党是领导一切的。“中国共产党的领导，就是支持和保证人民实现当家作主。”[②] 我们国家的统一、人民的团结、社会的稳定靠共产党的领导，经济的繁荣、政治的发展、文化的进步也要靠共产党的领导。党的领导的具体实现形式：一是领导人民通过人民代表大会制度掌握国家权力，以此保证国家制定的法律和政策能够体现人民的共同意志，维

---

① 习近平：《在庆祝全国人民代表大会成立六十周年大会上的讲话》，《人民日报》2014年9月6日，第2版。

② 同上。

护人民的根本利益。诚如习近平总书记所指出的："人民代表大会制度是坚持党的领导、人民当家作主、依法治国有机统一的根本制度安排。"[①]二是领导人民依照宪法和法律，通过各种途径和形式，管理国家和社会事务，管理经济和文化事业，以此保证国家各项事业的发展符合人民的意愿和要求。三是领导人民实行基层民主，由群众依法办理自己的事情。四是领导人民贯彻公民在法律面前一律平等的原则，使公民享有法律上、事实上的广泛自由和权利。实践表明，在我们这个有十四亿人口、九百六十万平方千米国土、几千年文明历史的大国里，要克服封建主义残余思想的因袭和资本主义腐朽意识的渗透，提高人民群众的科学文化水平和民主政治素质，消除原有政治体制中存在的种种弊端，发展完善中国特色社会主义政治制度，离开中国共产党的领导是不行的。

在政治生活中，一个国家建立什么样的政党，实行什么样的政党制度，决不是人们主观设定的，而是特定的政治力量对比、经济发展状况、文化历史传统等多种因素综合作用的结果。我国作为世界上最大的发展中国家，要在异常复杂的国际环境中顺利实现社会主义现代化，必须对国家实行集中统一领导。坚持共产党的领导，有利于保证整个国家的和谐稳定，保证社会发展的正确方向，保证全体人民形成统一的意志和统一的行动。从国际视野看，一些社会主义国家的改革也曾出现繁荣局面，但当改革进入攻坚阶段，在内外压力面前把改革变成改向，取消共产党的领导，否定社会主义制度，全盘照搬西方的制度模式，结果引发了全面的危机。苏联和东欧一些国家的改革之所以导致党解散、国解体、社会改制，根本原因是迷失了改革的方向。中国革命、建设和改革的历程向世人昭示：中国共产党的领导同社会主义的命运是紧密联系在一起的，发展社会主义民主必须坚持中国共产党的领导。正是中国共产党领导人民找到了一条实现国家独立和人民解放的正确道路，从根本上改变了中华民族的命运；正是中国共产党领导人民找到了一条建设富强民主文明和谐美丽的社会主义现代化强国的正确道路，实现了中华民族的沧桑巨变。没有共产党就没有新中国，就没有中国特色社会主义。如果说最好的政党制度就是最适于本国国情的政党制度，那么，中国共产党领导的多党合作制是最适于我国国

① 习近平：《在庆祝全国人民代表大会成立六十周年大会上的讲话》，《人民日报》2014年9月6日，第2版。

情，最有利于国家统一稳定、社会发展进步、人民富裕幸福的政党制度。

## 二、改革政治体制

我国政治体制改革虽然已经取得了举世瞩目的成就，但用全面建成小康社会、加快推进社会主义现代化的要求来衡量，用建立健全有利于经济社会持续健康发展的体制机制的要求来衡量，用形成一整套比较完善、比较定型的制度的要求来衡量，还需要继续拓展和深化。我国原有政治体制的一个显著特点，就是权力高度集中。权力高度集中的结果，不仅形成了臃肿庞大的党政机构、等级授权的干部制度、林林总总的官僚主义、形形色色的特权现象，而且直接影响了参与机制的完善，制约了监督机制的健全。习近平总书记指出："我们说坚定制度自信，不是要故步自封，而是要不断革除体制机制弊端，让我们的制度成熟而持久。"① 只有不断推进政治体制改革，才能规范民主内容——国家权力和公民权利；创新民主形式——国家形式和社会形式；理顺民主关系——国家与社会关系、政党与政府关系、中央与地方关系、执政与参政关系；贯彻民主原则——主权与治权原则、自由与平等原则、多数与少数原则、开放与竞争原则、法治与程序原则；完善民主制度——政治制度和政党制度；健全民主机制——竞争参与机制、决策管理机制、制约监督机制。

从我国实际情况看，政治体制改革的一项重要内容就是正确处理党政关系。政党要领导、组织、参与和调控政府，同时，政府又要通过立法、执法和司法规范、限制、约束和监督政党。科学界定执政党与国家政权机关的职能、职权和职责，在党与国家政权机关之间合理配置权力，将党的政治主张转化为国家意志的方式和程序法律化规范化，目的在于从制度上、法律上保证党对国家政权机关依法实行政治领导，保证国家政权机关依法行使各自的职权，使任何组织、任何机构、任何个人都没有绝对的权力，任何权力都要受到制约监督②。正确处理党政关系的实质是按照党总揽全局、协调各方的原则，规范党与人大、政府、政协的关系，逐步形成党委统一领导、党政各负其责、各方协调一致的工作机制。党对人大、政府、政协的领导通过各自的党组来实现。围绕党的决定，人大党组通过法

① 《习近平谈治国理政》第 1 卷，外文出版社，2014，第 106 页。

② 张恒山等：《法治与党的执政方式研究》，法律出版社，2004，第 26 页。

定程序，使党的主张变成国家的法令；政府党组通过政府决策程序，使党的主张变成政府的政令；政协党组通过政治协商，使党的主张成为社会各界的共识。党总揽而不包办，协调而不替代，各方的事由各方去办，各方之间的事由党来协调。政治体制改革的一项重要课题就是强化对领导干部的制约监督。对此，习近平总书记明确指出："要加强对权力运行的制约和监督，让人民监督权力，让权力在阳光下运行，把权力关进制度的笼子。"① 在权力体系内部，领导干部的权力行为要受到上级、下级和同级的制约监督，要受到代表机关、专门机关的制约监督。在权力体系外部，要受到人民群众、民主党派、社会团体和新闻机构的制约监督。在权力的配置上，领导干部的权力要适当分解，各权力之间要形成制衡机制。在权力的运行中，领导干部的权力行为要受到制度规范和责任约束。

## 三、实行依法治国

法治的一个重要特征，就是对国家权力的限制。法律限制国家权力，就是为国家权力划定职责、权限和相互关系，使权力与法律结成一体，由法律支配，在法律范围内行使，从而成为合法的权力。从人类历史发展看，任何社会都要求公民守法，但并不是任何社会都要求政府守法，政府守法是法治社会的基本标志。同时，任何社会对滥用权力的行为都要予以追究，而法治社会之为法治社会，主要不在于对滥用权力的行为予以追究，而在于它有一套健全的机制，当一种权力超出了合法的限度时，就能立即引起与它相对应的权力的自行制止。由此可见，法治作为一种国家管理机制、活动方式和秩序状态，其形式是以法律规范权力，其实质是以权力制约权力。因为法律的实施有赖于权力的支撑，能够支撑法律有效实施的权力必定是具有内在的制衡机制的权力。这表明，以法律规范权力只是法治的外在表现，以权力制约权力才是法治的内在本质。因此，法治不仅是一种治国方略，而且是一种政治体制。要坚持依法治国，切实把各种权力严格控制在法律授权的范围内，就必须改革政治体制，推行公开政治，倡导参与政治，强化服务政治，健全责任政治，厉行法治政治。

依法治国既要加强党的领导，又要改善党的领导。党作为人民的一部

① 习近平：《决胜全面建成小康社会 夺取新时代中国特色社会主义伟大胜利》，《人民日报》2017年10月28日，第5版。

分，是法治的主体；党作为国家政权体系的一部分，又是法治的对象。作为法治的主体，党领导人民制定和实施宪法和法律；作为法治的对象，党又必须在宪法和法律范围内活动。由于国家机关的职权在宪法和法律中已有明文规定，党在宪法和法律范围内活动的应有之义，就是尊重国家机关的法定职权。如果党行使由人民选举产生的国家机关的法定职权，这本身既与党组织和支持人民当家作主的民主原则有违，又与党必须在宪法和法律范围内活动的法治原则相悖。因此，党领导人民制定宪法和法律，党又要领导人民遵守和执行宪法和法律，党自身也必须在宪法和法律范围内活动，党还要接受人民对自身的活动进行法律监督。只有党接受制约监督，党的干部才不致以党的名义滥用权力；只有党接受制约监督，对国家机关权力的制约监督才能取得实效；只有党接受制约监督，发展民主政治和建设法治国家才有可靠的保证。一个先进的政党，一个没有不同于人民利益的特殊利益的政党，要顺应时代潮流，站在时代前列，推进国家的民主和法治建设，就必须把自己置身于民主和法治之中，接受人民的监督和法律的约束。

## 四、强化公民意识

在世界民主化进程中，一些国家虽然可以轻而易举地制定出一套体现民主原则的政治制度，但由于人们的思想观念仍旧停留在传统文化的笼罩之下，传统的习惯势力在政治领域中继续保持着主导地位，致使制度明文规定的权利许诺无法兑现。由于民主归根到底要靠人们行使权利来体现，放弃权利的结果是民主化变成了少数人的事情，很难转化为大多数人的自觉行动。由此可见，尽管权利的确认取决于国家的意志，权利的实现有赖于国家的保障，但这并不意味着国家可以随心所欲地设定权利。民主制度从来没有创造传统和习惯的神奇功能，它只是对已有的某些传统和习惯予以肯定，并推动其发展①。如果人们没有权利赖以行使的公民意识，即使国家设定再多的权利，也只不过是一纸空文。

公民意识是与臣民意识相对立的概念，是一种体现着民主的精神和理念、原则和制度、运作实践和行为方式的思想文化形态。换言之，公民意

① 张浩主编《社会主义民主研究》，中国青年出版社，1998，第 235 页。

识是以市场经济和民主政治为前提条件，以权利义务、自由平等、公平正义、制约监督、遵纪守法等意识为构成要素，以保障权利、制约权力等价值理念为核心内涵的思想文化形态。公民意识要求民主能够成为人们的一种风尚、一种习惯、一种自觉。公民意识的强化过程，实际上就是在建立健全民主制度基础上以文化人的过程，即通过教育、引导、熏陶和启迪，使民主思想、民主观念、民主精神内化于人们之心，外化于人们之行的过程。公民意识表达了人们对民主的理解和把握、判断和评价、意向和要求，标志着体现现代文明的自由、平等、法治、人权、理性、秩序等民主精髓已经深入人们心理结构的底层，积淀为人们的心理素质，并以稳定的思维方式表现出来，影响着人们的行为方式，因而对于推进整个国家的民主建设具有重要意义。

我国跨越资本主义独立发展阶段走上社会主义道路，这是一件了不起的事情。但历史的辩证法表明，资本主义独立发展阶段可以跨越，然而这个阶段的社会发展内容，包括从经济、政治和文化上清除封建主义思想残余，是不可跨越的。从历史上看，封建主义思想文化连同其所依存的经济基础和政治制度，在我国统治了两千多年，其影响是根深蒂固的。民主革命胜利后，封建主义的经济基础和政治制度已经被废除，其思想文化由于具有相对独立性而未能马上消失。如争权夺利、升官发财、拉帮结伙、任人唯亲、裙带关系、人身依附、特权思想、等级观念以及集权主义、官僚主义、形式主义、官本位、家长制、一言堂等都可以在我国政治生活中找到踪影。因此，在我国进行社会主义民主建设，首要任务就是不断清除封建主义思想文化的消极影响，切实增强人民群众的公民意识。因为民主的主体是人，人的行为又是由特定的意识支配的，如果仅仅有完善的民主制度，而运用这些制度的人却没有与之相适应的思想意识，那么再完善的制度也会在实际生活中扭曲和变形。只有人民群众的公民意识增强了，民主制度才能变成生动具体的社会实践，整个国家的政治发展才会有可靠的依托。

## 第四节　民主的现代化与民主的现代性

现代化作为一个源远流长的世界性动态发展过程，其广义是指工业革命以来现代生产力导致生产方式、生活方式和观念形态的深刻变革，是世界经济加速发展和社会适应性变化的必然趋势；其狭义则是指第二次世界大战以后发展中国家学习世界先进技术，进行国民经济技术改造，带动广泛的社会变革以赶上先进工业化国家的过程。其中，以民主政治为标志的政治现代化既是整个国家现代化的重要内容，又是整个国家现代化的基本条件。

## 一、民主的现代化

学术界有一种观点，认为民主只是社会主义现代化的条件而不构成社会主义现代化的要素。在这种观点看来，社会主义是一种高于资本主义的社会形态，政治上具有无可比拟的优越性，社会主义现代化主要是指经济文化的现代化，而不存在政治现代化的问题。应当说如果社会主义脱胎于发达的资本主义国家，当然就不存在包括政治现代化在内的所有现代化问题了。然而现实的社会主义偏偏大都脱胎于具有浓厚的封建专制文化传统的国度，实践表明，这种传统的形成非一日之寒，这种传统的消解也非一日之功，我们政治生活中存在的种种弊端无不与此有关。由于主客观条件的限制，我们的社会主义民主政治建设虽然取得了举世瞩目的成就，但其体制的合理程度、法制的健全程度、机制的完善程度、主体的成熟程度、物质的保障程度与政治现代化的要求还存在不小的差距。因此，我们不仅存在一个政治现代化的问题，而且要真正解决这个问题依然任重道远。不这样提出问题和认识问题，而是对此视而不见、听而不闻，表面上似乎维护社会主义，实际上对社会主义的发展百害而无一利。

当今时代是科学技术迅猛发展、人文知识不断更新并对经济社会面貌产生巨大影响的时代，是经济全球化、政治民主化、文化多样化、社会信息化趋势日益明朗的时代，是世界人民向往和平、促进发展、加强合作、实现共赢的时代。时代的变化对社会主义民主政治发展也提出了相应的要求：由过度集权向适度分权转变，由替民做主向由民做主转变，由单向制约向双向制约转变，由实行人治向厉行法治转变。这种转变的实质，就是民主的现代化过程。民主的现代化既是整个国家政治现代化的重要条件，也是整个国家政治现代化的有机组成部分。民主的现代化主要包括六个方面：一是民主体制的现代化，即民主体制走向分权、协同；二是民主组织的现代化，即民主组织走向精干、高效；三是民主权力的现代化，即民主权力走向文明、法治；四是民主决策的现代化，即民主决策走向智能、科学；五是民主过程的现代化，即民主过程走向开放、有序；六是民主权利的现代化，即民主权利走向自由、平等。只有改革民主体制、健全民主组织、约束民主权力、优化民主决策、规范民主过程、保障民主权利，才能推进民主的现代化，从而推进整个国家政治现代化。

## 二、民主的现代性

民主的现代性作为民主的现代化的重要成果和显著标志，是民主政治的本质规定和内在要求，是民主实践的理论升华和科学总结，是指导民主政治建设的基本准则、调整民主政治关系的基本依据、评价民主政治行为的基本尺度，因而在民主政治生活中处于枢纽的地位，具有普适的性质，起着规范的作用。民主的现代性内涵十分丰富，其中自由与平等性、开放与竞争性、选举与协商性、法治与程序性处于重要地位。

### （一）自由与平等性

人之所以能够从事自由自觉的活动，就在于人有意志。如果说意志自由作为人的内在自由是绝对的、无条件的，那么行为自由作为人的外在自由则是相对的、有条件的。人只有认识客观规律，认同客观规律，才能在与外部世界的交往中获得自由。在社会生活中，这些规律往往通过人的认知活动而在法律中得到反映和体现。这样，人们对客观规律的认识和认同就可以转化为对法律的认识和认同，只有遵从法律，依法办事，才能获得自由。从这种意义上讲，法律不是限制自由，而是限制任性。“只是当人的实际行为表明人不再服从自由的自然规律时，自然规律作为国家法律才强迫人成为自由的人。”① 所谓自由，就是从事不为法律所禁止，不为他人所强制的任何活动。这里同时包含着人们获得自由的两种途径：一是法律明示的自由即人们有做法律所允许的事情的自由；二是法律暗示的自由即人们有做法律不禁止的事情的自由。

自由对于民主的意义在于：人只有成为自己的主人，能够自由地思考

① 马克思恩格斯列宁斯大林著作编译局编译《马克思恩格斯全集》第1卷，人民出版社，1995，第176页。

问题，自由地表达意愿，自由地措置言行，才能成为国家和社会的主人，独立自主地参与国家和社会事务的管理。这里最重要的一点就是言论自由。所谓言论自由，就是公民依法享有以口头或书面的形式在公开场合表达自己各种思想和见解的自由。言论自由首先表现在参政议政上。参政议政是人民民主权利的最高表现形式，是人民当家作主的基本实现途径。既然人民是国家的主人，那么人民就有权利议论国家的政务，国家就有义务保护人民这种正当权利。我国的宪法规定，言论、出版自由是中华人民共和国公民的基本权利。广大人民享有依法运用新闻工具充分发表意见、表达自己意志的权利和自由，享有对国家和社会事务实行舆论监督的权利和自由。对于人民来说，参政议政既是一种权利，也是一种责任，因为国家政治决策所带来的一切后果终究要由人民来承担；人民既然有义务承担由国家政治决策所带来的一切后果，就必定有权利参与国家的政治决策。

对于人民参政议政权利的有效行使，习近平总书记历来高度重视，多次指出："评价一个国家政治制度是不是民主的、有效的，主要看国家领导层能否依法有序更替，全体人民能否依法管理国家事务和社会事务、管理经济和文化事业，人民群众能否畅通表达利益要求，社会各方面能否有效参与国家政治生活，国家决策能否实现科学化、民主化，各方面人才能否通过公平竞争进入国家领导和管理体系，执政党能否依照宪法法律规定实现对国家事务的领导，权力运用能否得到有效制约和监督。"①"要依法保障全体公民享有广泛的权利，保障公民的人身权、财产权、基本政治权利等各项权利不受侵犯，保障公民的经济、文化、社会等各方面权利得到落实。"②"国家各项工作都要贯彻党的群众路线，密切同人民群众的联系，倾听人民呼声，回应人民期待，不断解决好人民最关心最直接最现实的利益问题，凝聚起最广大人民智慧和力量。"③习近平总书记强调要倾听人民呼声，反映人民意愿，其蕴含的一个基本前提，就是营造宽松和谐的民主法治环境，让人民发出呼声，让人民表达意愿。

自由之所以要受法律的约束，就在于它是一种平等的权利。所谓平

① 习近平：《在庆祝全国人民代表大会成立六十周年大会上的讲话》，《人民日报》2014年9月6日，第2版。

② 《习近平谈治国理政》第1卷，外文出版社，2014，第141页。

③ 同①。

等，就是人与人在社会上处于同等地位，享有同等权利，承担同等义务，受到同等保护。其要旨为：公民平等地享有宪法和法律规定的权利，平等地履行宪法和法律规定的义务；没有义务的权利只能是特权，没有权利的义务只能是奴役。任何人不得凌驾于宪法和法律之上，任何人不得超越宪法和法律之外；公民在遵守法律上一律平等，公民在适用法律上一律平等；任何人不得强制公民承担法外义务，任何人不得强制公民接受法外处罚。平等作为民主的本质规定，最重要的一点就是权利平等。美国政治学家达尔认为：在民主制中，权利的行使不一定是平等的。平等地获取权利，或行使权利的机会均等，这就足够了。换言之，民主政治并不保障每个人对国家事务和公共政策的制定享有同等的影响力，就像市场经济并不保障每个人占有等额的财富一样。它保障的只是每个人具有同等的参政议政的权利，至于把这些权利行使到什么程度则是每个人自己的事情①。所谓权利平等，就是面对某种机遇，社会对每个人都普遍地给予同一尺度或同一标准的获取可能性。这种平等是以承认人的先天权利相同和人的先天能力不同为前提的，因此，它既给每个人以平等进入社会的机会，又通过公平竞争来确保每个人都获得与自己德才识学相适应的社会位置；既尊重每个人的自我选择，又承认并不是人人都能实现自我选择，就像每个运动员都站在同一条起跑线上，平等地享有夺取冠军的权利，但并不是人人都能当冠军一样。

### （二）开放与竞争性

开放是民主政治的基本特征和显著标志，是人民群众参与国家管理、国家机关联系人民群众的重要渠道和有效途径。它主要表现在三个方面。第一，政治职位开放。政治职位与公职公益紧密相连，因而为公众所有。谁担任公职，成为公仆，取决于公众意志。在公众意志面前，在就职机会面前，人人平等。第二，政治决策开放。国家在作出重大决策前，对于决策的目标、实现目标的可行性方案、各方案在成本收益方面的优劣比较应向公众说明，并在公众的参与下作出合理的抉择。第三，政治信息开放。人民群众对参政权的享有，很大程度上取决于对知情权和表达权的享有。

① 白钢：《现代西方民主刍议》，《书屋》2004 年第 1 期。

这一方面要求“完善党务、政务、司法和各领域办事公开制度”[①]；另一方面要求社会团体能够充分反映群众的意见，代表机构能够准确表达选民的意志，政府机关能够畅通信息反馈渠道，新闻媒体能够有效开展舆论监督。

实现对政治资源的优化配置是民主政治的一项重要功能。政治资源包括政治权力、政治利益、政治荣誉等内容，其核心是政治权力，因为它具有支配其他社会资源的能力，甚至具有重塑社会结构的能力。因此，政治资源的优化配置重点在于政治权力的优化配置。而实现政治权力优化配置的有效途径就是选举。一般来说，选举不制定政策，它只是决定由谁来制定政策;选举不解决争端，它只是决定由谁来解决争端[②]。这一过程通常是采取竞争的方式来进行的。竞争作为一种社会现象，是指人与人之间、群体与群体之间为争夺一个共同目标而展开的正当活动。它具有这样一些特征。一是竞争目标的同一性。目标不同不可能形成竞争关系，只有目标相同才能形成竞争关系。二是竞争主体的多元性。单一主体不可能形成竞争关系，只有多元主体才能形成竞争关系。二是竞争程序的确定性。竞争程序在先，竞争结果在后，程序具有确定性，结果具有不确定性。换言之，竞争的游戏规则是确定的，而竞争的结果对于当事人来说是不确定的。四是竞争目标的排他性。竞争的一方夺取了目标，就意味着其他各方失去了目标。五是竞争活动的有序性。竞争的机会公平，规则公正，过程公开。六是竞争各方的相容性。竞争的目的是夺取目标而不是消灭对方，各方无论谁胜谁负都可和平共处。竞争的存在意味着在从政机会面前人人平等，谁也没有生来注定要做官的特权；竞争的存在使民意能够得到灵敏的反映，从而比较容易把优秀人才推上社会政治舞台；竞争的存在焕发了人们通过自我发现、自我塑造而显露才华的主动进取精神，为有志之士步入政坛开辟了人间正道，为优秀人才脱颖而出提供了广阔舞台。

### （三）选举与协商性

按照通行的观点，民主一般可分为两种模式，一种是选举民主模式，一种是协商民主模式。选举民主模式通常适用于国家内部民族、宗教、语

---

① 《中共中央关于坚持和完善中国特色社会主义制度 推进国家治理体系和治理能力现代化若干重大问题的决定》，《人民日报》2019 年 11 月 6 日，第 6 版。

② 白钢：《现代西方民主刍议》，《书屋》2004 年第 1 期。

言和文化传统基本相同的均质社会。协商民主模式通常适用于国家内部民族、宗教、语言和文化传统差异较大的异质社会[①]。从实际情况看，我国存在着多阶级、多阶层、多民族、多党派，各地区经济文化的发展很不平衡，异质社会的特征十分明显，因而协商作为我国政治制度的重要组成部分，在民主政治生活中扮演着十分重要的角色。党的十一届三中全会后，我国进入了改革开放和现代化建设新时期。伴随着人民代表大会和人民政治协商会议召开的制度化，我国的选举民主和协商民主取得了快速发展。

选举是人民按照自己的意志、法定的程序、自由平等的原则选举人民代表和国家公职人员的行为。从世界各国的情况看，选举主要有两大类：一是议会议员的选举，二是行政官员的选举。凡是根据选民投票来确定最终结果的选举，就是直接选举；凡是选民投票不能产生最终结果的选举，就是间接选举，选举的实质是人民交出自己的部分权力，并把它转移到自己所信任的代表手里，以委托他们直接管理国家和社会事务。选举在民主政治中是国家权力运作的启动开关[②]。只有通过选举，公职人员才能获得合法掌权的资格。在我国，人民代表大会和其他国家机关之所以可以代表人民直接行使国家权力，原因就在于唯有人民代表大会直接获得了人民的权利委托，唯有其他国家机关间接获得了人民的权力委托。

在我国政治生活中，协商民主的优势显而易见，有目共睹。如果仅仅实行选举民主，无论是民主党派，还是少数民族，或是信教群众，他们的意愿和要求很难在政治体系中得到全面而准确的反映，只有通过协商民主，他们的关切和利益才能得到如实表达和合理照顾。“协商民主是实现党的领导的重要方式，是我国社会主义民主政治的特有形式和独特优势。”[③]加强社会主义协商民主建设，充分发挥社会主义协商民主的独特优势，有利于扩大公民有序政治参与，更好实现人民当家作主的权利；有利于促进科学民主决策，推进国家治理体系和治理能力现代化；有利于化解矛盾冲突，促进社会和谐稳定；有利于保持党同人民群众的血肉联系，巩固和扩大党的执政基础；有利于发挥我国政治制度优越性，增强中国特色

① 赵穗生：《当代西方民主制度的基本模式与实践》，《新华文摘》1989 年第 5 期。

② 张文显主编《政治与法治：中国政治体制改革与法制建设的理论思考》，吉林大学出版社，1994，第 198 页。

③ 习近平：《在中央政协工作会议暨庆祝中国人民政治协商会议成立 70 周年大会上的讲话》，《人民日报》2019 年 9 月 21 日，第 2 版。

社会主义道路自信、理论自信、制度自信和文化自信。

习近平总书记指出："协商民主是党领导人民有效治理国家、保证人民当家作主的重要制度设计，同选举民主相互补充、相得益彰。"① 选举民主与协商民主作为民主政治的两种模式，都是人类政治文明发展的优秀成果。二者既有共同的特征，也有不同的表现形式。选举民主是政治主体通过投票表决的方式表达意愿和要求的一种民主模式，协商民主是政治主体通过沟通磋商的方式表达意愿和要求的一种民主模式。以自由平等协商讨论的形式产生公共政策，而不仅仅通过选举把公共政策制定权交给精英人物，是协商民主与选举民主的最大区别。与选举民主相比，协商民主的最大优势，就是可以有效维护社会弱势群体的利益，使之与强势群体一道共享经济社会发展成果。在实际政治生活中，选举民主与协商民主共同构成中国特色社会主义民主政治的制度特点和独特优势。

**（四）法治与程序性**

民主与法治存在着天然的联系。民主的基本内涵是人民当家作主，通过法定程序行使管理国家和社会事务的权力，而法治的基本精神正是依照体现人民意志的法律来治理国家。民主蕴含着平等，法治则把平等转化为在法律面前人人平等的原则，并通过具体的制度使之易于操作。民主意味着自由，法治则把自由加以明示，又通过义务和责任把自由与秩序统一起来。民主昭示着人权，法治则把人的应然权利确认为法定权利，从而为人权的真实享有提供法律保障。民主与法治同舟共济，相辅相成。民主只有以法治为依托，才具有可靠的保障，才不致被随意废止；法治只有以民主为基础，才具有至上的权威，才不致被随意逾越。因此，一个民主制度完善的国家，必然是法律制度健全的国家。

民主政治与专制政治最大的区别在于，专制政治是国家主权归君主一人所有，政治决策由君主一人独裁，君主可以随意行使权力，不需任何程序加以约束；民主政治是国家主权归人民所有，人民从事选举、监督、罢免的过程，也是国家权力产生、运作、更迭的过程，这一切都要有相应的民主程序加以规范。所谓民主程序就是民主的操作规程和时序。它通常由方式、步骤、顺序、时限四个要素所构成。程序昭示民主是一种理性的、

① 习近平：《在中央政协工作会议暨庆祝中国人民政治协商会议成立 70 周年大会上的讲话》，《人民日报》2019 年 9 月 21 日，第 2 版。

文明的、有序的活动，其运行必须以法定的、可供遵循的规程和时序为依据。人民的意志只有通过法定程序才能表达和确认，国家的权力只有通过法定程序才能产生和更迭，资源的配置、信息的沟通、失误的纠正、冲突的解决只有通过法定程序才能有效进行和顺利实现。法定程序一旦生效，就不能轻易改变，否则就被视为对民主制度的违背和破坏，就要受到相应的法律制裁。

# 第六章　建设社会主义法治国家

党的十八大以来，习近平总书记就社会主义法治国家建设发表了一系列重要讲话，确立了法治国家建设的目标，阐明了法治国家建设的布局，明确了法治国家建设的宗旨，厘清了法治国家建设的路径，为全面推进依法治国、建设社会主义法治国家开辟了崭新境界。党的十八届四中全会审议通过的《中共中央关于全面推进依法治国若干重大问题的决定》，以习近平总书记关于法治国家建设重要讲话为统领，明确提出全面推进依法治国的指导思想、总体目标、基本原则和具体部署，是新时代社会主义法治国家建设的基本遵循。

## 第一节　法治国家的基本内涵

作为与人治相对立的一种治国原则、制度与方略，法治的实质是良好的法律获得普遍的遵守。一方面，法治意味着法律的统治，不仅公民要接受法律的统治，国家也要接受法律的统治；另一方面，法治意味着人们接受统治的法律本身又是合法的，是具有正当性的。法律的合法性主要表现在法律是人民意志的凝结，人民接受法律的统治就是接受自己的统治。人民的意志决定着法律的合法性，而法律的合法性又决定着它的效能。只有赢得人民认同、尊重、支持和信守的法律，才能转化为人们内在的行为准则。法律的正当性主要表现在两个方面：一是法律能够切实尊重和维护公民的基本权利和自由，符合公平正义的时代精神；二是法律能够有效制约和规范国家权力，确保各项权力都在法治的轨道上合理运行。由此可见，法治就是以民主政治为基础，以权力制约为根本，以权利保障为取向，以良法善治为标志的国家管理机制、活动方式和秩序状态。因此，法治是民主、自由、平等、人权、文明、秩序的完美结合，是人类政治文明发展的内在要求和必然结果。

作为与法治相对立的一种治国原则、制度与方略，人治的实质是依靠掌权者的个人意志与权威来治理国家。因此，人治的基本特征是掌权者的个人意志高于一切，权力凌驾于法律之上，可以抗法，可以压法，法律即使被制定出来也往往由于不被理睬而变成一纸空文。人治的弊端十分明显：一方面，由于掌权者不希望法律束缚自己的手脚，而法律本身又缺乏应有的权威，必然形成不受制约的权力，从而导致权力腐败；另一方面，人治的秩序和运行状态取决于掌权者的品德素质，取决于掌权者对问题的看法和关注程度，即取决于一些易变的偶然的因素，因此，在运行过程中常常会受到人事变动等不确定因素的影响，从而呈现朝令夕改、政策多变的不稳定状态。如果在社会主义条件下实行人治，就意味着以个人意志代替人民意志，把个人意志凌驾于人民意志之上；就意味着个人可以一言立法、一言废法，使法律因人而异、随人而变，从而动摇社会主义制度的根基，使社会主义命运之千钧系于一发。

法治和人治作为截然不同的治国之道，反映的是治理国家的基本原则而不是具体方法。法治和人治都需要人的作用，但前者是受法律约束的人，是个人权威服从法律权威的人；后者则是可以凌驾于法律之上的人，是不受法律约束的人。同时，法治和人治都需要法的作用，但前者是治国的依据，处于至上的地位；后者是治国的工具，处于从属的地位。与此相适应，法治和人治都以治为价值取向，但前者强调众人之治，重在治吏；后者强调一人之治，重在治民。诚然，实行法治并不否定人的作用。法总是要由人来制定，由人来实施；法律秩序总是要由人来确立，由人来维护，离开了人法治无从谈起。问题在于如何处理个人意志与人民意志的关系。法治强调法的权威，正是因为法是人民意志的体现；法的权威高于个人的权威，正是人民的权威高于个人的权威的体现。只有维护法的权威，才能在法治的轨道上充分发挥个人的作用，才能确保个人不至违背人民的意志和利益自行其是。有鉴于此，所有人都要严格依法办事，不允许有任何超越宪法和法律之上的特权存在。如果个人凌驾于宪法和法律之上，就意味着在宪法和法律之上还有更高的意志存在，这种意志不管来自何方，都昭示着人治而不是法治。法治与人治界限分明，如黑白不可颠倒，如东西不可移位。

为了实现法治，我们党团结带领人民进行了长期的探索。党的十一届三中全会总结我国民主法治建设的历史经验，提出发展社会主义民主、健全社会主义法制的方针。党的十五大适应改革开放和社会主义现代化建设的需要，将“依法治国”确立为治理国家的基本方略，将“建设社会主义法治国家”确定为社会主义现代化的重要目标，强调依法治国是党领导人民治理国家的基本方略，是发展社会主义市场经济的客观需要，是社会文明进步的重要标志，是国家长治久安的重要保障。九届全国人大二次会议通过宪法修正案，又将“实行依法治国，建设社会主义法治国家”载入宪法。党的十六大将社会主义民主更加完善、社会主义法制更加完备、依法治国基本方略得到全面落实，作为全面建设小康社会的重要目标，提出发展社会主义民主政治，最根本的是要把坚持党的领导、人民当家作主和依法治国有机统一起来。党的十七大明确提出全面落实依法治国基本方略，加快建设社会主义法治国家，并将“科学执政、民主执政、依法执政”载入党章。党的十八大提出“推进科学立法、严格执法、公正司法、全民守法”的总方针，强调要更加注重发挥法治在国家治理和社会管理中的重要作用。党的十九大提出“全面依法治国是中国特色社会主义的本质要求和重要保障。必须把党的领导贯彻落实到依法治国全过程和各方面，坚定不移走中国特色社会主义法治道路，完善以宪法为核心的中国特色社会主义法律体系，建设中国特色社会主义法治体系，建设社会主义法治国家”。①

这里所说的法治国家，是指国家权力依法行使的基本状态，是中国共产党领导中国人民在建立和发展社会主义市场经济和民主政治过程中，在吸收和借鉴人类法治文明优秀成果的基础上提出的奋斗目标。具体说来，就是“在中国共产党领导下，坚持中国特色社会主义制度，贯彻中国特色社会主义法治理论，形成完备的法律规范体系、高效的法治实施体系、严密的法治监督体系、有力的法治保障体系，形成完善的党内法规体系，坚持依法治国、依法执政、依法行政共同推进，坚持法治国家、法治政府、法治社会一体建设，实现科学立法、严格执法、公正司法、全民守法，促进国家治理体系和治理能力现代化”②。法治国家包含法律形式和政治实质两个方面。在法律形式上，法治国家的基本要求就是在立法、执法、司法

---

① 习近平：《决胜全面建成小康社会 夺取新时代中国特色社会主义伟大胜利》，《人民日报》2017年10月28日，第5版。

② 《中共中央关于全面推进依法治国若干重大问题的决定》，《人民日报》2014年10月29日，第1版。

和守法各个方面形成良好的法律规范和法律秩序。立法机关的立法活动必须反映国家和社会发展的客观规律，反映司法实践的客观要求，反映人民的普遍意志和根本利益，并形成健全完备的法律体系；行政机关及其工作人员必须严格依法行政，依法办事，依法管理国家和社会事务；司法机关必须公正司法，坚决维护法律的尊严和权威，确保法律在全国范围内一体遵行；全体公民具有较高的法律意识和法律素养，使学法尊法守法用法成为社会的良好风尚和习惯。在政治实质上，法治国家的基本要求就是建立法律与政治、司法与行政、权力与责任、权力与权利、权利与义务之间的合理关系。在法律与政治的关系上，把政治行为纳入法律调控的范围，使国家权力的行使受法律规范；在司法与行政的关系上，司法独立于行政，并对行政权力实施有效的制约；在权力与责任的关系上，使权力一经授予便明确其责任，并承担由行使权力所带来的各种后果；在权力与权利的关系上，使国家权力以公民权利的认同为基础，并受公民权利的有效监督；在权利与义务的关系上，以权利保障为取向，实现权利与义务相统一。

## 第二节　社会主义法治国家的战略地位

社会主义法治国家具有极为重要的战略地位，是发展社会主义市场经济的客观要求、建设社会主义民主政治的本质规定、社会文明进步的重要标志、国家长治久安的基本保障。在社会主义法治国家，经济发展将更加稳健，政治发展将更加有序，文化发展将更加繁荣，社会发展将更加协调，生态文明发展将更加宜人，一个富强民主文明和谐美丽的社会主义现代化强国将与法治国家相辅相成、并驾齐驱。

### 一、发展社会主义市场经济的客观要求

在计划经济体制条件下，党和国家调整经济关系、管理经济活动，主要依靠政策和行政手段。随着市场经济的发展、改革开放的深入，客观形势对实行法治提出了越来越迫切的要求。世界经济发展的实践证明，一个比较成熟的市场经济，必然要求并具有比较完备的法治。市场经营活动的运行，市场正常秩序的维系，国家对经济活动的宏观调控和管理以及生

产、交换、分配、消费等各个环节，都需要法律的引导和规范。在国际经济交往中，也需要按国际惯例和国与国之间约定的规则办事，这些都是市场经济的内在要求。在市场经济中，基于社会分工而相互分离又相互依赖的商品生产者之间的联系是通过交换进行的。在交换中，商品的价值和使用价值对于一方来说不可兼得，因而商品交换必然是一种互利行为，由此所决定的交换主体之间的关系，必定是权利义务的对等关系。这就要求以共同的规则将交换双方权利义务关系确定下来，使人们清楚地认识到自己扮演的法律角色，以便合理有效地选择自己的行为，并为自己的行为提供稳定的预期。这种共同的规则，就是法律制度。从市场经济和法治的发展历史看，市场经济愈发达，法治愈完备。现在世界上有 140 多个国家和地区实行市场经济体制，但并不是所有实行市场经济的国家和地区在经济上都取得了成功。其原因虽是多方面的，但有一点是确定无疑的，即凡市场经济运行效率比较高的国家和地区，都厉行法治。

我国社会主义市场经济也必然要求实行法治。这是由社会主义市场经济的基本特征和法律的特性决定的。社会主义市场经济的基本特征是：开放、统一和多元的市场在资源配置中起决定性作用；自由、公平和有序的市场竞争机制发挥着优胜劣汰的作用；企业是市场的利益主体、经营主体和责任主体；国家通过宏观调控保证市场的正常运行。而法律是由国家制定和认可的一种特殊的行为规范，它以权利和义务为内容，以允许和禁止的明确规定为形式，以国家强制力为实施保障。因此，与伦理道德、风俗习惯、方针政策等其他社会规范相比，法律具有普遍、稳定和强制的特性，对人们的行为起着独到的规范、评价、预测和惩戒作用，有利于保证国家和社会生活的统一性、连续性和稳定性。法律的这些特性和作用，决定了法律是引导、规范、约束和保障市场经济正常运行和健康发展的有效手段。在实际生活中，市场主体的经营资格需要法律予以确认，市场主体的财产权利需要法律予以保护，市场主体的平等地位需要法律予以维系，市场主体的竞争行为需要法律予以规范，政府对经济的宏观调控需要通过法律手段予以实施，社会保障体系需要通过法律手段予以完善。离开了法律及其有效实施，市场经济的正常秩序便无从谈起。

## 二、建设社会主义民主政治的本质规定

民主是社会主义的本质属性和内在要求。没有民主就没有社会主义，就没有社会主义的现代化。实践表明，发展社会主义民主政治不仅要坚持人民当家作主这一基本原则，而且要通过一系列的法律和制度将这种原则具体化为各种政治主体的权利和义务，以便使之转化为社会现实。在人民赢得了民主权利、获得了当家作主的地位之后，如果这种权利和地位不上升为法律和制度，并使之具有相应的权威性、稳定性和连续性，这种民主权利和当家作主的地位就没有保障，就会流于空洞的口号。因此，社会主义民主政治不仅是一种民主制度，而且是一种法律制度，在现实形态上表现为民主制度和法律制度的统一，因而其内在地包含着民主和法治。国家没有民主，人民就不能选举产生权力机关，权力机关就不能选举产生行政机关、监察机关、审判机关、检察机关；同样，国家没有法治，权力机关的运行就失去了依据，行政机关、监察机关、审判机关、检察机关的运行就失去了规则。世界上没有无民主的法治，也没有无法治的民主，民主法治化和法治民主化属于同一历史进程的两个方面。实行依法治国，既是社会主义民主政治的内在要求，又是社会主义民主政治健康发展的可靠保证。

在我国现阶段，人民管理国家和社会事务的职能不是由他们直接担负的，而是由他们中间一部分人作为他们的代表担负的。通过普遍、平等、自由、定期的选举，人民将自己的部分权力委托给自己所信任的代表，由他们组成国家机关代表人民直接管理国家和社会事务。因此，公众选举是民主运行的第一个环节。由于直接管理国家和社会事务的职能不是由人民担负的，而是由人民选举产生的少数代表担负的，在这种情况下，要保证人民的意志能够得到切实贯彻，就必须制定体现人民意志的法律来规范代表的行为。其实质是人民为权力立法，使权力与法律结成一体，在法律范围内运行。因此，法律规范是民主运行的第二个环节。由于“徒法不足以自行”，要做到有法必依、执法必严、违法必究，人民还必须以国家主人的身份对代表执行法律的情况实施监督，以便控制其在政治舞台上的活动，确保权力运行的取向朝着人民复归。因此，民主监督是民主运行的第

三个环节。由于人民监督总是在一定时间和空间中进行的，而权力的行使往往不受时空条件的限制，在权力体系内部与外部之间信息不对称的情况下，很容易使监督对象摆脱监督主体的监督。因而通过职能分解、机构分设和人员分工，在权力体系内部实现对权力的赋予与对权力制约的赋予对应对等，当一种权力偏离了正常轨道时，与它相对应的权力能够自行予以制止便有了必要。因此，权力制约是民主运行的第四个环节。作为一个事物的两个方面，民主是法治的基础和内容，法治是民主的体现和保障。人民在国家中的地位、同这种地位相适应的各项权利、行使这些权利所应遵循的原则和程序以及制裁侵犯人民民主权利行为的方式和途径，都需要通过法律来确认和规定，并通过国家的强制力保证实施。

## 三、社会文明进步的重要标志

法律作为上层建筑的重要组成部分，是人类进入文明社会的产物。早在古希腊，亚里士多德就提出"法治应当优于一人之治"的思想。在中国古代，"以法治国"一词首先出现在《管子》一书中。其后，战国时期的商鞅、韩非等人又发展了"法治"的思想。这些思想反映了当时进步的愿望和要求，但由于受到建立在自然经济基础之上的君主专制制度的束缚，尽管中国古代有过不少以法治国的论述，并出现过重视运用法律手段来进行统治的文景之治、贞观之治，但真正意义上的法治在那时并没有产生。到了近代，随着资本主义商品经济的发展，出现了一大批资产阶级思想家（如洛克、孟德斯鸠和潘恩等），他们在批判封建王权的专横统治的同时，传播了资产阶级法治思想，促进了资产阶级革命的兴起和资本主义法治的建立。当今资本主义法治国家虽千差万别、形式多样，但都主张法律至上、依法行政、保护人权、司法独立的原则。这些原则作为人类政治文明的优秀成果，为社会主义法治国家的建立提供了宝贵的历史遗产。诚如习近平总书记所指出的："法治是人类文明的重要成果之一，法治的精髓和要旨对于各国国家治理和社会治理具有普遍意义，我们要学习借鉴世界上优秀的法治文明成果。"①

按照历史唯物主义观点，人类社会的文明是不断进步的。社会文明进

---

① 习近平：《加快建设社会主义法治国家》，《求是》2015年第1期。

步的标志同社会文明进步的内容紧密相连。社会文明进步的内容主要包括物质生活、政治生活和精神生活。物质生活方面文明进步的主要标志是经济发展水平和人民生活水平；政治生活方面文明进步的主要标志是民主化程度和法治化程度；精神生活方面文明进步的主要标志是社会成员思想道德素质和科学文化素质的状况。依法治国之所以成为人类社会文明进步的重要标志，是由法治自身的特性决定的。法治具有稳定性、连续性，能够集中体现统治阶级的整体意志和根本利益；法治具有权威性、规范性，以国家强制力为后盾，具有要求全体社会成员一体遵行的效力；法治具有严谨性、科学性，能够反映社会发展的客观规律和内在要求；法治具有平等性、公正性，任何人都不得因权力大小、地位高低、财产多少的差别和种族、信仰的不同而受到优待或歧视；法治具有明确性、公开性，便于民众掌握和运用。我国社会主义建设和改革的实践表明，什么时候忽视法治，建设和改革事业就会遭受挫折；什么时候重视法治，建设和改革事业就会顺利发展。因此，“任何组织和个人都必须尊重宪法法律权威，都必须在宪法法律范围内活动，都必须依照宪法法律行使权力或权利、履行职责或义务，都不得有超越宪法法律的特权”[①]。“任何人违反宪法法律都要受到追究。”[②]

## 四、国家长治久安的基本保障

维护社会稳定，实现长治久安，是党和人民的根本利益所在，是深化改革、加快发展必不可少的条件。因此，要加强法治建设，加强社会治安的综合治理，依法惩治各种犯罪活动。要正确处理人民内部矛盾，及时消除各种隐患，巩固安定团结的政治局面。而实行法治，对于推动经济持续健康发展和社会全面进步，保障国家的长治久安，具有十分重要的意义。只有厉行法治，才能从根本上消除内忧外患的困扰，确保社会制度连续、社会关系协调、社会取向一致、社会变革有序；才能排除人为的、偶然的因素的干扰，使人们对国家的大政方针有一个稳定的预期，并依据这种预期合理地选择自己的行为，从而获得更大的自主性和能动性，真正做到人尽其责，物得其用，财宏其效，事竟其成。

① 习近平：《加快建设社会主义法治国家》，《求是》2015 年第 1 期。

② 《习近平谈治国理政》第 2 卷，外文出版社，2017，第 115 页。

依法治国是实现国家长治久安的基本保障。其一，实现国家长治久安，就要努力实现国家政治秩序的稳定。而实现政治秩序稳定的有效途径就是将国家的政治生活纳入法治的轨道。只有用法律制度规范包括各级领导干部在内的全体社会成员的行为，才能保证国家政治生活的有序性。法律还可以减少因领导人变更、领导人注意力转移等因素对政治秩序稳定的不利影响，使党和国家的重大决策严格按照法定的程序和方式进行，从根本上保证国家政治秩序的稳定。其二，实现国家长治久安，就要努力确保社会治安秩序的稳定。在实现经济体制和经济发展方式转变过程中，社会上曾出现一些令人担忧的问题，如官场腐败滋长蔓延，丑恶现象屡禁不止，走私贩毒甚嚣尘上，暴力犯罪时有发生。社会治安是关系广大人民切身利益，保证经济健康发展与社会和谐稳定的大事。必须采取有力措施，坚持综合治理，坚决打击各种违法犯罪活动，伸张正义，保护人民。由于社会治安问题是社会转型时期各种矛盾的综合反映，因而必须通过综合治理的方法来加以解决。这就需要完善立法，健全执法和司法制度，依法打击和制裁犯罪活动，依法惩办和改造犯罪分子，用法治手段保障社会治安秩序的稳定。

## 第三节　建设社会主义法治国家的实施举措

建设社会主义法治国家，必须坚定不移走中国特色社会主义法治道路。中国特色社会主义法治道路植根中国社会，符合现实国情，反映人民意愿，顺应时代潮流，全面概括了我们党领导人民在法治建设的历史进程中艰辛探索的重要成果和基本经验，集中体现了中国特色社会主义发展的本质要求和客观规律，是实现国家长治久安的必由之路，是创造人民美好生活的必由之路。其中，坚持中国共产党的领导，坚持中国特色社会主义制度，坚持中国特色社会主义法治理论，坚持科学立法、严格执法、公正司法、全民守法，反映了建设社会主义法治国家的本质规定、制度属性、指导方针和内在要求，构成了中国特色社会主义法治道路的核心要义。

## 一、坚持中国共产党的领导

习近平总书记指出："党的领导是中国特色社会主义最本质的特征，是社会主义法治最根本的保证。"① 坚持党的领导、人民当家作主、依法治国有机统一，把党的领导贯彻到依法治国全方位和全过程，是我国社会主义法治建设的一条基本经验。

党是中国特色社会主义事业的领导核心。党的性质、党在国家政治生活中的地位、党肩负的历史使命，决定了是否坚持党的领导，直接关系国家的命运、人民的命运、社会主义的命运。坚持党的领导，是党和国家的根本所在、命脉所在，是全国各族人民的利益所系、幸福所系，也是全面推进依法治国题中应有之义。我国的宪法和法律是党领导人民制定的，也是党领导人民遵守和执行的。作为社会主义法治的不同环节，立法、执法、司法和守法只有在党的领导下才能顺利推进和有效实施。我国的宪法和法律凝结着人民的意志，而人民的意志又是通过党来汇集和凝聚的，通过权力机关变成国家意志的，通过执行机关组织实施的，通过党的组织带头贯彻的，因而党当之无愧成为我国立法的政治设计者、执法的组织协调者、司法的思想引导者、守法的行动带动者。"党和法、党的领导和依法治国是高度统一的。"② 只有坚持党的领导，充分发挥党组织对其他社会组织的示范作用和党员干部对人民群众遵纪守法的积极影响，建设中国特色社会主义法治体系和法治国家才有可靠保证。

在中国特色社会主义法律体系中，宪法是治国安邦的总章程，具有最高的法律地位、法律权威、法律效力。"依法治国首先是依宪治国，依法执政关键是依宪执政，要自觉恪守宪法原则、弘扬宪法精神、履行宪法使命。"③ 在实际生活中，党坚持依法治国的基本方略和依法执政的基本方式，把依宪治国作为依法治国的首要标志，把依宪执政作为依法执政的关键所在，将党的政治主张转化为国家意志的方式和程序制度化、规范化，将党向国家政权机关推荐重要人选的方式和程序制度化、规范化，通过国家政

① 习近平：《加快建设社会主义法治国家》，《求是》2015 年第 1 期。

② 《习近平谈治国理政》第 3 卷，外文出版社，2017，第 128 页。

③ 习近平：《在首都各界纪念现行宪法公布施行 30 周年大会上的讲话》，《人民日报》2012 年 12 月 5 日，第 2 版。

权机关实施党对国家和社会的领导，组织和支持人民当家作主，以党的正确主张和模范行动带领国家机关、社会组织和人民群众遵纪守法，这本身就是党领导人民依法治国的重要体现。在党的领导下，我国形成了中国特色社会主义法律体系，确立了依法治国的基本方略，完善了司法机关和司法制度，构筑了法律监督和法律救济系统，在全国范围内开展了法律常识的普及工作，从而使法治建设取得了举世瞩目的成就。

## 二、坚持中国特色社会主义制度

中国特色社会主义制度浓缩了中华民族的苦难辉煌，凝结着千千万万革命先烈的奋斗牺牲，承载着一代又一代中国共产党人的理想信念，昭示着国家富强、民族振兴、人民幸福的美好前景，是中国特色社会主义特点和优势的集中体现，是全面推进依法治国的根本制度保障，为中国特色社会主义法治道路提供了稳固载体和可靠依托。

中国特色社会主义制度，是中国共产党把马克思主义基本原理与我国具体实际相结合，在推进社会主义制度自我完善和发展过程中，在我国经济政治文化社会等各个领域逐步形成的一整套相互衔接、相互联系的制度体系。人民代表大会制度是我国根本政治制度，中国共产党领导的多党合作和政治协商制度、民族区域自治制度以及基层群众自治制度是我国基本政治制度，公有制为主体、多种所有制经济共同发展，按劳分配为主体、多种分配方式并存，社会主义市场经济体制是我国基本经济制度，建立在根本政治制度、基本政治制度、基本经济制度基础上的经济体制、政治体制、文化体制、社会体制、生态文明体制是我国各项重要制度。中国特色社会主义法律体系是我国根本政治制度、基本政治制度、基本经济制度以及各项重要制度的法律规范和重要保障，其要旨是“保证人民在党的领导下，依照法律规定，通过各种途径和形式管理国家事务，管理经济和文化事业，管理社会事务”①。

中国特色社会主义制度是中国特色社会主义事业赖以巩固的根基，有利于确保党对中国特色社会主义事业的领导，确保国家一切权力牢牢掌握在人民手中，确保依法治国方略的稳步实施。中国特色社会主义制度是中

① 习近平：《加快建设社会主义法治国家》，《求是》2015 年第 1 期。

国特色社会主义事业赖以发展的保障，有利于确保中国特色社会主义法治体系和法治国家建设顺利推进，为实现经济发展、政治清明、文化昌盛、社会公正、生态良好指明了平稳的发展路径，开辟了广阔的发展前景。

## 三、坚持中国特色社会主义法治理论

中国特色社会主义法治理论，是我们党领导人民立足中国法治建设实际，传承中国传统法律文化精华，借鉴人类法治文明成果，在法治建设的历史进程中艰辛探索的理论成果和经验总结，是中国特色社会主义理论体系在法治领域的具体展开，是全面推进依法治国的理论基础和行动指南。

改革开放以来，我们党通过总结我国民主法治建设的历史经验，先后提出发展社会主义民主、健全社会主义法治的基本方针；依法治国的基本方略、建设社会主义法治国家的重要目标；科学执政、民主执政、依法执政的执政方式；科学立法、严格执法、公正司法、全民守法的实践要求。党的十八大以来，以习近平同志为核心的党中央站在党和国家战略全局的高度，提出一系列全面依法治国新理念新思想新战略，明确了全面依法治国的指导思想、发展道路、工作布局、重点任务，丰富和发展了中国特色社会主义法治理论。其中包括坚持加强党对依法治国的领导；坚持人民主体地位；坚持中国特色社会主义法治道路；坚持建设中国特色社会主义法治体系；坚持依法治国、依法执政、依法行政共同推进，法治国家、法治政府、法治社会一体建设；坚持依宪治国、依宪执政；坚持全面推进科学立法、严格执法、公正司法、全民守法；坚持正确处理政治和法治、改革和法治、依法治国和以德治国、依法治国和依规治党的辩证关系；坚持建设德才兼备的高素质法治工作队伍；坚持抓住领导干部这个关键少数。这些新理念新思想新战略，是马克思主义法治思想中国化的最新成果，是全面依法治国的根本遵循，必须长期坚持、不断丰富发展。

中国特色社会主义法治理论植根中国实际，研究中国问题，准确把握时代新变化、实践新发展和人民新期待，科学揭示社会主义法治建设的指导思想、总体目标、根本任务和政治保证，体现了理论与实践相结合、继承与创新相统一，使我们对中国特色社会主义法治道路的认识更加清晰、理解更加深刻、把握更加全面、信念更加坚定，为建设中国特色社会主义法治体系和法治国家提供了科学的立场、观点和方法。

## 四、坚持科学立法、严格执法、公正司法、全民守法

我们党提出的“科学立法、严格执法、公正司法、全民守法”，是对“有法可依、有法必依、执法必严、违法必究”的丰富和发展，为在新的历史起点上建设法治国家确立了总体布局、工作方针和衡量标准。其中，科学立法是法治国家建设的前提，严格执法是法治国家建设的关键，公正司法是法治国家建设的保障，全民守法是法治国家建设的基础。

### （一）科学立法

法律是治国之重器，良法是善治之前提。所谓科学立法，是指在尊重客观规律的前提下，立法机关对必须由法律作出调整的社会关系进行合理的利益分配并形成法律规范的活动。依法治国首先要有法可依。经过长期不懈的努力，中国特色社会主义法律体系已经形成，我们国家和社会生活总体上实现了国有所本、民有所依。但立法工作不可能一劳永逸，要随着实践的发展而发展。这在客观上要求我们调整立法规划，加快重点领域立法工作，适时制定和修改同全面深化改革相关的法律，做到立法先行，确保重大改革于法有据；完善立法程序，恪守以民为本、立法为民理念，提高立法科学化、民主化水平，使法律准确反映社会发展规律，反映法治实践要求，反映人民意志愿望，更好地协调各种利益关系，化解各种利益矛盾；提高立法质量，增强法律法规的及时性、系统性、针对性、有效性，使现有的法律体系结构更加完整，内部更加和谐，体例更加科学，规范更加严谨。

科学立法对立法工作提出了更高要求。一是科学性。立法是向社会提供制度和规则，但制度和规则不是立法机关主观意志的产物，而是对客观规律的认知和宣示。因此，立法过程既是探求经济社会发展规律的过程，也是将这些规律转化为制度和规则的过程。为了增强法律法规的科学性，要正确处理原则与细则的关系。人的行为总是具体的，法律疏于空泛，就难以达到规范行为的目的。因此，法律的制定必须详尽具体，周密细致，便于把握和操作。要正确处理实体与程序的关系。实体和程序是法律的两大要素，实体规则好比设计图纸，它从静态上规范人的行为；程序规则好

比工艺流程，它从动态上规范人的行为。离开程序规则，实体规则不可能转化为实际行为准则。二是民主性。法律是各种利益的调节器。要按照民主性、合法性、公正性的原则设置立法程序，扩大公众参与，倾听公众呼声，满足公众需求，维护公众利益，实现民主的法治化与法治的民主化。三是统一性。我国的立法是多层级、多主体的，既有中央立法，也有地方立法；既有人大立法，也有行政立法。从立法表现形式看，有法律、行政法规、地方性法规等。如此多的主体，如此多的规则，立法的统一性和协调性就显得格外重要。这就要求从中央到地方制定的各项法律法规都要以宪法为准则，在法律取向、法律原则、法律规范方面保持上下衔接、左右协调，防止令出多门、各行其是。

### （二）严格执法

法律的权威和生命力在于实施。“如果有了法律而不实施、束之高阁，或者实施不力、做表面文章，那制定再多法律也无济于事。”[①] 党的十八大报告明确要求推进依法行政，切实做到严格规范公正文明执法。所谓严格执法，是指行政机关严格依据法律规定和程序开展执法活动。行政机关是实施法律法规的主体，严格依照法定权限和程序履行职责、行使权力，自觉维护公共利益、人民权益和社会秩序，是行政机关的天职。要加快建设职能科学、权责法定、执法严明、公开公正、廉洁高效、守法诚信的法治政府，坚持秉公执法、唯法是从，既不能以权压法、以身试法，也不能法外开恩、徇私枉法，切实给不法分子以应有震慑，给人民权益以有效保护，在持之以恒的严格执法中确立法律的尊严和权威。加强对执法活动的监督，坚决防止和克服地方保护主义和部门保护主义，坚决防止和克服执法工作中的利益驱动，坚决惩治执法腐败，做到有权必有责、用权受监督、违法必追究，确保人民赋予的权力始终用来为人民谋利益。

严格执法，行政机关必须做到以下几点。首先，带头遵守法律。在我国的法律体系中，80% 以上的法律法规是由行政机关执行的，行政机关如果执法犯法，依法治国就失去了主要支柱。其次，严格依法办事。行政机关的执法活动必须合乎执法要求。一是职权法定。对公民来说，法无禁止即可为；对政府来说，法无授权不可为。因此，行政机关的执法权力应由

---

① 习近平：《关于〈中共中央关于全面推进依法治国若干重大问题的决定〉的说明》，《人民日报》2014 年 10 月 29 日，第 2 版。

法律明确规定，未经法律授权，不得擅自行政。二是行为规范。严格执法与文明执法并不矛盾，执法人员要尊重当事人，不能把严格理解为严苛，更不能野蛮执法、以暴制暴。三是信守公正。行政机关在执法中应平等对待当事人，做到一视同仁。对当事人采取的措施要与违法情节相适应，避免罚过失当①。四是政务公开。推进决策公开、执行公开、管理公开、服务公开。再次，认真履行职责。对于行政机关而言，职权就是职责，不能随意放弃，放弃职权就是失职，就要被追究法律责任。要依法全面履行政府职能，推进机构、职能、权限、程序、责任法定化，完善行政执法体制，创新行政执法方式，确保每一部法律法规都得到严格实施，最大限度实现法律效果与社会效果相统一。

### （三）公正司法

司法是定纷止争、伸张社会公平正义、维护法律尊严和权威的最后一道防线。英国哲学家培根曾经说过，不公正的审判比违法为害更烈，因为违法不过是弄脏了水流，而不公正的审判则是败坏了水源。所谓公正司法，是指司法过程和结果体现公平正义的原则。公正司法包括程序公正和实体公正，要求我们规范司法行为，严格依法独立公正地行使职权，切实维护法律的尊严和权威，把办理每一起案件都作为维护社会公平正义的具体实践，从实体上、程序上、时效上全面保障司法公正的实现，“让人民群众在每一个司法案件中都能感受到公平正义”②。恪守司法宗旨，努力满足各类社会群体对法律的需求，使人人平等享用法律资源，切实解决群众打官司难、打赢了官司又难以执行等问题，让人民群众真正感受到公平就在身边、正义就在眼前，决不让一份判决成为无法兑现的空头支票③。遵守司法程序，以程序公正确保实体公正，积极回应人民群众对司法公正的关注和期待。提升司法品质，自觉遵守理性、平和、文明、规范的司法准则。

实现公正司法，需要综合施治。一是把维护公平正义作为核心价值追求。司法的使命是解决矛盾和纠纷，其价值追求是实现公平正义。习近平

---

① 杨伟东：《推进法治中国建设》，《时事报告》2014 年第 6 期。

② 习近平：《在首都各界纪念现行宪法公布施行 30 周年大会上的讲话》，《人民日报》2012 年 12 月 5 日，第 2 版。

③ 程海波：《加快建设社会主义法治国家》，《光明日报》2013 年 7 月 19 日，第 1 版。

总书记强调：努力让人民群众在每一个司法案件中都能感受到公平正义，决不能让不公正的审判伤害人民群众感情、损害人民群众权益。为此，必须解决损害司法公正和影响司法形象的突出问题，对司法腐败和损害群众利益的行为实行零容忍，决不允许滥用权力侵犯群众合法权益，决不允许执法犯法造成冤假错案。二是保障依法独立公正行使司法权。司法权是一项注重独立思考、理性判断的权力，应当独立于诉讼当事人，不受行政机关、社会团体和个人的干涉，不受权力、金钱、人情的干扰，真正做到谁审理、谁裁判、谁负责。三是坚持以公开促公正、以透明保廉洁。完善公开机制，创新公开方式，畅通公开渠道，建立审判流程公开、裁判文书公开、执行信息公开平台，为推进司法公开创造条件。通过司法公开，有效遏制司法不公、司法腐败等问题，确保司法公正、廉洁、高效。四是强化司法机关内部制约和外部监督，健全错案防止、纠正和责任追究制度，全面清理久押不决案件，切实解决立案难、申诉难、执行难问题。

### （四）全民守法

实践表明，法治精神需要全民守法去弘扬，社会活力需要全民守法去激发，复兴大业需要全民守法去成就。诚如卢梭所说：“一切法律之中最重要的法律，既不是刻在大理石上，也不是刻在铜表上，而是铭刻在公民的内心里。”[①] 所谓全民守法，是指任何组织和个人都必须严格遵守宪法和法律，任何组织和个人的行为都必须符合宪法和法律的规定。守法的本质要求是遵守宪法和法律，依照宪法和法律行使权利或权力、履行义务或职责，坚持宪法和法律地位的至上性和适用的平等性，杜绝以权压法、以言代法、徇私枉法，任何组织和个人都不具有超越宪法和法律之上的特权。其中，科学立法是全民守法的法治基础。只有符合客观规律、反映人民意志的立法，才能获得人民群众的普遍认同和自觉遵守。严格执法是全民守法的关键环节。严格执法就是对人民群众根本利益的切实维护，必然有利于促进全民守法。公正司法是全民守法的可靠保障。公正司法以公平正义为皈依，是对人民群众自觉守法的最好激励。有效普法是全民守法的必由之路。通过深入开展法治宣传教育，弘扬法治精神，培育法治文化，从而使其内化为人民群众的思想观念和行为方式。

宪法和法律是人民根本利益之所在。法治的实行总是与人民根本利益

① 卢梭：《社会契约论》，商务印书馆，1980，第 73 页。

的受益相联系，法治的破坏总是与人民根本利益的受损相联系，因而人民不是被动的守法者，而是积极的护法者，应充分运用法律武器维护自己的合法权益，同一切违反法律、破坏法治的现象作斗争。全民守法要求全体公民正确处理法律与道德的关系，做到尚法与崇德相统一。法律和道德都是社会行为规范，守法的最高境界是恪守社会公德、职业道德、家庭美德和个人品德，守法的最低限度是法律的底线不能逾越、道德的底线不能触碰。正确处理权利与义务的关系，做到维权与护法相统一。在法治国家，保障公民权益是国家的责任，维护自身权益是公民的权利，但公民必须通过合法途径表达利益诉求，运用法律武器维护正当权益，决不允许以违法的方式、破坏秩序的方式、侵害他人权益的方式维护自身权益。正确处理学法与用法的关系，做到知法与守法相统一[①]。凡是法律禁止的，坚决不做，凡是法律倡导的，积极去做，从而形成守法光荣、违法可耻的社会氛围，使全体人民都成为社会主义法治的忠实崇尚者、自觉遵守者和坚定捍卫者，为建设法治国家奠定坚实的社会基础。

## 第四节　法治的现代化与法治的现代性

现代化是一个社会急剧变动的过程。现代性则是现代社会的基本特征和固有属性。法治与现代化存在着密切联系。现代化发源于工业化。从工业革命至今，科学技术作为第一生产力极大地推动了世界性的社会变革。与此相适应，民主和法治成为主要的现代性因素。因为工业化不是一种孤立的现象，它需要与其相适应的社会环境作为发展的必要条件。没有社会关系、人文环境的现代化，就没有物质资料生产方式和生活方式的现代化。法治作为社会关系的调整系统，其自身的现代化在一定意义上就成为整个社会现代化的基本条件和标志。

### 一、法治的现代化

#### （一）法治的现代化特征

法治与现代化的内在联系决定了法治的现代化的地位与作用。法治的

① 李林：《全民守法是法治建设的基础工程》，《人民日报》2013 年 11 月 7 日，第 7 版。

现代化是指与现代化的需要相适应的法治的现代性因素不断增加的过程。法治的现代化并不仅仅是为了满足现代化的需要，更重要的原因在于：它本身就是现代社会中人的一种生存方式和价值目标[①]。在这一过程中，一个国家和社会的法律制度以及法治运转机制都将发生重大的变化，其基本标志是法治更加适应发展着的各种社会实践的需要，并且能够充分体现现代社会的各种价值目标和价值追求。法治的现代化过程具有以下特征。

第一，法治的现代化是一个从传统法治向现代法治转变的历史过程。这种历史性的转变，将使一个社会的法律整体面貌发生巨大的变化，它既包括那些静态的法律制度体系，也包括那些动态的法律制度运转体系和渗透在其中的法律价值体系以及人们的法律观念体系。这种历史性的变革内在地包含着法律的整体创新。虽然现代化也会给社会带来一些副产品，但从历史发展进程看，现代化不仅是不可避免的，而且是十分必要的。

第二，法治的现代化既是一个世界性的历史过程，又是一个国家性的历史过程。从人类法治发展历史看，法治现代化是一个世界性的历史过程，世界各国的法治发展或迟或早都要走向这条道路，因而它具有普遍性的世界意义。但现代世界又是一个主权鲜明的世界，各国之间都有不同的社会发展历史和法治发展历史，因此，法治现代化又具体地表现为每个主权国家和社会的历史过程。

第三，法治的现代化是一个从理想目标转化为现实目标的历史过程。尽管关于法治现代化有无一个固定的统一标准尚未取得共识，但作为一个具体国家和社会的法治现代化，总有一些实现现代化的目标体系，这些目标体系在一定程度上反映了这个国家和社会对法治发展的理想追求。如何实现这些理想目标，将这些理想目标变为社会现实，就是法治现代化所要完成的历史使命和任务[②]。

### （二）法治的现代化标准

以法治为关键性要素的法治的现代化，蕴含着两类相互关联的判定标准：一类是法治的现代化的实证标准，它集中地体现为法律的工具合理性；另一类是法治的现代化的价值标准，它集中地体现为法律的价值合理性。法治的现代化包括以法律规范为核心的法律制度的现代化、法律组织

① 葛洪义主编《法理学》，中国人民大学出版社，2015，第 349 页。

② 同上书，第 351 页。

机构的现代化、法律物质设施的现代化以及法律精神的现代化，重心是法律制度的现代化和法律精神的现代化[①]。具体说来，法治的现代化的标准主要有以下表现形态。

首先是法律规范的现代化。法律规范作为法律的主要表现形式，必须集中体现现代人类社会文化发展的最新和最高成果。现代法律无论在形式上或内容上，都应力求反映具有时代进步特征的发展要求，必须使法律规范建立在明确化、周密化、严谨化的基础上，使法律规范呈现一个门类齐全、结构严密、层次分明、前后照应、互相连贯、和谐一致的严密体系。此外，法律规范也应力求适应现代化大生产的需要，使现代化建设进程中的重大经济、政治、文化生活领域能够得到法律的调整和指导，使其规范化、制度化、有序化，使其有法可依、有章可循，避免主观随意性和盲目性。法律的一个重要功能就是对现实社会生活进行指导，而法律规范恰好是行使法律这一功能的重要形式和手段。

其次是法律制度的现代化。法律制度的现代化既包含法律对社会生活调整的广泛性和深刻性，也包含法律对社会生活调整的有用性和有效性。它不但能够对一个国家社会内部的经济、政治、文化生活给予指导，也能在国际经济、政治、文化交往方面发挥作用。从形式上讲，法律制度的现代化意味着法律制度本身的体系化、配套化、完善化。法律制度体系必须是合理的、规范的、有价值的、内在统一的、互不矛盾的。从内容上讲，法律制度的现代化意味着它是现代文明所有成果和因素的集中体现，剔除了人类法律史上那些野蛮、愚昧、落后的制度残余。更重要的是，法律制度的现代化还意味着它是代表人类历史前进方向的现代社会先进阶级的意志和愿望的体现与表征。

再次是法律组织机构的现代化。法律组织机构的现代化是指法律组织机构按照现代化社会分工的要求，能够充分行使法律创制、法律操作和法律实现的职能。它是法律能够得到正常运转和执行的重要保证，是法律规范和法律制度能够在社会生活中得到实现、变为现实的社会关系的重要保证。它包括法律组织机构的专门化、履行法律职能的有效化、法律工作程序的规范化。与此相关联，它还意味着法律组织机构的主体素质的现代化。一大批经过专门法律教育和职业训练、具有现代文化知识和修养的法

① 吕世伦：《法理念探索》，法律出版社，2002，第280页。

律职业者活跃于法律组织机构之中，是法律组织机构现代化的重要条件。

然后是法律设施的现代化。法律设施的现代化是指从法治的现代化的物质条件方面，能够将最先进的设施运用于法律创制、法律执行等法律运行的实践活动之中。法治设施作为直观法治的特殊形式，是借助建筑、器物、服饰以表达法治理念的文化符号，当法治设施被赋予某种象征意义后，便可以借助特定的设计风格把抽象的法治理念形象化，以彰显法治的精神，传播法治的理念[①]。现代化科学技术成果和设施在法律活动中的运用，对于完善法律创制的机制，提高立法的质量，提高法律操作的水准，提高法律运转的效益，都具有十分重要的作用[②]。

最后是法治精神的现代化。在法治的现代化进程中，形式理性固然有其特殊的意义，但实质理性或以法律价值为基础的法治精神的现代化则是法治的现代化的关键所在，具体法律制度的现代化不过是法律精神现代化的客观反映和必然结果。因此，一个国家法治的现代化水平，也可以其法律价值一一体现为人们的法律观念、法律意识和法律思想的法治精神的现代化程度作为主要的评价指标与衡量标准。它要求现代化的法律制度应当是现代社会经济、政治、文化发展的客观要求与必然趋势的正确反映，应当充分体现人类生存和发展的基本要求与终极理想，体现人类的某些共同生活准则与权利主张[③]。

## 二、法治的现代性

法治的现代性是指现代社会法治的共同特征。按照美国法学家富勒的观点，法治应该包括八项原则：法律的一般性，即法律对人普遍适用，同样情况受同样对待；法律应当公布；法律适用于未来而不能溯及既往；法律应当明确，能够被人理解；法律不应相互矛盾；法律不应要求不可能实现的事情；法律应是稳定的；官方行为和法律应是一致的。这些法治原则是法治本质要求和客观规律的概括和总结，具有普遍的借鉴价值和长远的指导意义。据此可以认为，法治的现代性大体由公开性、自治性、普遍性、价值性、确定性、可诉性、合理性和权威性等因素所构成。

---

① 李德顺主编《中国特色社会主义法治文化研究》，中国政法大学出版社，2016，第 222 页。

② 葛洪义主编《法理学》，中国人民大学出版社，2015，第 356-357 页。

③ 同上书，第 359 页。

法治的公开性是指法律一经制定，必须向社会公开，未经公布的法律不具有法律效力。法治的公开性是公民知情权的体现。一般认为，传统社会是以人与人的依附关系为特征的，法律体现的是专制的需要。而现代社会是以人与人之间的平等关系为特征的，法律体现的是以每个人的自由发展为基础的民主的需要。因此，现代社会的法律必须经过一定的民主程序才能得以确立。法律及其实施过程的公开性不仅是人们遵守法律的前提，而且是人们有效评价他人及国家机关行为合法与否和参与国家政治生活的必备条件，是实现广泛的公众参与及社会监督的重要保障。

法治的自治性是指法律是一套独立的并由专门的机构运用专业知识加以适用的规则体系。在现代社会，法律是与宗教、道德等具有严格界限的知识体系，法律的适用主要依靠司法机构。这种知识的专业化分工，导致法律方法的独特性及职业法律队伍的迅速发展。在现代社会，法律领域形成了一个独立的自我调节的运行机制。

法治的普遍性是指法律是一般的、概括的规范，它不针对具体的人和事，而是调整一般的人的行为。它的最基本的价值内涵就是法律面前人人平等；任何人，无论其种族、性别、出身、宗教信仰、财产状况、职业职务，在法律面前一律平等。同事同处，同事同罚，任何人都不能享有凌驾于法律之上的特权。

法治的价值性是指法律必须具有一定的内在的道德性，即符合一定社会特定历史时期的价值标准，并与人类社会最低限度的共同价值准则保持一致。法律的实施主要依靠人们的自觉遵守而不是外力强制。单纯依靠国家强制力保证实施的法律是没有生命力的。人们对法律的自觉遵守取决于对法律的接受和信仰。因此，法律不仅要符合一定的规律，而且要具有一定的价值。法律的内容不是由强权决定，而是由法律背后的规律和价值决定的。

法治的确定性是指法律的内容，至少是它的中心含义不应该是模糊不定、自相矛盾的，而应该是明确的、无歧义的。尽管在事实上法律不可能完美无缺，人们在适用法律时也会产生不同理解，但应该最大限度地维护法治的确定性，以增强社会交往中的理性因素，保证社会关系的稳定、社会交往的有序与社会生活的安全。

法治的可诉性是指法律具有被任何人在法律规定的机构中通过争议解

决程序加以运用以维护自身权利的可能性。现代社会中的法律作为一种规范人的外部行为的秩序机制，同时也是公民的权利保障机制。因此，任何人都应该有权并有法律上的可能性在自己的权利受到非法损害时寻求法律保护；相关国家机关在其职权范围内对任何违法行为，尤其是国家机关及其工作人员的违法行为能够通过司法途径查处；任何法律都应该具有被人们按司法程序检验和运用的可能性。

法治的合理性是指现代社会的法律机制是由职业法律工作者操作的、符合一定理性原则的秩序机制，具有专业性与技术性的特征。在受到工业化冲击的社会中，人的行为的目的性、可预测性等合理性因素大大增强，人们行为的可预测性越强，表明社会交往的理性化程度越高。这就要求法律具有稳定性、规范性、确定性及在此基础上的高度专业化和技术化，以保证行为的可预测性及交易、交往的安全可靠性。

法治的权威性是指法律在社会中居于核心与至上的地位。它不仅是社会关系、社会交往、社会秩序的主要维系形式，而且是最具外在效力的社会规范及能够强制社会成员行为的主要的评价尺度[①]。法治的权威性通常包括以下三层含义：一是在整个社会规范体系中，法律居于至上的地位，其他任何社会规范都不能与法律相冲突；二是相对于公共权力而言，法律具有至上的地位，任何权力的拥有和行使都必须具有法律依据并服从法律规范；三是所有社会成员都必须遵守法律，任何组织或个人都不能享有超越法律的特权。

① 葛洪义主编《法理学》，中国人民大学出版社，2015，第 349-350 页。

# 第七章　推进国家治理体系和治理能力现代化

从党的十八届三中全会将“推进国家治理体系和治理能力现代化”作为全面深化改革的总目标到党的十九届四中全会对“推进国家治理体系和治理能力现代化”作出全面部署可见，国家治理体系和治理能力现代化建设的重大政治意义。它既是建设中国特色社会主义现代化强国的战略目标，也是建成中国特色社会主义现代化强国的重要保障。

## 第一节　推进国家治理体系和治理能力现代化的时代要求

党的十九届四中全会通过的《中共中央关于坚持和完善中国特色社会主义制度　推进国家治理体系和治理能力现代化若干重大问题的决定》中指出：“当今世界正经历百年未有之大变局，我国正处于实现中华民族伟大复兴关键时期。顺应时代潮流，适应我国社会主要矛盾变化，统揽伟大斗争、伟大工程、伟大事业、伟大梦想，不断满足人民对美好生活新期待，战胜前进道路上的各种风险挑战，必须在坚持和完善中国特色社会主义制度、推进国家治理体系和治理能力现代化上下更大功夫。”① 从中我们可以看到，推进国家治理体系和治理能力现代化关系着百年未有之大变局的应对，关系着中华民族伟大复兴的实现，也关系着人民对美好生活需要的满足，是中国站在历史交汇点上顺应时代潮流的重大战略决策。

### 一、推进国家治理体系和治理能力现代化是在“百年未有之大变局”中赢得主动的有力保证

习近平总书记强调领导干部要胸怀“两个大局”。在国际方位中，目前世界正处于百年未有之大变局。大变局意味着不稳定性和不确定性增

① 《中国共产党第十九届中央委员会第四次全体会议文件汇编》，人民出版社，2019，第21页。

加，也意味着机遇和挑战并存。在变化中抓住机遇，在挑战中赢得发展，必须依靠国家制度体系优势和国家治理效能。

推进国家治理体系和治理能力现代化是增强国家竞争力的根本举措。从世界历史中可以看到很多大国从崛起到走向衰落，从强大到不复荣光，背后都是国家治理成败的结果。在当今世界中拉大先进国家与落后国家之间差距的也不是经济基础和地理环境优势，而是国家治理水平的差距。因而美国学者福山在分析中国历史发展和中国崛起的过程中看到国家建构的重要性，提出“中国之所以在过去的几千年里一直遥遥领先于世界，正是因为中国发明了‘好政府’”[①]。由此看出，国家之间的竞争本质上是国家治理水平的竞争。但国家治理水平的高低最终取决于国家制度体系的先进与否与治理能力的强大与否，正如胡鞍钢指出的：“从国际竞争看，国家竞争本质上也是国家治理竞争，国家治理竞争本质上是国家治理制度和治理能力的竞争。”[②] 面对百年未有之大变局，要想在国际竞争中增强自身的竞争力，必须推进国家治理体系和治理能力现代化，运用制度威力和治理能力才能最终在国际社会中赢得不败之地。

推进国家治理体系和治理能力现代化是提升国际认同度的重要抓手。大国地位的确立有赖于国际社会的普遍承认和认同。在世界多极化的背景下，各个国家都不仅重视由经济、科技等组成的硬实力建设，而且更加注重由制度和文化所组成的软实力建设，都积极在国际社会中扩大本国政治制度和特色文化的影响力和吸引力，以增强自身国际行为的接受程度，获取更多的国际话语权。日益强大起来的中国也必须处理好如何与世界相处的问题。虽然中国的快速发展引起世界的瞩目，但是“中国发展不确定论”“中国威胁论”“修昔底德陷阱”等各种或唱衰或猜疑中国的负面声音也此起彼伏。让世界读懂中国、认同中国日益成为百年未有大变局中我们要解决的重要问题。一个国家的制度体系是最具确定性和稳定性的，也是对一个国家最全面的诠释，因而读懂中国的密码应该是中国的国家制度体系。所以坚持和完善中国特色社会主义制度，推进国家治理体系和治理能力现代化是解除国际社会对中国误解的关键钥匙，是回应国际社会对中国

---

① ［美］弗朗西斯·福山：《国家构建：21世纪的国家治理与世界秩序》，黄胜强、许铭原译，中国社会科学出版社，2007，第1页。

② 胡鞍钢、唐啸、杨竺松等：《中国国家治理现代化》，中国人民大学出版社，2014，第89页。

关切与疑虑的最好解答，是提升国际社会对中国认知和认同的重要保证。

推进国家治理体系和治理能力现代化是提高全球治理水平的前提保障。随着中国日益走近世界舞台中央，承担越来越多的国际责任，中国与国际社会的关系也发生了根本性的转变。这种转变日益形成国家治理的国内治理与全球治理紧密联系、相互渗透的局面。推动党和国家事业发展需要和平的国际环境和良好的外部条件。如何处理好内政外交、保障国家权益、创造良好的外部环境等都对国家治理体系和治理能力提出新的要求。在人类命运共同体面前，推进国家治理体系和治理能力现代化，提高全球治理水平，兼顾好国内和国际两个大局，是新的时代实现国家治理现代化的必然选择。

## 二、推进国家治理体系和治理能力现代化是实现中华民族伟大复兴的根本支撑

应对百年未有之大变局从根本上是为了更好地推进中华民族的伟大复兴的战略全局。

建设社会主义现代化国家、实现中华民族伟大复兴，是我们党孜孜以求的宏伟目标，而推进国家治理体系和治理能力现代化本身就是中华民族伟大复兴的题中之意。中华民族伟大复兴是硬实力与软实力的全面复兴，实现国家富强、民族振兴、人民幸福不仅需要经济富裕、科技领先、军事强大，更需要彰显国家制度体系的优势和治理能力的科学高效。制度文明和物质文明、精神文明、生态文明一样，是人类文明的基本形态之一。中国在经济快速发展的同时，也应该向世界展示通过制度的进一步科学化实现可持续的稳定发展，为人类社会制度文明建设作出更大贡献。因而党的十九届四中全会以“坚持和完善中国特色社会主义制度，推进国家治理体系和治理能力现代化”为主题，对国家治理体系和治理能力建设进行全面部署，这是新时代全面建设社会主义现代化国家新征程的一个里程碑，迈出了实现中华民族伟大复兴历史进军中的新步伐。

同时，实现中华民族伟大复兴离不开国家治理体系和治理能力现代化的助力。今天，我们比历史上任何时期都更接近、更有信心和能力实现中华民族伟大复兴，但也面临着更为艰难的重大风险挑战。正如习近平总书

记所指出的："当今世界正经历百年未有之大变局，国际形势复杂多变，改革发展稳定、内政外交国防、治党治国治军各方面任务之繁重前所未有，我们面临的风险挑战之严峻前所未有。"① 面对风险挑战，解决问题的关键在于深化改革和提升国家治理水平。如美国学者罗斯·特里尔客观地总结："国家治理还要实现现代化转型，只有实现科学治理、民主治理和依法治理，国家治理才能走出中国历史上治乱循环的周期率，迈上持续稳定繁荣之途。"② 特别是在全面深化改革进程中，各种深层次的矛盾集中凸显，各种问题交织叠加，这就要求改革必须进行系统性、整体性、协同性推进。原来"摸着石头过河"的历史方法可能不再奏效，提升改革的顶层设计水平和把控能力成为必然选择。因而在现阶段需要一个全局性和战略性抓手的境况下，应该把制度建设和治理能力建设摆到更加突出的位置，继续深化各领域各方面体制机制改革，推动各方面制度更加成熟、更加定型，推进国家治理体系和治理能力现代化，为加快实现中华民族伟大复兴提供根本支撑。

## 三、推进国家治理体系和治理能力现代化是新时代满足人民群众对美好生活向往的重要保障

实现中华民族伟大复兴最终的落脚点是人民幸福。为中国人民谋幸福，为中华民族谋复兴是中国共产党的初心和使命，也是在党的领导下实现国家治理现代化的最终目的。习近平总书记深刻指出："始终代表最广大人民根本利益，保证人民当家作主，体现人民共同意志，维护人民合法权益，是我国国家制度和国家治理体系的本质属性，也是我国国家制度和国家治理体系有效运行、充满活力的根本所在。"③

随着时代的进步，人的需要是不断变化发展的，可以说在人们有限的生命里却有着无限的物质和精神追求。因而党的十九大把脉时代问题，面对人民的需求变化，提出中国特色社会主义进入新时代，我国社会主要矛

① 《中共中央关于坚持和完善中国特色社会主义制度　推进国家治理体系和治理能力现代化若干重大问题的决定》，《人民日报》2019 年 11 月 6 日，第 6 版。

② ［美］罗斯·特里尔：《三大治理，中国领导人的历史任务》，《学习时报》2016 年 9 月 8 日。

③ 习近平：《坚持和完善中国特色社会主义制度　推进国家治理体系和治理能力现代化》，《求是》2020 年第 1 期。

盾已经转化为人民日益增长的美好生活需要和不平衡不充分的发展之间的矛盾的重大研判。习近平总书记对新时代人民的需求变化作出全面总结："进入新时代，人民对美好生活的向往更加强烈，期盼有更好的教育、更稳定的工作、更满意的收入、更可靠的社会保障、更高水平的医疗卫生服务、更舒适的居住条件、更优美的环境、更丰富的精神文化生活。"① 自2003 年以来人民网在每年全国"两会"召开之前也对群众最关心的社会热点问题进行问卷调查，从近几年的调查结果可以看出人民对民主、法治、公平、正义、安全、环境等方面的需求正在不断上升。

人民需求的转变一方面彰显出我国建设的伟大成就，另一方面也反映出我国在现代化建设道路上还存在很多问题，还没有很好地满足人民群众的新期待和新要求。城乡地域发展差距、居民收入差距依然较大，衣食住行等方面关系人民群众切身利益的安全问题还比较多，信息公开、表达畅通的民主参与渠道还不健全，执法司法公平公正还有待提高，反腐败斗争形势依然严峻等问题亟待解决。

面对人民群众的需求日益呈现多样化、多层次、多方面的特征，综合施治，全面实现人民对美好生活向往的解决之道必然是制度的改革和创新。基于此，党的十九届四中全会通过的《中共中央关于坚持和完善中国特色的社会主义制度　推进国家治理体系和治理能力现代化的若干重大问题的决定》（以下简称《决定》）明确指出："推进全面深化改革，既要保持中国特色社会主义制度和国家治理体系的稳定性和延续性，又要抓紧制定国家治理体系和治理能力现代化急需的制度、满足人民对美好生活新期待必备的制度，推动中国特色社会主义制度不断自我完善和发展，永葆生机活力。"②

① 中共中央宣传部编《习近平新时代中国特色社会主义思想学习纲要》，学习时报出版社、人民出版社，2019，第 41 页。

② 《中共中央关于坚持和完善中国特色社会主义制度　推进国家治理体系和治理能力现代化若干重大问题的决定》，《人民日报》2019 年 11 月 6 日，第 6 版。

## 第二节 中国国家治理体系和治理能力的现状及现代化的发展方向

全面客观认识中国国家治理体系和治理能力的优势和短板才能在推进国家治理体系和治理能力现代化中找到着力点，明确发展方向才能确保国家治理体系和治理能力现代化的顺利实现。

### 一、全面认识中国特色社会主义国家治理体系和治理能力的优势

如何治理社会主义国家，世界上并没有成功的经验，只能依靠我们自己在实践中不断探索。新中国成立以来中国共产党领导中国特色社会主义国家在治理探索过程中，虽然有过艰难曲折，但是也积累了很多成功的经验，在国家治理体系和治理能力建设上取得了重大的有益成果。总体来看，我国经济繁荣、政治稳定、社会和谐、民族团结、应对国际局势和处理国际事务能力不断提升，与世界上其他国家相比，中国特色社会主义制度具有明显的比较优势。具体来看，我们办奥运、应危机、开世博、抗非典、战疫情……每一件大事、难事、喜事中都彰显了中国特色社会主义制度的力量和优势。就连福山都指出："许多人现在倾慕中国体制，不只是因为其经济成就，还因为该国能够及时作出宏大而复杂的决策，这与近些年来美国和欧洲令人气恼的决策无能现象形成鲜明对照。"①

实现"善治"是国家治理的最终追求。何为善治？总体来看，善治应该是能够兼顾稳定团结与有效发展、兼顾治理功能强大与治理价值合理、兼顾国内治理与全球治理、兼顾制度守正与治理创新的整体统一局面。

善治出于良政，而良政产生于优良的制度安排。党的十九届四中全会明确指出，我国国家制度和国家治理体系具有13个方面的显著优势，在这些优势的发挥中取得了国家的良好治理效果。具体来看，中国特色社会主义制度体系的13个优势正是体现了以上所指出的四个兼顾。

---

① [美]弗朗西斯·福山：《历史的未来：自由民主制能否在中产阶级的衰落中幸存下来？》，朱新伟译，观察者网，http://www.guancha.cn/FulangXisi-Fushan/2012-01-05-63889.shtml，2012年1月5日。

兼顾稳定团结与有效发展。“坚持党的集中统一领导；坚持全面依法治国，建设社会主义法治国家；坚持各民族一律平等；坚持共同的理想信念、价值理念、道德观念；坚持党指挥枪，确保人民军队绝对忠诚于党和人民；坚持“一国两制”，保持香港、澳门长期繁荣稳定。”[①] 这六方面保障了政治稳定，保障了秩序井然，保障了民族团结，保障了思想团结，保障了国家安全，保障了和平统一，推动了稳定团结局面的形成。“坚持全国一盘棋，调动各方面积极性；坚持公有制为主体、多种所有制经济共同发展和按劳分配为主体、多种分配方式并存，把社会主义制度和市场经济有机结合起来；坚持德才兼备、选贤任能，聚天下英才而用之。”[②] 这三个方面实现了集中力量办大事，实现了调动一切积极力量，实现了人才的保证，推动了国家举世瞩目的发展势头。

兼顾治理功能强大与治理价值合理。国家良善治理除了更好地实现国家秩序保障功能和发展保障功能之外，还要具有合理的治理价值。“坚持人民当家作主，发展人民民主；坚持以人民为中心的发展思想，不断保障和改善民生、增进人民福祉。”[③] 这两个坚持体现了中国特色社会主义的人民性，体现了发展依靠人民、发展为了人民、发展成果人人共享的价值追求。

兼顾国内治理与全球治理。“坚持独立自主和对外开放相统一，积极参与全球治理，为构建人类命运共同体不断作出贡献”[④] 的制度优势体现出中国的国家治理是沿着对内和对外双轨运行的，展现出强大的道义力量。

兼顾制度守正与治理创新。“坚持改革创新、与时俱进，善于自我完善、自我发展，使社会始终充满生机活力”[⑤] 的制度优势体现出中国特色社会主义制度不是故步自封的，而是勇于不断革新和进步的制度体系，具有强大的生命力。

亨廷顿指出，现代性带来稳定，现代化造成动荡，但是中国在坚持和完善中国特色社会主义制度过程中，在现代化建设道路上既能高效应对各

① 《中共中央关于坚持和完善中国特色社会主义制度　推进国家治理体系和治理能力现代化若干重大问题的决定》，《人民日报》2019 年 11 月 6 日，第 6 版。

② 同上。

③ 同上。

④ 同上。

⑤ 同上。

种社会危机又能推动经济全面快速发展，还能充分地凝聚民心、赢得民众的高度认同，展现出中国之治的巨大优势。

## 二、高度重视我国治理体系和治理能力的短板不足

我国推进国家治理现代化是以问题为导向的现实主义改革，党的十九届四中全会强调推进国家治理体系和治理能力现代化，并规划出“两个百年目标”的战略蓝图，说明我国现存的治理体系和治理能力依然存在短板和不足，还不能跟上现代化的发展需要，还不能满足人民群众日益增长的美好生活需要。

首先，国家治理体系有短缺。现有的国家治理体系还存在落后于社会实践，赶不上社会发展，不能全面应对社会风险的问题。比如党的十九届四中全会《决定》中提出在党的领导制度体系中确立“不忘初心、牢记使命”的新制度，就体现了治理体系仍需不断完善。再比如 2020 年初开始暴发的新冠病毒肺炎疫情被视为对我国国家治理体系和治理能力的一次大考，在这次社会风险挑战中更是显露出国家治理体系还有很多亟待革新之处。如在中央与地方关系上，如何积极调动中央和地方的“两个积极性”，如何化解中央的集中统筹同地方的分布式决策管理之间的矛盾还需要进一步统筹和细化；在国家与社会关系上，如何实现强政府强社会的双强局面，特别是应对重大公共危机时如何发挥社会自治的功能，如何解决社会救援体系同国家救援体系之间存在“两张皮”的问题仍需进一步思考，等等。

其次，国家治理体系存失灵。治理体系的失灵即是制度丧失规范力和约束力的现象。在我国制度失灵体现在很多方面，如“上有政策下有对策”的现象依然存在，有令不行、有禁不止，在贯彻执行中央决策部署上大打折扣。制度失灵也体现在“牛栏关猫”的问题上，钻制度空子和规避制度规定，使制度沦为只能管长远不能管细节的空架子。制度失灵还体现在不贪也不干的庸官现象中。推动反腐倡廉体制机制改革在贪腐问题的治理具有非常大的成效，但是也带来虽然不敢贪了但是也不敢干了的副作用，有些地方官员出现想干事却不敢干或不知道如何干的懒政现象。

再次，国家治理能力尚不足。国家治理能力是运用国家制度管理社会

各方面事务的能力。从总体层面来看，党的领导能力、国家机构的履职能力、人民群众依法参与社会事务管理能力都需提高。体现在具体层面上，在制度执行方面，还未能完全释放治理体系的优势和效能；在治理思维方面，现代化的治理必然是法治治理，但是在新冠疫情防控过程中曾出现的“强行断路”“谎报、瞒报、漏报”等现象体现出在运用法治思维和法治方式治理公共事务的能力上仍有不足；在治理手段方面，党政部门和社会面对大数据、人工智能技术越来越普及的局面时，利用数字化工具推进各项工作的本领尚待进一步提升。

任何治理体系和治理能力都不可能是完美无缺的，良好的治理局面形成必然是顺应时代要求不断改革治理体系和提升治理能力的结果。因而新时代必须要按照党的十九届四中全会《决定》要求固根基、扬优势、补短板、强弱项，使我国的国家治理体系和治理能力始终处于进取和发展的良好状态。

## 三、在中国特色社会主义道路上推进国家治理体系和治理能力现代化

我国国家治理体系和治理能力既具有显著的优势也存有明显的短板不足，需要从顶层设计层面继续推进，从而实现治理体系和治理能力的现代化。方向决定前途，方向决定成败。推进国家治理体系和治理能力现代化，首先要回答好“往什么方向走”这一根本性的问题。党的十九届四中全会主题“坚持和完善中国特色社会主义制度　推进国家治理体系和治理能力现代化”是一个完整的表达，指明推进国家治理体系与治理能力现代化的发展方向是坚持和完善中国特色社会主义制度，是坚持走中国特色社会主义道路。

坚持走中国特色社会主义道路是对历史唯物主义的遵循。作为上层建筑，国家治理模式是无法摆脱经济基础以及社会历史文化条件的限制的。正如习近平总书记所指出的：“一个国家选择什么样的治理体系，是由这个国家的历史传承、文化传统、经济社会发展水平决定的，是由这个国家的人民决定的。”[①] 我们曾经照搬过本本也模仿过别人，但是最终的结果是

① 《习近平谈治国理政》第 1 卷，外文出版社，2014，第 105 页。

一次次碰壁和一次次受挫。历经千难万险才找到一条适合自己的道路，才走出一条中国特色社会主义成功之路。我们应该坚定不移地走下去，在坚持和完善中国特色社会主义制度基础上不断推进国家治理体系和治理能力现代化。

坚持走中国特色社会主义道路也是对西方治理现代化的超越。有些人认为治理的概念来自西方，而且西方在现代化的道路上走在前列，那么国家治理现代化就应该是西方化，就应该学习西方的国家治理模式。但是“现代化不等于西方化，同样的是，国家治理现代化也不等于西方化，更不是西方化。”[①] 首先，西方的治理模式并不是现代化过程中经济社会发展的强大推动力，相反它是经济社会发展的结果。西方国家认为的好制度“其实大多数都是发达国家经济发展的产物，而不是它们经济发展的原因”[②]。其次，在实践中也没有哪个非西方国家采取西方的国家治理模式后就能变成西方国家的，反倒是一个个的“阿拉伯之春”变成了“阿拉伯之灾”。我国国家治理现代化探索过程正是借鉴了世界各国的经验教训，坚持立足自身并不断从西方发达国家现代化道路中取其精华、去其糟粕，不断寻优选优的过程。

习近平指出：“我们走自己的路，具有无比广阔的舞台，具有无比深厚的历史底蕴，具有无比强大的前进定力。”[③] 推进国家治理体系和治理能力现代化就是要坚持“变”与“不变”相结合，在中国特色社会主义道路上，在坚持中国特色社会主义制度中完善国家治理体系和提升国家治理能力。

## 第三节　推进国家治理体系和治理能力现代化的目标

实现现代化是近现代以来中国社会的根本任务，也是中国共产党人的不懈追求。而推进国家治理体系和治理能力现代化是中国现代化建设的题中之意，也是根本保障。那么推进国家治理体系和治理能力现代化建设要

① 胡鞍钢、唐啸、杨竺松等：《中国国家治理现代化》，中国人民大学出版社，2014，第 101 页。

② 张夏准：《富国陷阱：发达国家为何踢开梯子？》，肖炼、倪延硕等译，社会科学文献出版社，2009，第 130-131 页。

③ 习近平：《在纪念毛泽东同志诞辰 120 周年座谈会上的讲话》，《人民日报》2013 年 12 月 27 日，第 2 版。

达成什么样的目标，我们从党的十九届四中全会《决定》中可以找出答案。

## 一、国家治理现代化就是推进国家治理体系和治理能力现代化

进入新时代伴随着全面深化改革步入深水期与攻坚期，中国“社会的特征更加明显，烈值更强”[①]。内部如何实现发展的平衡、协调和可持续，如何实现社会公平公正、如何实现良好的政治生态；外部如何应对压力与挑战，如何应对百年未有之大变局，各种问题和挑战交错叠加，凸显了制度建设和国家治理的重要性和紧迫性。

“治理”一词常常被认为是西方话语，但是中国的“国家治理”一词并不是西方政治术语的舶来品，它是在继承中国传统的“治国理政”理念基础上对西方治理观予以借鉴和扬弃后产生的新概念。西方的国家治理主要是以社会和经济等非政府组织或者国家间组织的权威来弥补主权国家或民族国家权威不足的问题，甚至倡导“没有政府的治理”[②]。中国的国家治理遵循了马克思主义国家理论逻辑，是把整个国家和社会都作为治理对象，是面对中国现代化转型过程中社会日益分化和问题矛盾叠加局面，治理体系不完备和治理能力不到位的重大问题，目的在于最大限度激发国家发展的内生动力和营造良好的国际环境，从而促进“五位一体”全面发展，最终实现中华民族伟大复兴。

中国的国家治理现代化根本上是指推进国家各方面制度的现代化，从而更好地发挥制度优势。而“国家治理体系和治理能力是中国特色社会主义制度及其执行能力的集中体现”[③]。所以，国家治理包含国家治理体系和国家治理能力两大基本要素。

国家治理体系是在党领导下管理国家的制度体系，包括经济、政治、文化、社会、生态文明、党的建设、国防、外交等各领域的体制机制、法律法规安排，也就是一整套紧密相连、相互协调的国家制度。国家治理能力则是运用国家制度管理社会各方面事务的能力，包括改革发展稳定、内

① 张光辉：《风险社会中国家治理的辩证法》，《学术探索》2021 年第 1 期。

② [美] 詹姆斯·N. 罗西瑙主编《没有政府的治理：世界政治中的秩序与变革》，张胜军、刘小林等译，江西人民出版社，2001，第 5 页。

③ 习近平：《切实把思想统一到党的十八届三中全会精神上来》，《求是》2014 年第 1 期。

政外交国防、治党治国治军等各个方面。

国家治理体系和国家治理能力两者是相辅相成的有机整体，有制度体系无执行能力，那么制度体系就徒有其表；有执行能力无制度体系，那么执行能力就会被泛用滥用。同时有了好的国家治理体系才能提高国家治理能力，提高国家治理能力才能充分发挥国家治理体系的效能。

因而坚持和完善中国特色社会主义制度，推进国家治理现代化，就需从推进国家治理体系和国家治理能力两方面着手。正如习近平总书记所指出的："真正实现社会和谐稳定、国家长治久安，还是要靠制度，靠我们在国家治理上的高超能力，靠高素质干部队伍。我们要更好发挥中国特色社会主义制度的优越性，必须从各个领域推进国家治理体系和治理能力现代化。"①

## 二、推进国家治理体系和治理能力现代化的价值追求

推进国家体系和治理能力现代化的关键和落脚点在于"现代化"，因而体现"现代化"的政治价值意蕴是国家治理现代化的目标选择。梳理学界对于"现代化"的研究，学者达成的"现代化"共识体现在科学化、民主化、法治化、制度化、多元化、协调化、复杂化、系统化、高效化等方面。

从党的十九届四中全会《决定》中坚持党的领导、人民当家作主、依法治国有机统一总要求以及坚持和完善中国特色社会主义制度的根本制度、基本制度、重要制度的十三个方面总体任务中，我们看到国家治理体系和治理能力现代化正是对以上价值目标的追求。具体体现在以下三方面。

在治理核心上坚持权威性。国家治理是一个系统工程，面对现代化社会的不断分化、多元化和复杂化，国家治理现代化进程中离不开一定的权威来凝聚全局和把控方向。中国共产党领导是中国特色社会主义最本质的特征，是中国特色社会主义制度的最大优势。党的集中统一领导，是保持政治稳定，确保国家治理始终沿着社会主义方向前进的关键所在；也是总揽全局、协调各方的组织保障；还是调动一切积极力量，实现集中力量办

① 《习近平谈治国理政》第 1 卷，外文出版社，2014，第 91-92 页。

大事的根本所在。因而，党的十九届四中全会《决定》提出“坚决维护党中央权威，健全总揽全局、协调各方的党的领导制度体系，把党的领导落实到国家治理各领域各方面各环节”①。

在治理主体上坚持人民性。现代国家治理与传统治理最本质的区别就是民主治理。首先从制度的来源来看，治理的人民性要求国家治理体系安排必须保障主权在民和人民当家作主，制度与政策制定应是人民意志的体现。其次从制度的运行与治理过程来看，治理的人民性要求引导民主参与，提升人民群众依法管理国家事务、经济文化事务和自身事务的能力，广泛发动社会组织和公民个人积极参与治理活动。同时请人民当评判人，治理效果要及时交由群众评判，让群众打分，要用人民群众的满意度来评定治国理政方方面面的成效。再次从制度的运行结果来看，治理的人民性是坚持以人民为中心，满足人民日益增长的美好生活需要，促进社会公平正义，实现发展成果全民共享。

在治理方式上坚持制度化、规范化、程序化、法治化。现代国家治理是依托制度的治理，是包括权力配置、权力运行、权力约束等在内的国家一切治理工作和活动都纳入到制度体系中的治理。构建系统完备、科学规范、运行有效的国家治理制度体系是治理现代化实现的前提。规范化既是对制度体系本身的要求，也是对制度运行的要求。规范化的制度本身应该是合理有效，体现现代化的价值内涵；规范化的制度运行应该是通过一系列明确、具体和可操作的规则来指导治理主体及其行为，从而达到井然有序、协调高效的治理局面。程序化主要是对制度体系实施过程的要求，制度实施需要科学合理的流程，保证制度执行的每一个环节都有统一的规定，从而提高制度执行的科学性和有效性。法治化是国家治理现代化的核心和基本方式。法治是与人治对应的，法治化要求国家治理主体运用法治思维和法治方法开展治理，要求将治国理政的全部活动纳入到法治的可预测、可控制的范围中。

总体来看，推进国家治理体系和治理能力现代化就是在坚持党的领导、人民当家作主、依法治国有机统一的总要求下逐步实现国家治理的制度化、程序化、规范化、法治化，把我国制度优势更好地转化为国家治理

① 《中共中央关于坚持和完善中国特色社会主义制度 推进国家治理体系和治理能力现代化若干重大问题的决定》，《人民日报》2019 年 11 月 6 日，第 1 版。

效能，为实现“两个一百年”奋斗目标、实现中华民族伟大复兴的中国梦提供有力保证。

### 三、推进国家治理体系和治理能力现代化的总体目标

党的十九届四中全会《决定》明确了坚持和完善中国特色社会主义制度、推进国家治理体系和治理能力现代化的总体目标。

“坚持和完善中国特色社会主义制度、推进国家治理体系和治理能力现代化的总体目标是，到我们党成立一百年时，在各方面制度更加成熟更加定型上取得明显成效；到二〇三五年，各方面制度更加完善，基本实现国家治理体系和治理能力现代化；到新中国成立一百年时，全面实现国家治理体系和治理能力现代化，使中国特色社会主义制度更加巩固、优越性充分展现。”①

总体目标为中国特色社会主义制度建设规划了明确的时间表和路线图。这一总体目标是一脉相承、不断深化的，继承了我们党纵览全局、稳扎稳打、以不断递进的发展阶段推进党和国家事业的优良传统，同时也体现出对党的十九大报告中“两个一百年”奋斗目标的贯彻落实。简言之，就是到 2035 年，基本实现社会主义现代化时也基本实现国家治理体系和治理能力的现代化。从 2035 年到本世纪中叶，把我国建成富强民主文明和谐美丽的社会主义现代化强国时也必然实现了国家治理体系和治理能力的现代化，那时一定是中国特色社会主义制度更加巩固、优越性充分展现的局面。

## 第四节　推进国家治理体系和治理能力现代化的方法原则

毛泽东曾形象地说过：“我们的任务是过河，但是没有桥或没有船就不能过。不解决桥或船的问题，过河就是一句空话。不解决方法问题，任务也只是瞎说一顿。”②推进国家治理体系和治理能力现代化这一重大工程必须依靠正确的方法，党的十九届四中全会《决定》明确提出要加强系统

---

① 《中共中央关于坚持和完善中国特色社会主义制度 推进国家治理体系和治理能力现代化若干重大问题的决定》，《人民日报》2019 年 11 月 6 日，第 1 版。

② 《毛泽东选集》第 1 卷，人民出版社，1991，第 139 页。

治理、依法治理、综合治理、源头治理这四个重要的治理原则和方法，从而把我国制度优势更好地转化为治理效能。

## 一、系统治理

国家治理是一个复杂的整体系统工程，正如法国学者福柯的比喻："治理如同舵手，治理一艘船意味着什么？它意味着不光要对船员负责，还有对船舶和货物负责，还意味着要认真考虑风向、礁石、风暴和各种坏天气。这是一个复杂的整体的系统的概念。"① 国家治理的系统性体现在多个维度：从横向来看，国家治理包括经济、政治、文化、社会、生态、党建、国防、外交等多个领域；从纵向来看，国家治理包括全球治理、国家治理、地方治理以及基层治理等各个层次；从治理主体来看，国家治理包括政府治理、市场治理、社会治理等各个方面；从治理内容来看，国家治理还分为常态化治理和风险治理等部分。

这就要求我们将复杂性理论和系统性理论引入国家治理中，立足国家整体利益、根本利益、长远利益，根据总体设计的战略部署，在进行国家治理的过程中，系统谋划、整体推进、综合施策。如经济、政治、文化、社会、生态等各领域要互联互动、整体推进；顶层设计、中层设计、基层设计之间要无缝对接、相互协调；政党、政府、市场、社会、民众等各主体间要构建组合机制，创新和优化国家治理的主体网络结构。实现原则性与灵活性相统一、整体性与局部性相统一、长期性与阶段性相统一、一致性与差异性相统一。

## 二、依法治理

传统治理与现代治理方式的最根本区别就是人治还是法治，治理者在多大程度上受到既定法律体系和司法体系的约束。

历史的经验告诉我们，以法立国、依法而治不仅可以建构有效的国家秩序，而且也是实现国家长治久安的重要保障。"依靠人治的方式，可以建立政权，可以铁腕肃贪，可以推进国家某项事业的发展，甚至实现国家

---

① [法]米歇尔·福柯：《安全、领土与人口》，钱翰、陈晓径译，上海人民出版社，2010，第82页。

的一时繁荣，历史上许多王朝或帝国的兴起就是佐证。但是，许多研究表明，国家治理的人治化往往难免陷入‘独裁暴政’和‘人亡政息’的困境。正是为了克服这种困境，国家治理的法治化才成为理性选择的结果，也成为政治文明的标志。”① 因此习近平指出:“法律是治国之重器，法治是国家治理体系和治理能力的重要依托。”②

依法治理就是运用法治原则和方法进行的治理，将国家治理的全部活动都纳入到一系列法律体系中，将法律作为处理所有关系的基本准则，实现国家治理的一般可预测性。依法治理的前提是制定合理的法律法规。确保法律法规的科学性、全面性、针对性和可操作性，为国家治理提供制度保障。依法治理的关键是提高权力运行的法治化。遵从法治原则确保权力的使用以法律法规为依据，形成有法必依、执法必严、违法必究的政治生态，强调办事准则规范化、标准化和处事结果公平、公正，转变选择性执法的不良习惯，提高国家工作人员依法办事的观念和能力。依法治理的核心是培养全社会法治思维。在全社会营造人人学法、懂法、知法、守法、用法、护法，崇尚法治的良好氛围，真正做到办事依法、遇事找法、解决问题用法、化解矛盾靠法。

## 三、综合治理

依法治理是现代化国家治理的根本手段但同时法治也是一种底线思维。国家治理的复杂性决定了治国理政不能单靠法律，还应该调动一切积极性，运用多种方法手段进行治理。特别是中国特色社会主义还追求文明和谐的价值理念，这决定了中国特色社会主义国家治理必定是共治共享、和谐有序的祥和治理。因而，党的十八届四中全会将综合治理上升到国家治理的层面，十九届四中全会则将它进一步强化。

所谓综合治理，就是多个治理主体联手、运用多种方法手段开展的治理。在治理主体上，国家治理现代化不仅需要健全提高党的执政能力和领导水平，优化政府职责体系，还要发挥社会力量的独特价值，激发社会活力，培育和发展社会组织，提高公民的理性素养和治理能力，实现政党、

① 燕继荣：《国家治理及其改革》，北京大学出版社，2015，第 26 页。

② 《中共中央关于全面推进依法治国若干重大问题的决定》，《人民日报》2014 年 10 月 29 日，第 1 版。

政府、社会的共享共建。在治理方法上，国家治理需要法律和道德共同发挥作用。道德作为非强制性的社会规范，是社会的“软治理”手段。因此在坚持依法治国的同时还应该重视道德的教化作用。大力弘扬社会主义核心价值观，弘扬中华传统美德，培育社会公德、职业道德、家庭美德、个人品德，提高全社会的文明程度，做到法安天下、德润人心，构建文明和谐的社会环境。

## 四、源头治理

国家治理亦如江河治理，防洪防淤的有效手段是从源头疏导、引流而下。国家治理要想达到既定的治理目标，达成善治良治的效果也必须放弃任何主观意志的、专横的干预，转向遵循事物客观规律的调节，重视源头治理。

所谓源头治理首先是立足于民众的需求，及时反映和协调人民群众各方面各层次利益诉求的治理。国家治理应以民众切实需求为出发点，在治理体系的制定上问计于民、问需于民，确保每一项政策举措既符合国情、国力实际，又符合群众要求，强调基本公共服务均等化，注重制度安排的公平正义。源头治理也是找准问题的症结，标本兼治，重在治本的治理方式。治标性治理就是解决表面矛盾和问题的应急性治理，治本性治理是从根源、本质上有效应对复杂的政治、经济、文化、社会、生态等问题的治理。社会发展千变万化，治标治理方式能够暂时缓和冲突，维持秩序，应该予以坚持和发展。但是现代化治理更应该坚持问题导向，提升精准意识，力求将问题病灶连根拔起、对症下药、药到病除。源头治理还是从根本上识别问题、解决问题，进行预防性治理的治理。具有前瞻性、预见性的治理能力是治理现代化的内在要求，在大数据、人工智能时代，预先识别未来可能发生的问题已经成为可能。因而，必须提升治理主体对风险矛盾进行预先管理控制、把社会矛盾化解在萌芽和未然状态的能力，促进社会的和谐稳定。

# 第八章　建设中国特色社会主义文化

文化是一个国家、一个民族的灵魂。文化兴国运兴，文化强民族强。中国特色社会主义文化，源自于中华民族五千多年文明历史所孕育的中华优秀传统文化，熔铸于党领导人民在革命、建设、改革中创造的革命文化和社会主义先进文化，植根于中国特色社会主义伟大实践。中国特色社会主义文化是激励全党全国各族人民奋勇前进的强大精神力量。我们要建设中国特色社会主义文化，坚定文化自信，激发全民族文化创新创造活力，不断铸就中华文化新辉煌，为实现中华民族伟大复兴提供强大精神动力。

## 第一节　复兴之魂——建设中国特色社会主义文化的重大意义

建设中国特色社会主义文化，是学习贯彻习近平总书记关于文化建设的重要论述的必然要求，是改革开放以来中国特色社会主义取得伟大成就的深切呼唤，是中国特色社会主义文化作为社会主义先进文化的深刻感召，是应对新时代文化发展面临主要问题和挑战的现实诉求，是实现中华民族伟大复兴中国梦的价值支撑和精神动力。

### 一、学习贯彻习近平总书记关于文化建设的重要论述的必然要求

改革开放四十多年来，中国面貌发生了翻天覆地的变化，社会主义现代化建设取得了举世瞩目的成就。然而，中国社会的发展并不是全面的、均衡的。文化建设和发展虽然也取得了较大进步，但是与经济和社会发展相比，还存在不小差距。当前，推动文化发展繁荣，既具备许多有利条件，也面临不少问题。党的十八大以来，习近平总书记围绕当代中国文化建设发展问题，作出了一系列重要论述。这些重要论述，囊括了文化建设的重大意义、主要关系、发展途径等方方面面，形成了习近平总书记关于

文化建设的重要论述，为新时代中国特色社会主义文化建设和发展确立了科学的理论指导。习近平总书记指出，要讲清楚中华优秀传统文化的历史渊源、发展脉络、基本走向，讲清楚中华文化的独特创造、价值理念、鲜明特色，增强文化自信和价值观自信①。2016 年 5 月 17 日习近平在哲学社会科学工作座谈会上的讲话中指出："我们说要坚定中国特色社会主义道路自信、理论自信、制度自信，说到底是要坚定文化自信。文化自信是更基本、更深沉、更持久的力量。"②在庆祝中国共产党成立 95 周年大会上的讲话中，他强调，"全党要坚定道路自信、理论自信、制度自信、文化自信"，"文化自信，是更基础、更广泛、更深厚的自信。在 5000 多年文明发展中孕育的中华优秀传统文化，在党和人民伟大斗争中孕育的革命文化和社会主义先进文化，积淀着中华民族最深层的精神追求，代表着中华民族独特的精神标识"③。在党的十九大报告中强调："发展中国特色社会主义文化，就是以马克思主义为指导，坚守中华文化立场，立足当代中国现实，结合当今时代条件，发展面向现代化、面向世界、面向未来的，民族的科学的大众的社会主义文化，推动社会主义精神文明和物质文明协调发展。要坚持为人民服务、为社会主义服务，坚持百花齐放、百家争鸣，坚持创造性转化、创新性发展，不断铸就中华文化新辉煌。"④习近平总书记这些重要论述，强调了建设中国特色社会主义文化的基本内涵、重要意义和发展路径，并进一步强调了坚定中国特色社会主义文化自信。这是从党和国家发展的战略高度，从中国 5000 多年文明史中进行总结提炼和升华的，充分昭示了中国人的文化自觉和信心，充实了新时代中国特色社会主义的新内涵，是指导我们现在和今后一个时期加强文化建设的有力指引和思想理论依据。新时代，建设中国特色社会主义文化面临难得机遇，也面临严峻挑战。我们要以习近平总书记关于文化建设的重要论述为指导，抓住机遇，应对挑战，不断建设和发展中国特色社会主义文化，坚定文化

① 习近平：《把培育和弘扬社会主义核心价值观作为凝魂聚气强基固本的基础工程》，《人民日报》2014 年 2 月 26 日，第 1 版。

② 习近平：《在哲学社会科学工作座谈会上的讲话》，《光明日报》2016 年 5 月 19 日，第 1 版。

③ 习近平：《在庆祝中国共产党成立 95 周年大会上的讲话》，《人民日报》2016 年 7 月 2 日，第 3 版。

④ 习近平：《决胜全面建成小康社会 夺取新时代中国特色社会主义伟大胜利》，《人民日报》2017 年 10 月 28 日，第 5 版。

自信。

## 二、改革开放以来中国特色社会主义取得伟大成就的深切呼唤

习近平总书记在庆祝改革开放40周年大会上的讲话中明确指出："40年的实践充分证明，党的十一届三中全会以来我们党团结带领全国各族人民开辟的中国特色社会主义道路、理论、制度、文化是完全正确的，形成的党的基本理论、基本路线、基本方略是完全正确的。"[①] 坚持和发展中国特色社会主义，全面建成小康社会，实现中华民族伟大复兴的中国梦，离不开中国特色社会主义道路这一发展路径的牵引，离不开中国特色社会主义理论体系这一科学理论的指导，离不开中国特色社会主义制度这一行动规范的保障，离不开中国特色社会主义文化这一强大力量的激励。

改革开放40多年来，从开启新时期到跨入新世纪，从站上新起点到进入新时代，通过40多年的披荆斩棘和砥砺奋进，我们党引领人民绘就了一幅波澜壮阔、气势恢宏的历史画卷，谱写了一曲感天动地、气壮山河的奋斗赞歌。中国取得了举世瞩目的伟大成就，中国面貌发生了翻天覆地的变化。经济、政治、文化等各项事业飞速发展，综合国力显著增强，人民生活明显改善，国际地位日益提升。数据显示，改革开放以来，中国经济总量已跃升至世界第二位，共计7亿多人口摆脱贫困，对全球减贫贡献率逾70%；国内生产总值占世界比重从1.8%上升为15%左右，对世界经济增长的贡献率超过30%[②]……短短40年，中国走完了发达国家几百年的发展历程，新中国成立之初"一辆汽车、一架飞机、一辆坦克、一辆拖拉机都不能造"的遗憾化作历史云烟；留下来的，是人民群众实实在在的幸福感与获得感。这些伟大成就，连习惯于"戴着有色眼镜看人"的西方国家执政当局、新闻媒体和学者，都不得不给予认可。美国斯坦福大学教授弗朗西斯·福山在东欧剧变、苏联解体时提出"历史终结论"，认为历史终结了，共产主义失败了，自由主义胜利了！该理论提出后曾风靡整个西方世界，《历史的终结与最后的人》一书还被《纽约时报》评为年度最佳畅销书。而这些年，福山不断修正自己的观点，认为西方民主可能并非人类历史进化的终点，强调任何人都不能忽视中国的发展。

---

① 习近平：《在庆祝改革开放40周年大会上的讲话》，《人民日报》2018年12月19日，第3版。

② 王斯敏、王珏：《民族复兴的人间正道》，《光明日报》2016年6月15日，第1版。

中国特色社会主义道路、理论体系、制度和文化，是中国特色社会主义取得巨大成就的根本表现。伟大成就的取得有很多原因，我们决不能忽视文化因素的作用，要分析和挖掘其深层文化根基。中国特色社会主义文化既是中国特色社会主义的重要组成部分，又是建设和发展中国特色社会主义的强大精神动力。国家硬实力不等于软实力，要进一步增强中国软实力，尤其是中华文化软实力，就必须努力建设和发展中国特色社会主义文化。

## 三、中国特色社会主义文化作为社会主义先进文化的深刻感召

中国特色社会主义文化作为社会主义先进文化，具有明显的特点和优势。一是具有民族性，它植根于中国大地，是中华民族的创造，是民族精神的集中体现；二是具有科学性，它坚持以马克思主义为指导，符合人类文明发展进步潮流；三是具有群众性，它坚持以人为本、人民至上，是群众创造、面向群众、服务群众的文化；四是具有时代性，在和平与发展的主题下，它随着全球化、市场化、网络化的不断发展而与时俱进；五是具有实践性，它来源于党领导人民进行的改革开放和社会主义现代化建设的实践，并用于指导这一实践；六是具有开放性，它注重弘扬优秀传统文化，学习和借鉴外来文化，坚持面向现代化、面向世界、面向未来。

与封建主义文化、资本主义文化具有腐朽、没落的一面相比，中国特色社会主义文化是富有朝气、蓬勃向上、具有美好发展前景的先进文化。中国特色社会主义文化超越了资本主义文化工业化发展带来的局限，致力于破解人类发展面临的诸多困境。它有利于激发人的潜能与活力、促进人的全面发展，有利于推动经济社会全面进步，有利于团结起来共同应对各种风险和挑战，有利于促进全球共同发展、构建和谐世界。在中国特色社会主义文化支撑和引领下，我们已经取得并将继续取得中国特色社会主义建设的伟大成就，不断创造新的辉煌。

## 四、应对新时代文化发展面临主要问题和挑战的现实诉求

当前，我国推动文化繁荣发展、建设文化强国还面临多方面的挑战与考验，可以把它概括为以下四个主要方面。

一是主流价值有待进一步彰显。改革开放40多年来，我们逐步形成了一系列与时代发展要求相契合的新的价值观念，但是有的主流价值并未得到充分彰显，影响力有待进一步强化。同时，由于我国处于社会转型期，各种思潮相互碰撞、相互激荡，价值观念多元并存、相互交织。比如，拜金主义、功利主义、享乐主义等自由主义思想一定程度上仍然存在，一些领域道德失范、诚信缺失现象还时有发生。体现在经济领域，市场交易成本较高；体现在网络，谣言一定程度上蔓延；体现在高校，成果造假不同程度存在。诸如此类的价值现象多元并存，正确与错误、积极与消极、进步与落后鱼龙混杂，一些非马克思主义、反马克思主义思想在一定范围内依然存在。这就使得主流价值观受到较大冲击、有待进一步彰显。

二是文化事业和文化产业不够发达。从文化事业方面来讲，公共文化服务体系还不健全、不均衡，特别是城乡之间、区域之间差距很大。从文化产业方面来讲，规模不大，结构不合理，精品力作不多。拿我国文化产业国内生产总值（GDP）贡献率来说，虽然这两年逐步增加到4%以上，但是跟美英等发达国家相比，依然差距不小。

三是外来文化侵蚀严重。当今世界，各国各民族不同的文化不断交流碰撞、竞争较量，某些国家高举所谓“普世价值”的大旗，企图把自己的文化强加于人，不遗余力地发动“文化战争”，对别国进行文化和价值观的诋毁、渗透与打压，中国则成为近年来他们推行这一战略的主要目标。这种文化上的侵蚀，往往并不是大张旗鼓、赤裸裸的，而是“温文尔雅”、潜移默化的。拿美国来说，就企图通过推行“三片”（即大片、薯片、芯片）战略、“政治文化转基因”战略，对我国搞文化和价值观的渗透。同时，还要看到，这一侵蚀往往注重采取借助我国传统文化的隐蔽手段。如电影《花木兰》《功夫熊猫》等，这些都是研究中国文化后创制的作品，影片里充满了中国文化元素，实际上是通过消费、掠夺中国文化资源而传播他们的价值观。

四是文化“走出去”影响力有待进一步提高。一方面，我国文化贸易在世界文化市场所占份额较低，远远低于美欧国家，甚至连日韩都不如。另一方面，我国走出去的文化总体上层次不是很高，核心价值彰显不够。近些年来，我国文化走出去的内容，主要集中在器物和行为文化方面，如戏曲、武术等，基本属于平面维度的文化。即使是一些在国际上获得较高评价的中国电影，其主题和基本内容虽然是中国文化和价值观，但是远没能反映真实的面貌。

放眼全球，经济全球化、政治多极化不断发展，文化多元化趋势明显，文化在各国交流与竞争中的地位日益重要。当前中国，正处于以习近平新时代中国特色社会主义思想为指导，勠力同心实现中华民族伟大复兴的关键时期，文化越来越成为凝聚民族意志和激发创造活力的重要源泉，越来越成为经济社会发展的重要支撑。要坚定文化自信，建设和发展中国特色社会主义文化，在促进中国特色社会主义文化繁荣发展中解决面临的主要问题。

## 五、实现中华民族伟大复兴中国梦的价值支撑和精神动力

以习近平同志为核心的党中央，高瞻远瞩，提出了实现中华民族伟大复兴的中国梦，到本世纪中叶，要把我国建设成为富强民主文明和谐美丽的社会主义现代化强国。文化是一个民族长期延续、经久不断的根本特质，是衡量一个国家和民族经济社会发展的重要尺度，它对经济社会发展的影响潜移默化、润物无声。发展中国特色社会主义文化具有以下作用。

有利于提高经济发展水平和质量。中国特色社会主义文化对生产力以及经济发展所起的推动作用主要体现在两个方面。第一，文化直接与经济相结合，通过文化产业发展直接带动、融入和促进经济发展；第二，通过文化事业的引导、保障和服务，为文化产业发展以及整个经济发展提供良好环境和氛围。二战后特别是冷战结束后的世界经济发展表明，文化对经济发展的作用日益凸显。当前，世界各主要国家为了提升经济竞争力，都注重发展文化产业，促使经济文化化发展。文化产业是典型的绿色、低碳产业。近些年来，我国更加注重文化产业的发展，努力挖掘和利用优秀文化传统中的丰富资源，大力鼓励文化领域的创意、创新和创造，不断打造市场竞争力强的文化企业和品牌。文化产业产值连年高速增长，日益成为我国经济发展的重要组成，经济结构和产业结构得到进一步优化，经济发展方式逐步转变，经济发展水平和质量不断提高。

有利于促进社会全面发展和进步。中国特色社会主义文化既是中国特

色社会主义社会全面发展和进步的重要内容，又是中国特色社会主义社会全面发展和进步的重要支撑。它有利于全体公民正确认识和处理人与人、人与社会、人与自然之间的关系，为构建社会主义和谐社会以及社会主义社会全面发展和进步提供思想基础、智力支持、精神动力和价值支撑。中国特色社会主义社会必然是一个各方面共同发展和进步的社会，我们要建设的社会主义现代化强国必定是一个各方面全面协调可持续发展的国家。近些年国际国内现代化建设的实践都表明，生产力的发展，GDP 的增长，物质生活的改善，只是社会发展和进步的一部分，既不是唯一目标，更不是终极目标。如果过度追求经济增长速度和财产数量，必然会导致社会的畸形发展。东欧剧变、苏联解体以及近些年来“颜色革命”的事例也证明，文化软实力关乎国家兴亡、民族兴衰、政党安危。联合国教科文组织在《文化政策促进发展行动计划》中指出，“发展最终应以文化概念来定义，文化的繁荣是发展的最高目标”，从一定角度来说，文化应该是一国社会发展战略的轴心，其他各方面的发展都应该围绕这个轴心来谋划、布局和展开。鲁迅先生也说过：“唯有民魂是值得宝贵的，唯有他发扬起来，中国人才有真进步。”可以说，文化不仅是推动社会发展的重要手段，更是社会文明进步的重要目标，文化的发展是发展的最高阶段。相信随着我们党在文化认识上的不断飞跃，随着文化强国建设的不断深入，我国社会全面发展和进步必将迈向新阶段。

有利于提升人的思想素养和水平，促进人的全面发展。文化发展与人的发展密不可分，文化发展既是人的发展的前提和基础，又是人的发展的目的和归宿。科学先进的文化能够引导、化育和促进人的发展进步，而腐朽落后的文化则会阻碍和束缚人的发展进步。中国特色社会主义文化作为一种先进的、科学的、开放的、前进的文化，作为一种以人为本、人民至上，群众创造、服务群众的文化，代表着人类文化的前进方向，符合广大人民群众的利益诉求，能够满足人们不断增长的思想文化需要。它有利于引导人们确立科学正确的发展方向，营造良好的社会氛围，从而在全社会形成积极健康的舆论环境。

中华民族伟大复兴的中国梦，既是强国富民的中国梦，又是文化复兴的中国梦。中国特色社会主义文化是中华民族伟大复兴中国梦的重要组成部分，中华民族伟大复兴中国梦的实现，离不开中国特色社会主义文化的繁荣发展。这是历史发展规律的必然要求，更是中华儿女的共同期待。中国特色社会主义文化，将有利于我们汇聚万众力量、鼓舞精神斗志、克服艰难险阻、不断创造辉煌，为建设和发展中国特色社会主义、实现中华民族伟大复兴中国梦，提供价值支撑和精神动力。

## 第二节　根本所在——坚定中国特色社会主义文化自信

党的十九大报告指出，“没有高度的文化自信，没有文化的繁荣兴盛，就没有中华民族伟大复兴”，要“坚定文化自信，推动社会主义文化繁荣兴盛”[①]。中国特色社会主义文化自信，来自马克思主义的科学指引，拥有引领多元社会思潮的强大力量；来自中华优秀传统文化的丰厚滋养，秉持独特的民族气质与风格；来自中国特色社会主义的成功实践，具有厚实的群众基础与社会基础；来自对人类文明优秀成果的吸收借鉴，承载世界文明的共同价值。坚定中国特色社会主义文化自信，是建设中国特色社会主义文化的根本。

### 一、文化自信是对中国特色社会主义文化的充分肯定和坚定信念

中国特色社会主义文化自信，从基本内涵上讲，是指对中国特色社会主义文化的自信。就是指主体对中国特色社会主义文化价值的充分肯定，对中国特色社会主义文化能力的坚定信念。中国特色社会主义文化自信，是对中国特色社会主义文化的高度自觉，是建设社会主义文化强国、实现文化发展繁荣的前提和基础。“文化的核心在于价值观，道德的理论基础也在于价值观。”[②] 文化的核心是价值，文化自信的核心是价值观自信，中国特色社会主义文化的核心是社会主义核心价值观，那么，中国特色社会主义文化自信的核心就是社会主义核心价值观自信。

中国特色社会主义文化自信，从结构要素上讲，包括主体、客体和关系三个方面。一是主体。这一主体，包括个人主体、集团主体和社会主

---

① 习近平：《决胜全面建成小康社会　夺取新时代中国特色社会主义伟大胜利》，《人民日报》2017年10月28日，第5版。

② 张岱年：《晚思集：张岱年自选集》，新世界出版社，2002，第13页。

体。大到国家、民族、政党，小到每一个人，都应该是这一自信的主体。二是客体。其客体，就是中国特色社会主义文化，它既不同于封建主义、资本主义的文化，也与社会主义的一般文化有所区别。它虽然离不开中国传统文化、外来优秀文化等内容，但它是对这些文化的有机整合、创造性发展。三是关系。这一关系主要表现为三个方面：实践关系、认识关系和价值关系。这三层关系密切联系，有机统一。实践关系是基础，认识关系是桥梁，价值关系是目的。实践关系是其中的最基本方面，价值关系则是其中的最高层次。价值关系渗透于实践关系与认识关系之中，是其中最重要、最核心的关系。只有中国特色社会主义文化满足了主体自信的需要，主体对中国特色社会主义文化充分肯定和坚定信念，中国特色社会主义文化自信才能真正实现。

## 二、文化自信是对中华优秀传统文化、革命文化和社会主义先进文化的自信

十九大报告中指出："中国特色社会主义文化，源自于中华民族五千多年文明历史所孕育的中华优秀传统文化，熔铸于党领导人民在革命、建设、改革中创造的革命文化和社会主义先进文化，植根于中国特色社会主义伟大实践。"① 这深刻指明了，中华优秀传统文化、革命文化和社会主义先进文化是文化自信的主要来源。

一是中华优秀传统文化。

五千年的中华优秀传统文化，探究天人之道，注重高尚品格，追求世界大同，我们为之充满自信与自豪。中华民族在繁衍生息过程中，形成了自己独特的世界观、人生观、价值观、审美观和思想体系。讲仁爱、重民本、守诚信、崇正义、尚和合、求大同、自强不息、刚健有为等，是中华优秀传统文化的核心内容。博大精深的中华优秀传统文化，蕴含着深厚的政治伦理，积淀为中华民族的文化基因。"天下兴亡，匹夫有责"的爱国精神；"先天下之忧而忧，后天下之乐而乐"的忧患意识；"民为贵，君为轻"的人本理念；"修身、齐家、治国、平天下"的价值追求，都是值得

① 习近平：《决胜全面建成小康社会 夺取新时代中国特色社会主义伟大胜利》，《人民日报》2017年10月28日，第5版。

我们挖掘和继承的珍贵资源。习近平总书记指出："我国今天的国家治理体系，是在我国历史传承、文化传统、经济社会发展的基础上长期发展、渐进改进、内生性演化的结果。"[①]中华优秀传统文化，"可以为治国理政提供有益启示，也可以为道德建设提供有益启发"[②]，这些文化基因渗入血液、沁入心扉，成为中国共产党人的价值取向和理想追求。共产党人的理想信念，深深扎根于中华优秀传统文化的深厚土壤中。

中华优秀传统文化是中国特色社会主义文化的来源和根本。中华优秀传统文化是我们民族的"根"和"魂"，是海内外中华儿女构建中华民族共有精神家园、文化整合、价值认同的最大公约数和精神纽带。建设和发展中国特色社会主义文化，离不开对中华优秀传统文化的传承与弘扬，植根于五千多年文明发展孕育的中华优秀传统文化沃土中。世世代代的中华儿女在坚守和传承的同时，又不断与时俱进，发展了独具特色、博大精深的中华优秀传统文化，培育了中华民族共同的情感、价值以及共同理想。一个民族的历史与文化是一个民族安身立命的基础。抛弃历史、背叛传统是谈不上文化自信，也建设不了文化强国的。习近平总书记指出："要讲清楚中华优秀传统文化的历史渊源、发展脉络、基本走向，讲清楚中华文化的独特创造、价值理念、鲜明特色，增强文化自信和价值观自信。"[③]习近平总书记坚持马克思主义文化观，明确表达了对待中国传统文化的科学态度，就是要处理好批判继承和创新发展的关系，去粗取精，去伪存真，辩证扬弃，推陈出新，实现优秀传统文化的创造性转化和创新性发展，在创造创新中不断丰富和拓展，使中华优秀传统文化焕发出新的蓬勃生机，使中华民族最基本、最优秀的文化基因在当代社会得以发扬光大。

中华民族之所以在世界有地位、有影响，不是靠穷兵黩武，不是靠对外扩张，而是靠中华文化的强大感召力和吸引力。当代英国历史学家汤因比认为，人类的希望在东方，而中国文明将为未来世界转型和21世纪人类社会提供无尽的文化宝藏和思想资源。鲁迅先生在谈到如何对待中国传

---

① 习近平：《完善和发展中国特色社会主义制度 推进国家治理体系和治理能力现代化》，《人民日报》2014年2月18日，第1版。

② 习近平：《在纪念孔子诞辰2565周年国际学术研讨会暨国际儒学联合会第五届会员大会开幕会上的讲话》，《人民日报》2014年9月25日，第2版。

③ 习近平：《把培育和弘扬社会主义核心价值观作为凝魂聚气强基固本的基础工程》，《人民日报》2014年2月26日，第1版。

统文化时曾指出，“弗失固有之血脉”。习近平总书记在哲学社会科学工作座谈会上的讲话中强调指出，“中华民族有着深厚文化传统，形成了富有特色的思想体系，体现了中国人几千年来积累的知识智慧和理想思辨。这是我国的独特优势”。中华文化渗透到中国人的骨髓里，是文化的DNA。习近平总书记指出，“无论哪一个国家、哪一个民族，如果不珍惜自己的思想文化，丢掉了思想文化这个灵魂，这个国家、这个民族是立不起来的”①,“对历史文化特别是先人传承下来的价值理念和道德规范，要坚持古为今用、推陈出新，有鉴别地加以对待，有扬弃地予以继承，努力用中华民族创造的一切精神财富来以文化人、以文育人”②。这些论述都深刻地表明，中华文明延续着国家和民族的精神血脉，既需要薪火相传、代代守护，也需要与时俱进、推陈出新。

二是革命文化。

革命文化，主要是指五四运动以来的革命传统，特别是以毛泽东、周恩来、刘少奇、朱德、邓小平、陈云等老一辈革命家为代表的中国共产党人在长期的革命斗争中形成的红色文化。它是中国共产党人带领广大人民群众共同创造而形成的以革命理论、革命经验和革命精神为核心的文化，是中国革命取得胜利的文化支撑和精神动力，是中国共产党人的精神家园。我们党波澜壮阔、跌宕起伏的百年历史就是一部不断革命、不断斗争的发展史。红船精神、井冈山精神、苏区精神、长征精神、延安精神和西柏坡精神等一系列革命文化，是富有时代特征、民族特色的宝贵财富，激励、支撑着一代又一代共产党人领导人民矢志不移、不断前行，为我们在新的历史条件下传承创新奠定了坚实基础。

习近平总书记在不同场合多次阐述过革命文化。在浙江工作时，他就曾阐释红船精神的深刻内涵，就是“开天辟地、敢为人先的首创精神，坚定理想、百折不挠的奋斗精神，立党为公、忠诚为民的奉献精神”，并明确指出红船精神为“中国革命精神之源”。在中国共产党领导下，中国人民在波澜壮阔的实践中还形成了“坚定信念、艰苦奋斗、实事求是、敢闯

---

① 习近平：《在纪念孔子诞辰2565周年国际学术研讨会暨国际儒学联合会第五届会员大会开幕会上的讲话》，《人民日报》2014年9月25日，第2版。

② 习近平：《把培育和弘扬社会主义核心价值观作为凝魂聚气强基固本的基础工程》，《人民日报》2014年2月26日，第1版。

新路、依靠群众、敢于胜利”的井冈山精神，形成了“坚忍不拔、自强不息、勇往直前”的长征精神，形成了“解放思想、实事求是、全心全意为人民服务、自力更生、艰苦奋斗”的延安精神，形成了“敢于斗争、敢于胜利、依靠群众、团结统一、戒骄戒躁、艰苦奋斗”的西柏坡精神，这些都是中华文明在特定历史时空下的具体展现。

中国革命文化是马克思主义中国化的重要文化成果，是中国革命胜利的文化支撑和强大精神动力，是建设中国特色社会主义文化的优质基因。革命文化，是一种改天换地、不畏艰险、勇于牺牲、敢于担当的文化，具有鲜明的政治立场、崇高的价值取向、深厚的群众基础、无私的奉献精神。中国共产党人植根于中国革命斗争实践，所创造的以马克思主义信仰和共产主义理想为灵魂的革命文化，不但彻底改变了封建专制的旧文化，而且引领和推动革命实践不断发展，是中国革命胜利的重要保障。革命文化在中华文化发展中具有承上启下、承前启后的功能，我们要深刻认识其时代性和科学性，理直气壮地向文化发展中的“去思想化”“去价值化”“去主流化”等各种错误倾向亮剑，彻底改变“以洋为尊”“以洋为美”“唯洋是从”等不正常文化现象，强健文化自信的主心骨。通过弘扬革命文化，彰显时代精神，锤炼民族品格，将为建设中国特色社会主义文化，为中华民族伟大复兴注入强大精神动力。

三是社会主义先进文化。

社会主义先进文化，是中国特色社会主义文化的主体内容，是以马克思主义为指导，以社会主义核心价值观为灵魂，面向现代化、面向世界、面向未来的，民族的科学的大众的社会主义文化。社会主义先进文化是中华传统文化、革命文化结合当代中国社会主义建设伟大实践而形成的新文化，它以全新的面貌向世人展示中华文明的新形象。中国共产党自成立之日起，就积极倡导和发展社会主义先进文化。社会主义先进文化，与社会主义市场经济、社会主义民主政治、社会主义和谐社会、社会主义生态文明等共同构成当代中国特色社会主义的基本内容，代表着文化前进的方向，其内核是作为指导思想的马克思列宁主义、毛泽东思想、邓小平理论、“三个代表”重要思想、科学发展观和习近平新时代中国特色社会主义思想。

社会主义先进文化是对优秀传统文化和革命文化的继承和发展，是我党在领导人民进行社会主义建设和改革开放实践中的文化创造。社会主义先进文化，具有无可比拟的优越性和先进性，是马克思主义政党精神上的旗帜，为当代中国发展提供精神动力与智力支持。今天，党和人民在改革开放进程中总结出来的社会主义核心价值观，以及创造性地提出的中国梦、新发展理念、建设人类命运共同体理念等社会主义先进文化，丰富了人类文化的宝库，令世人感受到中华文化的厚重底蕴和巨大潜能。通过弘扬社会主义先进文化，培育社会主义核心价值观，弘扬以爱国主义为核心的民族精神和以改革创新为核心的时代精神，必将为实现中华民族伟大复兴汇聚强大精神力量。

## 三、文化自信是道路自信、理论自信、制度自信的根本和基础

党的十九大报告强调，“文化自信是一个国家、一个民族发展中更基本、更深沉、更持久的力量”，“全党要更加自觉地增强道路自信、理论自信、制度自信、文化自信”[①]。道路自信、理论自信、制度自信与文化自信的关系非常密切。

一是文化自信是道路自信、理论自信、制度自信的根本所在。一个民族的历史与文化是一个民族安身立命的基础。习近平总书记强调，“中国特色社会主义植根于中华文化沃土”[②]，“是在对中华民族5000多年悠久文明的传承中走出来的”[③]，“最根本的还有一个文化自信”[④]。可以看出，中国特色社会主义道路、理论体系和制度的选择、创新和发展，都离不开对中华优秀传统文化的继承和发展，都是建立在中国特色社会主义文化的基础之上。中华文化深厚的底蕴、中华民族独特的文化精神，中国特色社会主义文化的不断创新发展，是我们坚持和发展中国特色社会主义道路、理论

① 习近平：《决胜全面建成小康社会 夺取新时代中国特色社会主义伟大胜利》，《人民日报》2017年10月28日，第5版。

② 习近平：《胸怀大局把握大势着眼大事努力把宣传思想工作做得更好》，《人民日报》2013年8月21日，第1版。

③ 习近平：《在第十二届全国人民代表大会第一次会议上的讲话》，《人民日报》2013年3月18日，第1版。

④ 戚义明：《文化自信壮行复兴路：学习十八大以来习近平同志关于继承弘扬中华文化的重要论述》，《瞭望》2014年第23期。

体系和制度的根本。因此，文化自信是道路自信、理论自信、制度自信的根基、血脉和源泉，文化自信为其提供智力支持、价值支撑和精神动力。没有文化自信，道路自信、理论自信、制度自信也就成了无源之水、无本之木。习近平总书记指出："一个国家、一个民族的强盛，总是以文化兴盛为支撑的，中华民族伟大复兴需要以中华文化发展繁荣为条件。"① 文化即灵魂，即血脉。只有道路选择、理论创新、制度建设始终深深扎根于先进文化的深厚土壤，才能真正根深叶茂，凝聚力量，才能克服万难，实现梦想。我们要分析和挖掘道路、理论体系和制度之所以成功的深层文化底蕴，对道路、理论体系和制度所蕴含的文化新质进行提炼和升华，将道路自信、理论自信、制度自信转化为文化自信，用中国特色社会主义文化的最新成果塑造人们的世界观、人生观和价值观，引导和鼓舞人们在建设中国特色社会主义的光辉大道上作出更大的成就。

二是要以文化自信助推和引领"四个自信"。文化自信，作为当代中国最具凝聚力和感召力的精神力量，来自党和人民对中国特色社会主义建设取得伟大成就的自觉认知，对道路探索的理性审视，对理论体系的深刻认识，对制度体系的真挚情感，对价值目标的不懈追求。道路自信、理论自信、制度自信需要文化自信的支撑、引领与推动。文化自信能够使道路自信更有行动自觉，理论自信更有理性认知，制度自信更有坚强保障。要将文化自信始终贯穿于道路拓展、理论发展和制度完善之中，发挥其对中国特色社会主义建设实践灵魂性的引领与推动作用。我们必须借助文化的力量讲好中国故事，传播好中国声音，阐释好中国特色，让人们在潜移默化中感悟中国道路、理论体系和制度的真谛。文化自信的核心是价值观自信，中国特色社会主义文化自信的核心就是社会主义核心价值观自信。习近平总书记指出："一个国家的文化软实力，从根本上说，取决于其核心价值观的生命力、凝聚力、感召力。"② 社会主义核心价值观凝结着社会主义先进文化的精髓，是中国特色社会主义道路、理论体系和制度的价值表达。我们要在全社会牢固树立社会主义核心价值观，使之像空气一样无所

---

① 习近平：《认真贯彻党的十八届三中全会精神 汇聚起全面深化改革的强大正能量》，《光明日报》2013 年 11 月 29 日，第 1 版。

② 习近平：《把培育和弘扬社会主义核心价值观作为凝魂聚气强基固本的基础工程》，《人民日报》2014 年 2 月 26 日，第 1 版。

不在、无时不有，增强文化自信和价值观自信，引领全体人民一起努力、不懈奋斗，在建设中国特色社会主义的光辉大道上作出更大的成就，实现中华民族伟大复兴的中国梦，让中华民族以更加坚定的“四个自信”屹立于世界民族之林。

## 第三节 创新发展——推动中国特色社会主义文化建设的主要路径

建设和发展中国特色社会主义文化，是国家富强和民族复兴的深切呼唤，是应对全球化时代各种文化挑战和考验的必然要求，是我们义不容辞的文化使命和责任。新时代，建设和发展中国特色社会主义文化，就要不断提升中国特色社会主义文化的生产力、凝聚力和影响力。

### 一、深化文化改革，提高中国特色社会主义文化生产力

文化生产力是指在社会文化活动中生产产品和提供服务的能力。着眼于解决制约文化生产力发展的深层次矛盾，就要深化文化体制改革，调动文化生产力各相关组成要素的活力，大力发展文化产业。

一是不断推进体制改革。

推进体制改革是提高文化生产力的根本途径。推进文化体制机制改革，主要包括管理体制改革和运行机制改革两个方面。推进管理体制改革，就是要科学合理地处理好企业、政府和市场的关系，搞好文化的生产、管理和繁荣。为此，要加快转变政府职能，按照政企分开、政事分开原则，推动政府部门由办文化向管文化、由管微观向管宏观转变①，理顺党和政府、市场及有关组织、文化企事业单位等各方的关系，要特别注重做好转制文化企业的引导工作，推动原国有经营性文化单位建立现代企业制度，成为真正的市场主体。推进运行机制改革，就是要对文化事业和文化产业进行科学定位和细化分类，健全文化公共服务体系和市场体系，确保文化生产经营灵活高效运转。

为此，一方面，要发展文化事业，完善公共文化服务体系。发展文化

① 《中共中央关于全面深化改革若干重大问题的决定》，《人民日报》2013 年 11 月 16 日，第 3 版。

事业，能够为文化产业的创新发展提供文化资源和原创性文化，能够提高群众文化水平。这里，要把握一些主要原则。一是覆盖的全面性。要覆盖全社会，缩小城乡、区域文化发展的差距，促进一体化发展。二是服务的公益性。相对于文化产业的营利性，文化事业突出的特点是它的非营利性和公共服务性。要达到这一目的，离不开政府主导下的公共财政投入。2015 年 3 月 20 日起开始施行的《博物馆条例》鼓励博物馆免费开放。“截至 2018 年底，全国博物馆达 5354 家，比上年增加 218 家。免费开放博物馆数量 4743 家，占博物馆总数的 88.6%。”① 博物馆等场馆的免费开放，体现了文化事业发展的公益性。三是对象的大众性。公共文化服务所要满足的对象是最广大的人民群众，因此，广大文化工作者必须深入群众、深入基层、深入生活、深入网络，进行文艺创作，推出文化精品。

另一方面，要推动文化产业高质量发展，健全现代文化产业体系和市场体系②。文化产业是文化事业发展的动力，为文化事业的发展提供资金和环境支持，为提高国家文化软实力和增强综合国力奠定产业基础。现代市场体系的基本原则是统一开放、竞争有序。遵循这一原则，就要建立和发展产品市场、要素市场、中介市场、流通市场、农村市场等各种市场，打破行政分割，规范监管调控，建立统一的市场体系，确保文化市场主体充满活力，文化市场有效运行。

二是调动生产要素活力。

调动要素活力是提高文化生产力的动力基础。文化生产力包括主体、客体和中介等要素。文化生产主体是指劳动者要素，文化生产客体是指对象要素，文化生产中介是指资料或者手段要素。具体来说，主要包括文化人才、资金、科技、文化资源等。要优化整合各种要素，充分调动和发挥各要素活力。

要培养大批优秀人才。人才是“最强大的一种生产力”的代表，是“生产力中最决定性的因素”，是第一资源。围绕发展文化生产力，培养和造就一大批从事文化生产工作的人才队伍，包括文化领导人才、管理人

① 《国家文物局：全国博物馆达 5354 家 88.6% 免费开放》，http://www.chinanews.com/cul/2019/05-19/8841074.shtml。

② 习近平：《举旗帜聚民心育新人兴文化展形象 更好完成新形势下宣传思想工作使命任务》，《人民日报》2018 年 8 月 23 日，第 1 版。

才、创意人才、研究人才、营销人才、策划人才、网络人才等。在文化指导、监管，产品制造、发行和服务等领域，都要做好对这些文化人才的引进、选拔、培养、使用、激励等工作，使他们熟悉政策制度，了解法律法规，瞄准发展前沿，掌握方式方法，具备工作能力。要达到这一目的，既要营造拴心留人的政策环境，又要抓好教育培训工作。

要加强经费投入。搞好教育，培养人才，更新设备，创新科技，开发资源，一系列生产要素的激活都离不开大量的资金投入。要增加文化发展资金投入，保证公共财政对文化建设投入的增长幅度高于财政经常性增长幅度，制定优惠的财税政策，拓宽投融资渠道，完善文化经费投入方式，提高使用效益。

要融入高新科技。科技进步是文化生产力发展的重要条件。21 世纪以来蓬勃发展的信息技术革命，有力地推动了文化生产力的飞速发展。要最大限度解放和激发科技作为第一生产力所蕴藏的巨大潜能，不断融入高新科技，促进广播、电影、网络、通信等要素的数字化、一体化和网络化发展。

要盘活文化资源。我国有着非常丰富的传统文化资源，如名胜古迹、神话传说、民族节庆等，但是文化资源开发、利用、转化和保护的力度与统筹还不够，并且文化资源的利用权、解释权和话语权甚至面临严重侵害。要开发和利用好传统文化资源，要结合当下不断挖掘其思想价值。

三是大力发展文化产业。

发展文化产业是提高文化生产力的现实路径。大力发展文化产业势在必行。

要调整优化产业结构。在区域结构上，要统筹协调各地区各部门文化产业布局，突出特色和重点，避免重复建设，实现文化产业与资源的优势互补与协调发展；在行业结构上，要注重扶持发展潜力较大的新兴市场和新兴产业，发展文化产业集群，有针对性地组建创新优势明显、竞争力强的大型文化产业集团；在进退机制上，要建立统一的信息平台和信用体系，把好关口，严格审查，加强监管，建立健全和完善文化企业的市场准入和退出机制。

要加快转变发展方式。要从粗放式、数量型、外延式的产业发展模式转到集约式、质量型、内涵式发展轨道上来，注重发展科技含量高、产业规模大、循环利用多、环境污染少、生产效率高、资源集中、创新力强的现代文化产业。要改革、完善和创新投资融资体制，采取多种形式广泛吸收民间和社会资本；充分激发资金、人才、设备、文化资源等多种要素的活力，实现文化产业资源的最佳配置和优化整合。

要不断推出优秀产品。优秀的文化产品，必然是社会效益和经济效益两者兼顾的产品，它不仅能够满足人们的消费需要，而且能丰富知识，提高智力和能力，陶冶人们的道德情操，提升人们的思想水平。在日趋激烈的国际竞争背景下，文化产品有没有较强竞争力，不仅要看其技术含量，还取决于其文化价值。而文化价值主要体现在产品的品牌、设计、形象、销售和服务等方面。近些年来，华为系列手机每一次发布，都得到广大手机爱好者的欢迎，这从一个方面体现了华为系列手机巨大的影响力和竞争力，其中文化的价值和效应不容忽视。

## 二、注重整合创新，提高中国特色社会主义文化凝聚力

文化凝聚力是指特定文化所具有的对于国家、民族乃至全体公民在文化精神上的吸引力、感召力。提高文化凝聚力，就要推动中国特色社会主义文化本身的有机整合，提高其共识度、凝练度、聚焦度，始终坚持以人为本，发挥好对经济、社会发展的促进作用。

一是推动中国特色社会主义文化有机整合。

全球化背景下，多元多样文化交融并存是绝大多数国家文化发展的现实状态。不同种类文化的交流、交融、渗透，同一文化资源的开发、利用、争夺，日益明显和加剧。一国能否较好地整合自己的文化，直接关系到这一文化的生存、发展与安全。提高中国特色社会主义文化凝聚力，必须推动其有机整合。

中国特色社会主义文化来源多样，对这些文化进行整合，必须坚持一些基本原则和方针：坚持指导思想与弘扬本源的统一；坚持“取其精华、弃其糟粕”“古为今用、推陈出新”“洋为中用、博采众长”的方针；坚持“二为”方向和“双百”方针，弘扬主旋律、提倡多样化。其中，要特别强调坚持指导思想与弘扬本源的统一。一是坚持马克思主义指导思想。“坚持以马克思主义为指导，是当代中国哲学社会科学区别于其他哲学社

会科学的根本标志，必须旗帜鲜明加以坚持。”[①]这里要坚持的马克思主义，是真正的、原本的马克思主义。要坚持马克思主义的立场、观点、方法，坚持中国共产党对文化发展的领导，牢牢把握党对文化工作的主导权和话语权。二是坚持传承弘扬中华优秀传统文化。习近平总书记强调：“要加强对中华优秀传统文化的挖掘和阐发，努力实现中华传统美德的创造性转化、创新性发展，把跨越时空、超越国度、富有永恒魅力、具有当代价值的文化精神弘扬起来。”[②]以儒家文化为代表的中华优秀传统文化有着五千多年的历史积淀和文明基础，是中国特色社会主义文化建设和发展的基础和根源，只有坚持继承和发扬，才能保持自身特色，坚守主体地位，凝聚民族共识，共享情感归属。

整合就是批判继承、推陈出新，创造转型、创新发展。马克思主义文化理论与中华优秀传统文化在诸多方面都有相通之处，以人为本的思想、公平公正的思想、集体主义的思想、尊重自然的思想，就是其中的代表。毛泽东文化思想，特别是文化自信思想，是把马列主义文化理论与中华优秀传统文化有机结合并作出独特创造的典范。在此基础之上，还要注重学习借鉴外来文化。张岱年先生所提出的中国文化发展的第三条道路，就是一条整合与创新的道路[③]。通过有机整合，增强吸引力、感召力和主导力，增强稳定性、凝练度和聚焦度，强化其对全体社会成员的主导和引领作用。

二是始终坚持以人为本。

建设和发展中国特色社会主义文化，人是主体与客体的统一。一方面，人是主体，是中国特色社会主义文化的建设者和发展者；另一方面，人又是客体，是中国特色社会主义文化的受教育者和接受者。人的发展与文化发展是一个统一的过程，文化发展影响着人的发展，人的发展制约着文化发展。因此，中国特色社会主义文化的建设和发展，必须围绕人，即围绕最广大人民群众而展开。

始终坚持以人为本，是提高中国特色社会主义文化凝聚力的关键。只

① 习近平：《在哲学社会科学工作座谈会上的讲话》，《光明日报》2016年5月19日，第1版。

② 习近平：《完善和发展中国特色社会主义制度 推进国家治理体系和治理能力现代化》，《人民日报》2014年2月18日，第1版。

③ 张岱年：《文化与哲学》，中国人民大学出版社，2006，第70-71页。

有始终以最广大人民群众的利益为根本，才能增强中国特色社会主义文化对广大群众的统摄、凝聚和感召。为此，就要做到围绕群众、深入群众、服务群众、提升群众。围绕群众，不管是改革文化管理体制，还是优化文化运行机制；不管是发展文化产业，还是繁荣文化事业，都要紧密关注和始终围绕广大人民群众的文化状态和文化需求，全面体现人文关怀、思想关心和价值关切。深入群众，就要贴近群众，贴近基层，贴近农村，贴近社区，贴近实际，了解和掌握广大人民群众真实的生活状态、思想动态和精神风貌，真正创造出老百姓自己的文化。特别是截至 2020 年 12 月，中国网民规模已达 9.89 亿，互联网普及率达 70.4% 的情况下①，要注重深入网络，贴近网民。服务群众，就要在内容和形式上不断创新，注重文化教化熏陶和娱乐休闲功能的结合，突出人的地位，尊重人的个性，解放人的约束，建设和发展既“有人消费”又“消费得起”的文化，造福广大人民群众。提升群众，就是要在了解和掌握群众思想文化状态的基础上，加强引导，注重熏陶，激发群众的进取精神和创造活力，不断促进人的综合素质提升，致力于实现人的全面发展。

三是发挥好对经济社会发展的促进作用。

提高文化凝聚力，始终坚持以人为本，与发挥好对经济社会发展的促进作用，两者是有机统一的。只有真正坚持以人为本，才能凝聚人心，激发人的创造活力，促进经济社会又好又快发展；同时，围绕实现人的全面发展，发挥好对经济社会发展的促进作用，才能增强凝聚力。这里从文化事业和文化产业两个方面来讲。

在文化事业发展上，要致力于引导和服务经济与社会发展。面对全球化、市场化和网络化的影响以及外来文化、多元文化的挑战与考验，中国特色社会主义文化事业建设和发展，要抓住有利条件和难得机遇，有效应对诸多困难和挑战，充分发挥凝聚意志、锻造精神、提高素质、鼓舞斗志的功能，为健全和完善中国特色社会主义市场经济，为构建社会主义和谐社会，提供思想指导、智力支持和价值支撑。要在社会、国家、单位、家庭等各方面、各支点大力倡导社会主义道德，确保经济社会沿着正确的方向科学发展。要抓住重点，解决好人民群众反映强烈的当前经济社会发展

---

① 中国互联网络信息中心：第 47 次中国互联网络发展状况统计报告 [R/OL].（2021-02-03）. http://www.cnnic.cn/hlwfzyi/hlwxzbg/hlwtjbg/202102/t20210203_71361.htm.

中存在的假冒伪劣、缺乏诚信、环境污染、贪图享乐、人心浮躁等诸多问题。要引导教育各级领导干部践行群众路线、履行岗位责任、廉洁奉公务实；要引导教育广大人民群众增强民主意识与法治意识，理性表达各项诉求，从而共同促进经济社会发展与社会和谐稳定。

在文化产业发展上，要发挥好中国特色社会主义文化对经济社会发展的推动作用。要抓住机遇，迎难而上，充分展现我国文化产业的创造能力，深入挖掘消费潜力，实现我国文化产业的跨越式发展；要通过提供信心勇气、精神风貌、知识智力、科技创新、管理经验、经营方式等直接参与促进经济发展和社会生产力提高；要多生产富含“正能量”、大众欢迎的文化产品，发挥其教育引导和评价激励功能，在全社会营造爱国爱家、团结友爱、和谐合作、见利思义、诚实守信等为代表的道德风尚、人文环境和社会氛围。

## 三、推动文化“走出去”，提高中国特色社会主义文化影响力

文化影响力，是指一种文化所具有的吸引力、输出力和同化力。推动中华文化“走出去”，任务艰巨，时间紧迫。《中华人民共和国国民经济和社会发展第十三个五年规划纲要》指出，要“加大中外人文交流力度，创新对外传播、文化交流、文化贸易方式，在交流互鉴中展示中华文化独特魅力，推动中华文化走向世界”①。

一是培塑国家文化良好形象。

国家文化形象是国家文化影响力的一张名片。能否树立良好的国家文化形象，直接关系到文化“走出去”的效果。近些年来，西方一些人秉持“冷战”思维，疑惧中国的快速发展，肆意歪曲我国的发展道路、社会制度、精神风貌，恶意渲染我国经济社会发展中出现的一些矛盾和问题，严重损害了我国的国家文化形象。习近平总书记指出，要重点展示我国文明大国、东方大国、负责任大国和社会主义大国的形象②。这为我们培塑国家文化良好形象指明了方向。培塑国家文化良好形象，总的来说，就是要培

---

① 《中华人民共和国国民经济和社会发展第十三个五年规划纲要》，《人民日报》2016年3月18日，第18版。

② 习近平：《建设社会主义文化强国　着力提高国家文化软实力》，《人民日报》2014年1月1日，第1版。

塑我国和谐、包容、文明、民主、开放、进步的形象。在国际交往中，我们要注重通过官方和民间等多重途径和平台，增进世界各国对我国基本国情、内外政策、文化精神、奋斗目标等方面的了解和认识，要有效提出国际议题，谋求主导国际舆论，明白讲述中国故事，大胆传播中国精神，着力塑造中国形象。

二是精选优化传播内容。

我们要传播的文化，必须是中华民族优秀文化，这就要求通过有机整合，在思想理论、价值观念、体制机制等方面批判继承、推陈出新，实现中华文化的创造性转型和创新型发展；要坚持繁荣发展哲学社会科学，创作更多高质量的文艺作品；要弘扬具有当代价值的中华文化精神，提炼当代中国文化发展最新成果，传播当代中国核心价值观念；要紧紧抓住目前世界汉语热这一千载难逢的历史机遇，着力推动汉语的传播。

三是广拓交流渠道。

当前，我国对外文化交流日益频繁。要培育多元主体，开拓多样渠道，并促使它们各司其职，分工协作，共同联动，形成合力，建立全方位的交流，提高交流水平。要“坚持政府主导、企业主体、市场运作、社会参与，扩大对外文化交流”①，发挥好政府、企业、民间、人员等多元主体的作用。在政府层面，搞好政府间交流的同时，还要开展好引导、统筹、协调和服务工作。在企业层面，要引领科技潮流，着眼市场需求，不断做大做强，拓展合作方式，推动对外传播。在民间层面，要改变传统的宣传味道浓厚的习惯，尤其注重发挥好非政府组织、外交智库、专家学者的重要作用。在人员层面，要努力培养出一批批具有中华文化认知和传播能力、熟悉国际文化交流规则和技巧的文化交流人才，还要注重发挥好海外侨胞的桥梁作用。

四是提高国际传播能力。

当前，国际舆论格局西强我弱，我国的对外文化传播缺少具有国际竞争力的跨国媒体集团，新闻媒体的传播能力不强。《中华人民共和国国民经济和社会发展第十三个五年规划纲要》强调，要“加强国际传播能力建

① 《中共中央关于全面深化改革若干重大问题的决定》，《人民日报》2013 年 11 月 16 日，第 3 版。

设”[1]。为此，我们要加快发展现代传播体系，着力培育信息量大、影响力强、全球覆盖广的国际一流媒体或媒体集团，加强新闻传播的设施设备、技术手段建设，提高新闻报道的原创率、首发率、落地率和覆盖率，提升新闻信息的国际传播力和影响力。要突出加强互联网建设和管理，打造一批在国内外有重要影响力的网站，推进三网融合，充分发挥网络媒体空间广阔、快捷高效、多元互动的优势，占领网络信息传播制高点。

五是增强国际话语权。

福柯在《话语的秩序》中提出了“话语即权力”，认为谁掌握了话语，谁就拥有了对世界秩序的整理权[2]。可以看出，话语权就是一种话语体系在国际上所拥有的感召力、传播力和影响力。当前，某些西方国家垄断着国际传媒领域，操控着国际核心概念的解释权，西方的政治话语体系成为国际政策和行为的主要判断标准，我国在国际话语体系中总体上处于防御状态。西方企图凭借话语优势，按照它们的话语体系和价值标准衡量、压制、批判和改造中国。对此，我们要高度重视和发展繁荣哲学社会科学，在经济学、政治学、社会学等主流学科推出自己的原创话语，奠定提升话语权的基础；要不断推出融通中外的创新理论，不断构建特色鲜明、符合中国核心利益的话语体系；要研究对象、熟悉对象、贴近对象，坚持国际化思维、市场化运作、本土化策略和科技化引领，用国际上能够接受的方式传播中国的价值观；要通过积极参与制定话语规则、完善话语表达，来占领话语高地、加强国际话语传播，在与中国利益有关的国际问题上发出响亮的中国声音。

---

① 《中华人民共和国国民经济和社会发展第十三个五年规划纲要》，《人民日报》2016 年 3 月 18 日，第 18 版。

② 王治河：《福柯》，湖南教育出版社，1999，第 195 页。

# 第九章　加快推进社会治理现代化

社会治理现代化是国家治理现代化的重要内容与坚实基础。人类社会运用公共权力处理社会事务的活动由来已久，但伴随社会生产、生活与交往方式的现代化进程，传统社会向现代社会转变，这种活动的主体、方式、理念和目标便发生了从统治向管理向治理的演变。社会治理现代化就是要符合现代社会发展的需要，按照共建共治共享的基本原则推进各方面各层面体制机制创新，实现社会治理体系与治理能力的现代化，确保人民安居乐业、社会安定有序、国家长治久安。

## 第一节　加快推进社会治理现代化的重大时代课题

党的十八大以来，党对社会治理的认识不断加深，对社会治理的重视程度也不断提升。创新社会治理制度，加快推进社会治理现代化，是党带领人民应对现代社会治理难题和全面建设社会主义现代化强国的必然选择。加快推进社会治理现代化，是坚持和完善中国特色社会主义制度、推进国家治理体系和治理能力现代化的重要内容，是治理现代复杂社会与风险社会的客观要求，也是不断满足人民日益增长的美好生活需要的必经之路。

### 一、推进国家治理变革

国家治理是指一国范围内的所有治理，从领域上来划分，它包括经济、政治、文化、社会、生态文明、国防军队和党的建设等。将社会治理从国家治理当中相对独立出来，其认识论前提就是国家和社会的二分，而这本身是现代社会才有的事。从 1949 年至今，在中华人民共和国 70 余年的建设历程中，对国家与社会进行结构性划分的逻辑随着经济社会的发展不断浮现出来，成为国家职能与治理变革最深层的动力。

从建立新中国到改革开放以前，基于当时生产力、国内外形势和历史传统等方面的因素，我们建立起了“大一统”“全能型”的国家。改革开放以后，随着商品经济与市场经济的发展，社会力量自发、自然地生长起来，并逐步从国家权力与国家统治中争得空间，国家与社会关系逐渐向国家收缩权力领域和社会不断扩大自主领域的方向发展，同时市场也从社会中相对独立出来。社会结构、社会组织方式和社会安全形势都发生了深刻变化，这就对国家转变职能和角色提出了现实挑战。国家的“统治和管理”逻辑一度在“放松”和“收紧”中摇摆，但经济的快速发展和经济体制的改革总是“裹挟”或伴随着政治体制的改革，即改变过去那种国家独揽一切权力的社会管理模式与社会资源配置方式来适应经济社会的快速发展。

从改革之初一直到党的十八大以来的全面深化改革，一个贯穿的逻辑就是要健全和完善国家（政府）职能从而更好地促进经济社会的发展。因此，如何正确处理好政府、市场、社会三者的关系，成为推进国家（政府）职能变革的同时实现社会治理现代化的核心问题。党的十八届三中全会明确提出了创新社会治理体制，用“系统治理”的概念初步表达了鼓励社会各方面参与治理，实现政府治理和社会自我调节、居民自治良性互动的思路。党的十九届四中全会将坚持和完善共建共治共享的社会治理制度作为一项制度确立下来，共建共治共享的“共”首先表达的就是国家与社会的合作治理问题，而后才是社会内部的多元力量合作问题。国家与社会关系由“政治本位”向“社会本位”过渡和转变，这正是对国家与社会关系的现代性重构。因此，坚持和完善共建共治共享的社会治理制度，标志着党对现代社会发展规律的认识、对如何带领人民治国理政的认识达到了新的水平。

## 二、应对风险社会挑战

加快社会治理现代化的根本动力源自经济社会的高速发展，并由当下中国社会深刻转型的阶段性特征所决定，包括从计划经济向市场经济转型、从农业社会向城市社会转型、从政治集权管制向分权开放治理转型等。再加上国际层面全球化、信息化、网络化的高速发展，带来各种发展机遇的同时也带来各种安全风险挑战。整个社会呈现出高度的复杂性和高度的不确定性，并且还有不断增长的态势，这使我们置身于一个风险社会。只有加快社会治理现代化，才能更好地应对风险社会的挑战。

从我国的社会发展状况来看，我国仍处于并将长期处于工业化、城市化和现代化的“赶超”阶段，但又同时面临着西方国家后工业化阶段才出现的问题，这使社会复杂性和不确定性变得更加强烈。经济社会快速发展是这个阶段的基本特征，但各方面的不平衡不充分问题也非常突出，社会利益分化加剧，人民内部矛盾增多。从国际层面来看，当今世界面临百年未有之大变局，科技革命风起云涌，产业发展升级换代，为全球发展带来新的机遇，但与此同时，贸易保护主义、单边主义盛行，贫富分化更加严重，恐怖主义活动猖獗，重大传染性疾病威胁等，又使全球发展面临诸多风险和不确定因素。例如2020年新型冠状病毒肺炎疫情在中国与世界传播，便造成了一场严峻的全球性危机。这个危机的化解不仅取决于每一个国家对其社会的治理能力，而且也取决于全球协力合作的程度。

在国内外环境发生深刻复杂变化、各种风险挑战与日俱增的形势下，加快推进社会治理现代化就需要从坚决打好防范化解重大风险攻坚战的战略层面来理解。这个战略任务决不能单纯依靠国家的力量或者说依靠政治或行政决策来完成，而必须调动更多主体的积极性来形成治理合力。与此同时，科学技术的快速发展特别是移动互联网技术的迭代创新，也要求治理理念、方式和手段相应发生调整和变革，适应网络社会的相应特点。也就是说，社会治理社会化与社会治理智能化必然成为社会治理现代化发展的基本态势，这样才能在高度复杂性和不确定性的社会中获得主动性，推动全社会形成维护国家与社会安全的强大合力，提高防范化解各类风险的能力、效率和水平。

## 三、满足人民权利需要

党的十九大报告中指出：“中国特色社会主义进入新时代，我国社会主要矛盾已经转化为人民日益增长的美好生活需要和不平衡不充分的发展之间的矛盾”，“人民美好生活需要日益广泛，不仅对物质文化生活提出了更高要求，而且在民主、法治、公平、正义、安全、环境等方面的要求日益增长”①。在这些需要中，民主、法治需要最为关键。因为民主和法治是现代政治或者说政治现代化的核心价值，是现代政治文明及其制度架构的根本准则；而整个社会民主、法治意识及其需要的增长则是人的文明化、现代化的重要标志。

对于个体而言，民主法治原则直观体现为一个原则，那就是权利原则。民主首先体现在公民享有权利，而法治的首要任务就是确认并保护公民权利。权利意识构成现代公民意识和宪法精神的核心。中国社会正进入一个“权利的时代”，但它同时蕴藏着建设性与破坏性的两股力量。一方面，在权利意识的引领下，公民参与的范围不断扩大，从最开始的经济领域逐渐向政治、社会、文化、生态等领域延伸，并对制度创新与政府改革产生“倒逼”性力量；另一方面，权利本身及其行使也有“失范”的可能，既有一些不合理的、非法的利益名之以权利，也有一些合法的权利采取了非法的形式来表达，由此酿成非法维权的个体性与群体性事件。

因此，如何因势利导人民群众的民主参与需要和权利热情，发挥其建设性作用的同时抑制其破坏性因子，这就成为政治文明与社会文明发展必须面对的一个突出问题。而加快社会治理现代化，就是要按照共建共治共享的基本原则，将广大群众纳入到社会治理过程中来。这既有利于满足他们的权利需要，也有利于促使广大群众树立法定权利与有限权利意识，促进私人理性向公共理性的转变。民主权利意识与公共精神都是现代公民素质的重要内容，也是人的现代化的发展的基本面向。人的现代化与社会的现代化是相互依存、相互制约、相互促进的。加快社会治理现代化应从制度供给和发挥制度效能两个方面入手来满足人民的权利需要，使他们参与到对美好生活的管理和创建中去，这将反过来进一步塑造现代公民，推动人的现代化进程。

## 第二节　社会治理现代化的制度原则与体系结构

党的十九届四中全会提出了坚持和完善共建共治共享的社会治理制度，并提出加强和创新社会治理必须完善党委领导、政府负责、民主协

---

① 习近平：《决胜全面建成小康社会　夺取新时代中国特色社会主义伟大胜利——在中国共产党第十九次全国代表大会上的报告》，人民出版社，2017，第 11 页。

商、社会协同、公众参与、法治保障、科技支撑的社会治理体系。无论是从“打造共建共治共享的社会治理格局”升级为“共建共治共享的社会治理制度”，还是从“五位一体”升级到“七位一体”的社会治理体系，都意味着党在社会治理现代化的理论与实践探索上又向前大大迈进了一步。

## 一、社会治理现代化的制度原则：共建共治共享

党的十九届四中全会将共建共治共享的社会治理格局升级为社会治理制度，首先表明我们党对现代社会治理所涉及的社会关系的深度理解。在宏观层面上，制度是指在一定历史条件下形成的规范化、系统化、定型化的社会关系体系，而在微观层面制度是指能够日常或重复行使、由成员共同遵守的办事规程或行动准则。“制度就是稳定的、受珍重的和周期性发生的行为模式”①，“制度化是组织和程序获取价值观和稳定性的一种进程”②。选择什么样的制度，意味着要规范什么样的社会关系；如果这种规范反映了多数意志，它就具有不可动摇性。因此，坚持和完善共建共治共享的社会治理制度，就意味着共建共治共享的性质发生了跃迁：它不再只是一种方式方法，更是治理的基本规范、基本原则；它不再只是一种可欲的目标，更是现代社会多元主体参与治理的起点。也就是说，“共建共治共享”从一种治理方式或治理目标升级为一种制度性原则，作为社会治理现代化的本质要求来规定或指导社会治理的实践。各领域、各方面的社会治理都应该围绕共建什么、如何共治、共享到什么程度来探索各类体制、机制创新，将共建共治共享的原则落到实处。

首先，共建是指多主体共同进行社会建设，这是社会治理现代化的主体性原则。多元主体之所以形成并成为一种客观需要，既是因为过去的政府绝对主导已无法应对一个日益复杂化的社会，也是因为社会力量日益壮大，社会的参与需求日益高涨。共建的基本要求就是培育多元参与主体，使社会各方面的力量参与进来。在明确多元主体之后，另一个问题就是共建什么，即共建的对象。在社会建设与社会治理的范围内，共建的对象应该是一切有利于推动社会共同体发展的物质文明建设、精神文明建设与制

---

① [美]塞缪尔·P. 亨廷顿：《变化社会中的政治秩序》，王冠华、刘为等译，上海人民出版社，2008，第10页。

② 同上。

度文明建设这三个方面的内容。简单地说，就是整个社会的物质生活条件改善、社会文明进步、制度规范体系运转等都需要多元主体共同努力才能实现。因此，由共建原则必然导出社会建设与社会治理“人人有责”的逻辑。

其次，共治是指多元主体共同进行社会治理，这是社会治理现代化的过程性原则。共治首先遵循的也是多元主体原则，但是共治的多元主体是在党委领导下，由政府、社会组织、公众等共同构成且各自有不同的功能定位，“坚持系统治理，加强党委领导，发挥政府主导作用，鼓励和支持社会各方面参与，实现政府治理和社会自我调节、居民自治良性互动”①。在进行公共决策或者公共管理时，凡是涉及广大人民群众切身利益的事，都应该是共同治理的内容。多元主体共同治理的中介是民主协商。民主协商既是多元主体围绕公共事务进行共治的程序要件，也是人民群众实质性参与到治理过程中来的基本路径。在实现共治的过程中，党委、政府应学会“自上而下”地放权，而社会力量、社会公众则必须学会“自下而上”地积极参与，这是共治实践的重点与难点。

最后，共享是治理成果的共同享有，这是我国社会治理现代化的价值原则。共享是社会主义走共同富裕道路的必然要求。社会主义社会治理的根本目标就是创造更多的发展成果或者说公共价值来增进人民的福祉，不断满足人民日益增长的美好生活需要。但共享不是无条件的共享，而是在共建与共治基础上的共享。也就是说，只有参与到共建共治的过程中来，才能共享社会治理成果；只有通过共建共治创造更多的公共价值，人们共享的成果及其范围才会越广阔。此外，共享与共同富裕都不指向绝对平均的分配状态，而更加侧重于每个个体依据其自身情况而持续不断地获得发展的“增量”，切实提升获得感。因此，共享既是一种阶段性结果，也是一个渐进性过程，这就决定了“人人享有”既是一定条件下可能实现的现实，也是一个需要不断追求的理想。

共建共治共享原则都统一于以人民为中心的发展观。在促进社会治理现代化的进程中，共建共治共享都要充分依靠人民、服务人民，既使人民群众成为社会治理的主体，也使人民成为享有社会治理成果的主体。只有

① 《〈中共中央关于全面深化改革若干重大问题的决定〉辅导读本》，人民出版社，2013，第48页。

坚持共建共治共享原则，才能建设人人有责、人人尽责、人人享有的社会治理共同体，促进人的全面发展与社会的共同进步，最终走出一条成功的、有中国特色的社会治理现代化之路。

## 二、社会治理现代化的体系结构："七位一体"

党的十九届四中全会提出了加强和创新社会治理，必须完善党委领导、政府负责、民主协商、社会协同、公众参与、法治保障、科技支撑的社会治理体系。"民主协商"和"科技支撑"作为社会治理体系从"五位一体"升级到"七位一体"的两个新要素，体现了治理现代社会的时代要求或者说社会治理现代化的本质要求。"七位一体"的七个要素覆盖了治理主体、治理过程、治理手段这三个方面，为社会治理现代化提供了明确的规范要求和实践指南。

### （一）治理主体："四位一体"

治理主体由党委、政府、社会与公众这四个方面共同组成。它们各有侧重、相互支撑、相互协作，这是打造多元治理共同体的根本。

一是党委领导。党的领导是创新社会治理体制的政治保证，要坚持系统治理必须首先加强党委领导。党委应发挥四个方面的职能：一是总揽全局和集中统一领导，按照中国特色社会主义事业总体布局，对事关全局和整体的问题牵头抓总、统筹协调、督办落实，保证社会治理的正确方向；二是全面领导和协调各方，确保党在各种组织中发挥领导作用，推动各方面协调行动、增强治理合力；三是充分发挥党自身的政治优势和组织优势，由各级党组织特别是基层党组织来整合社会治理资源，推动落实共治原则；四是提高党的执政能力和领导水平，通过领导立法、行政等环节将人民利益转化为公共政策，切实做到为人民执政，并选贤任能为社会治理提供人才支撑。

二是政府负责。政府是社会治理的责任主体，在社会治理过程中政府要做好"管、放、服"这三项工作。"管"是管理，虽然社会治理已经在许多场合替代了社会管理的概念，但政府所主导的社会管理始终是社会治理不可或缺的重要组成部分。政府必须加强发展战略、规划、政策标准等制定和实施，履行经济调节、市场监管、社会管理、公共服务、环境保护等职责，将该由政府管的事务管理好、管到位。“放”是放权，放权的本质就是由政府单一管理的格局向政府与社会合作治理的格局转变，大力发挥社会组织与公众的力量。“服”是服务，政府要加快向服务型政府转变的进程，做好公共服务，为人民群众提供更多公共福祉。

三是社会协同。这里的社会主要是指社会力量，特别是指有组织性的社会力量。社会组织广泛分布于社会各个领域，同社会公众与社会事务保持着更加密切的联系，因而它是社会治理不可或缺的力量。据统计，2019年中国的社会组织达86万余个，经济活力越是强劲的地区，例如深圳、上海、杭州等，往往拥有越多数量的社会组织，其社会治理水平也往往更加突出。因此，政府应该进一步完善有关社会组织参与社会治理的制度与规范体系，使社会组织合理、有序地参与到社会治理中来，激发它们服务于公益、慈善、治安、生活等社会事业的活力与能量。在一定程度上，社会协同治理所意味的就是“国家正在把原先由它独自承担的责任转移给公民社会，即各种私人部门和公民自愿性团体，后者正承担着越来越多的原先由国家承担的责任”[①]。

四是公众参与。公众是指同社会公共关系相互联系、相互影响的组织、群体和个人围绕其所面临的共同问题特别是利益问题所联结起来的社会群体。公众参与的范围非常广泛。在社会治理领域的公众参与，主要是指给公众推动治理决策的形成并参与到治理活动的实施过程中来。公众参与不仅是一种权利，更是一种责任。公众参与的发生需要两只合力：一是政府自上而下要以更高程度的民主和宽容精神来引导和鼓励公众参与，加强公众参与社会治理的体制机制建设，着力构建公众参与的平台和载体；二是公民自下而上崛起，不断提升参与能力，从社区、企业、单位、群团组织或社会组织开始学会自觉承担个体的社会责任与道德责任。

### （二）治理过程的基本方式与原则：民主协商

民主协商这个表述有两个维度的理解：民主的协商，与协商的民主。前者侧重于民主的主体性原则，而后者侧重于协商的程序性原则。民主协商作为一个新的要素被纳入社会治理体系，这是充分发挥我国社会主义协商民主制度优势的必然逻辑延伸，也是遵循共建共治共享原则推进社会治理现代化的内在要求。

---

① 俞可平：《权利政治与公益政治》，社会科学文献出版社，2000，第112页。

首先，民主协商是社会主义协商民主在社会治理领域的表现形式，这是社会主义协商民主对社会治理提出的客观要求，也是夯实国家治理与社会治理的社会基础的必然选择。通过民主协商，促进人民就其内部各方面事物展开广泛商量。“这样做起来，国家治理和社会治理才能具有深厚基础，也才能凝聚起强大力量。”①

其次，民主协商是党委、政府、社会与公众这四个方面的治理主体进行合作治理、落实共建共治共享原则的重要桥梁。只有民主协商才能推动社会力量、社会公众积极“入场”到社会治理领域中来，使之成为现实的主体，落实共建原则；只有民主协商才能使民情、民智、民意和民力更好地贯彻到治理过程中来，落实共治原则；而只有在共建共治的基础上，共享才能有更多的主体和对象，即有更多的人享受到更多的社会治理成果。

最后，民主协商是建设人人有责、人人尽责、人人享有的社会治理共同体的关键纽带。民主协商将公民纳入到社会治理和公共事务中来，这在结果上就包括公民的培育和政治共同体的重建。因为人只有在社会实践中才能更好地认识自我、发展能力，建立自己与共同体的真实联结，促成真正有利于个人自由与社会共同体互为条件的发展。

**（三）治理手段：充分发挥法治与科技的作用**

法治是国家治理现代化的必由之路，法治保障是社会治理现代化的基石。习近平总书记指出：“治理一个国家、一个社会，关键是要立规矩、讲规矩、守规矩。推进国家治理体系和治理能力现代化，必须坚持依法治国，为党和国家事业发展提供根本性、全局性、长期性的制度保障。”②社会治理领域的法治保障应该从两个方面来理解。一是法治对整个治理民主的保障和规范，即法律保障广大人民依照法律规定来管理国家事务、经济和文化事业、社会事务的权利。这既要求政府和领导干部尊重社会公众依法治理的权利，也要求社会组织和公众合法、有序地行使治理权利。二是法治在社会治理过程中发挥具体作用。法治作为社会治理过程的一种具体规范和手段，从一开始就蕴含在社会治理的内涵之中，“治理和管理一字

① 习近平：《在庆祝中国人民政治协商会议成立65周年大会上的讲话》，人民出版社，2014，第13页。

② 中共中央文献研究室编《习近平关于全面依法治国论述摘编》，中央文献出版社，2015，第12页。

之差，体现的是系统治理、依法治理、源头治理、综合施策”①，“人类社会发展的事实证明，依法治理是最可靠、最稳定的治理”②。法治保障要全面贯彻到与社会治理有关的立法、司法、行政和守法这四个环节中去：加强社会治理领域立法，为创新社会治理提供法律支撑和依据；公正司法，保障人民权益、维护社会公平正义；依法行政，政府应坚决贯彻“法定职责必须为，法无授权不可为”；加强法律服务并培育法治文化，使民众切实养成依法行使权利、表达诉求、解决纠纷的习惯。

科技支撑是社会治理现代化的客观要求。科技支撑虽然是首次被明确纳入社会治理体系，但此前社会治理智能化就包含了这一理念。科学技术是第一生产力，也是重要的治理力。大数据、云计算、人工智能等新技术不仅改变了人们的生活，也为社会治理带来了新的问题和机遇。一方面，一些失范或违法的行为可能在科技的帮助下更加隐蔽、更加难以控制；另一方面，政府和其他社会主体也能用好各种技术手段，提高社会治理的科学化、智能化、信息化、专业化和精细化水平。因此，推动社会治理智能化，就要推动治理技术跟上科技进步的步伐，这是社会治理现代化与时俱进乃至领先时代的客观要求。值得注意的是，信息化、新媒体、大数据等科技不仅是治理的技术要素，而且反过来也将推动现实社会空间的治理方式与治理理念的革新。譬如，大数据有利于打破地方主义和部门主义等旧思维方式，贯彻落实整体性思维，加快建设全国一体化政务服务平台；新技术也有助于进一步建设服务型政府，使人民群众跟政府打交道变得更加容易、便利、透明；移动新媒体也为社会组织和公众广泛参与社会治理提供了更加丰富的载体和平台，有助于民意民情更加及时、准确地反馈到政治决策端，提高社会治理的效能和水平。

## 第三节　社会治理现代化的重点任务

党的十九届四中全会在准确把握国内国际两个大局的基础上，提出了要着力抓好发展和安全两件大事，其中安全问题是社会治理的重中之重。

① 习近平：《在参加十二届全国人大二次会议上海代表团审议时的讲话》，《人民日报》2014 年 3 月 6 日。

② 中共中央文献研究室编《习近平关于全面依法治国论述摘编》，中央文献出版社，2015，第 63 页。

围绕着社会安全与国家安全，党的十九届四中全会《决定》部署了创新社会治理五个方面的重点工作。除基层社会治理外，其他四项都可以归为风险治理的内容。此外，网络社会治理也应该引起重视。因此，社会治理现代化的重点任务可以划分为风险社会治理、基层社会治理和网络社会治理这三个方面。但这三者并不是相互独立，而是相互关联的，譬如风险问题在基层、在网络都普遍存在，三者在实现治理现代化的目标和任务上既各有侧重，又相互协同。

## 一、构建风险社会治理的体制机制

风险社会是市场化、现代化和全球化所引发的后果。中国从实行改革开放到全面深化改革就是一个同风险进行矛盾运动的过程：既参与风险赢得收益，也要应对风险带来的各种挑战。在这里，我们不在严格的学理意义上使用风险社会这个概念，而是强调它所表达的一种社会特征，即人类可能面临越来越多的偶然性与不确定性的损失或负面性后果。因此，党的十九大报告频频提及风险一词，并提出要坚决打好防范化解重大风险攻坚战。党的十九届四中全会《决定》明确部署了四个方面的重点任务。

一是完善正确处理新形势下人民内部矛盾的有效机制。“枫桥经验”是基层治理和基础民主自治的典范，其核心就是引导群众、相信群众、发动群众和依靠群众，矛盾不上交，就地解决好。正确处理人民内部矛盾的有效机制要从两个方面入手：一是从基层开始建立顺畅有序的利益诉求表达机制，充分发挥人大、政协、人民团体、社会组织、基层群众自治组织的民主效能，切实倾听、维护和实现群众的切身利益。二是完善社会矛盾纠纷多元预防调处化解综合机制，通过完善信访制度，健全人民调解、行政调解、司法调解联动工作体系，使群众维权“有路可走”。此外，还要健全社会心理服务体系和危机干预机制，使处于社会危机和心理危机状态的个人能够及时得到适当的援助，助其尽快摆脱危机，从源头减少和消灭社会极端性事件。

二是完善社会治安防控体系。社会治安不仅事关人民群众的生命财产安全和正常的生活状态，而且事关国家的兴旺发达和整个社会的发展进步。加强社会治安综合治理，首先要创新和完善社会治安防控体系，其基本原则是坚持专群结合、群防群治，提高社会治安立体化、法治化、专业化、智能化水平。公安机关在承担主要职责的同时，也要广泛动员各方力量参与。在工作理念和方法上，公安机关要进一步强化依法管理、严格执法的意识，善于运用电子眼、监控视频、新媒体平台、大数据等科技手段，切实提高社会治安立体化、法治化、专业化、智能化水平，不断增强人民群众的安全感，建设更高水平的平安中国。

三是健全公共安全体制机制。公共安全关系人民群众的生存安全，主要是针对事故灾难、公共卫生事件、社会安全事件、自然灾害等“天灾人祸”式的生存威胁。在各类天灾与人祸面前，国家首先要构建统一指挥、专常兼备、反应灵敏、上下联动的应急管理体制，优化国家应急管理能力体系建设，同时完善部门协同、上下联动、社会参与、分工合作的防灾减灾救灾机制，形成有效应对危机的强大合力。在公共卫生、食品、药品的安全问题上，要进一步加强危机预警和反馈机制，改进安全监管制度，切实保障人民身体健康和生命安全。无论维护哪一方面的公共安全，都要倡导共建共治共享的基本理念和原则，坚持群众观点和群众路线，动员全社会的力量来维护公共安全。2020 年中国取得新冠病毒肺炎疫情防控战的胜利，就是全党全国全社会共同努力、团结奋斗的结果。

四是完善国家安全体系。居安思危是治国理政的重大原则。面对各种不确定性与风险性因素的挑战，国家安全局势更加严峻。维护国家安全，一要坚持总体国家安全观，统筹发展和安全，坚持人民安全、政治安全、国家利益至上有机统一；二要坚持国家和社会、政府和群众共建共治共享原则，既要完善集中统一、高效权威的国家安全领导体制，健全国家安全法律制度体系，也要加强国家安全人民防线建设，增强全民国家安全意识，建立健全国家安全风险研判、防控协同、防范化解机制。国家安全的根基在人民，力量在人民。只有广大群众同心聚力，广泛参与，国家安全人民防线才会真正落到实处、细处，坚决防范和严厉打击敌对势力渗透、破坏、颠覆、分裂活动，推动全社会形成维护国家安全的强大合力。

## 二、构建基层社会治理新格局

国家治理的基础在社会治理，而社会治理的基础在基层。基层是贯彻落实创新社会治理的细胞单位，这个细胞单位是否健康，直接关系整个社会有机体的和谐。党的十九大以来，推动社会治理重心向基层下移，成为创新社会治理中愈加明确的思路。基层已经成为创新社会治理、贯彻落实共建共治共享原则的第一线。构建基层社会治理新格局应包含三个层级。

一是加快城市治理现代化。城市治理是推进国家治理体系和治理能力现代化的重要内容。城市作为国家的地域单元和行政管辖单元，是贯彻落实国家治理和社会治理目标的直接载体。城市治理现代化，应包括促进经济发展、美化城市形象、加强公共建设、培育市民文化和完善社会保障等方面的内容，使城市成为满足人民日益增长的美好生活需要的重要“容器”。城市现代化的主体要坚持政府—社会—公众三位一体，在继续发挥政府主导作用的同时，培育社会组织，提升市民个体的参与感和效能感。城市治理现代化在方法路径上要更加倚重现代新科技，加快“智慧城市”建设，形成智能化、扁平化、精准化的治理态势。

二是推进农村治理现代化。实现乡村有效治理是乡村振兴的重要内容，但乡村自身的现代化程度与治理现代化程度已经成为我们全面建设社会主义现代化强国的薄弱环节。因此，党中央对如何推进乡村治理体系和治理能力现代化作出了专门部署，提出了包括完善村党组织领导乡村治理的体制机制等十七项任务要求，同时提出了加强组织领导、建立协同推进机制、强化各项保障、加强分类指导这四项组织要求。很多原则、理念是农村与城市共享的，但与城市相比，农村市场力量不够发达，也缺乏成熟的社会组织，农民的自主性和公共精神都较弱于城市公民，因此推进农村治理现代化要更加充分地发挥党委领导、政府主导的作用。

三是发挥基层社区主体性与能动性。农村地区的行政村和城市的社区是组成社会的基层单元，是各种利益关系的交汇点、社会矛盾的集聚点。基层社区的治理状况直接反映出社会治理现代化的水平。习近平总书记反复强调，社会治理的重心必须落到城乡社区，要把人财物和权责利对称下沉到基层，把为群众服务的资源和力量尽量交给与老百姓最贴近的基层组织，增强基层组织在群众中的影响力和号召力。而构建基层社会治理新格局的主旨和重心，就是促进群众的城乡社区治理，推进基层群众自治，使基层公共事务和公益事业自我管理、自我服务、自我教育、自我监督，最终实现政府治理和社会调节、居民自治良性互动，夯实基层社会治理基础。

## 三、网络社会治理

网络社会是现实社会的延伸与扩展，并越来越成为人们学习、工作、生活的新空间，成为获取各类信息以及社会公共服务的新平台。据中国互联网络信息中心（CNNIC）的数据表明，截至 2020 年 12 月，中国网民规模已达 9.89 亿，互联网普及率达 70.4%；手机网民规模达 9.86 亿，网民使用手机上网的比例达 99.7%。互联网的治理已经成为社会治理的重要领域。

网络社会治理的主要内容包括四个方面。一是加快推进网络强国建设，推进网络信息技术自主创新，为国家治理和社会治理提供新载体、新平台，以互联网核心技术能力建设来保障互联网安全、国家安全。二是要完善网络法制、法规体系，确保网络正确运用和信息安全。互联网不是法外之地，要依法加强网络空间治理。三是加强网络舆论引导和意识形态治理，建设网络良好生态。领导干部要善于运用网络了解民意、开展工作，加强民主沟通，接受人民监督；网络内容建设要遵循和体现社会主义核心价值观，为广大网民特别是青少年营造一个风清气正的网络空间。四是构建线上线下融合治理体系，使网上网下形成同心圆、打造社会治理共同体。

网络治理也要依据网络社会特点来创新治理的方式方法。首先，网络社会具有典型的去中心化或者说权力分散化的特点。网络形成的自下而上的信息力量直接影响政府决策，改变了科层制的决策方式。因此，政府决策也要主动适应网络的特点，推动权力与决策机制从科层制向扁平化发展，即纵向缩减政府层级数量，减少中间层，更多侧重政府直接与网民之间的横向联结，扩大信息渠道，提高政府决策的时效性。其次，尽管网络权力分散化，但总体上知识权力的地位变得更加突出了，技术和知识主体往往比政府更具有权威和公信力。也就是说，在网络社会，政府与社会的关系的天平更加向社会力量倾斜了：知识型的公众号或者说网络大 V 成为公众获取信息的主要渠道；网络企业和新技术力量也在经济社会事务和公共治理过程中发挥越来越大的作用。网络知识经济的形成与新技术企业的发展所构成的网络“自治理”力量与政府治理之间是协同与竞争关系并存的，这对政府提高治理体系和治理能力现代化提出了迫切的要求。

## 第四节 构建匹配新时代的社会文明

社会治理是狭义上的社会领域的治理。社会建设的目标就是社会文明。社会文明的形成包含两个基本要素：文明的制度以及制度之下的文明，更确切地说，是制度文明与人的文明，二者在相互促进的过程中发展为一套循环共生的体系，制度文明为人的文明标定基本框架，而人的文明体现并制约着制度文明所能达到的最高水平。社会治理现代化的最终目标就是在加强制度文明的同时推进人的文明或者说人的现代化。

### 一、文明的制度与制度下的文明

制度就是规则或规范，是用来规范个体行动的一种社会要求或社会结构。换句话说，制度就是用以约束个体在社会关系中的行为的一种相对稳定的社会建制。人类文明诞生之初，就是以国家、私有制或城市等制度的产生作为文明诞生的标志。而从传统社会向现代社会演进的历程，同时也伴随着制度日益复杂化、精细化，因为制度所要制约的社会关系与社会行为都变得越来越广泛、越来越复杂。由此，社会文明的进步和制度文明的发展是一个相辅相成、如影随形的过程。

所谓文明的制度，即有助于社会文明目标形成的制度及制度体系。从社会性质来说，制度是一种上层建筑，是随着经济基础的发展而发展，也为维持和巩固一定的经济关系而服务。马克思早就指出，现代社会的自由、民主、平等观念及其“作为在法律的、政治的、社会的关系上发展了的东西”①——即制度，就是以交换价值为基础的现代经济形式的产物。进入现代经济或者说市场经济时代以来，制度的发展也进入了加速发展期。市场经济使人际关系成几何指数增长，这便需要更多的行为准则，进而催生更多的制度，包括产权制度、企业制度、交易原则、法律规范乃至婚姻家庭制度等。而要制定并维持这些制度，同时也要求国家政治制度的发展

① 《马克思恩格斯全集》第46卷（上），人民出版社，1979，第197页。

变革，“国家的存在，能够使得制度化过程的两个方面——新规则的创立和社会确认——扩展了许多方法来完成”[①]。此外，在市场经济孕育而出的市民社会之内，各群体、团体和个体之间的交往关系日益频繁，带来了国家与社会、政府与公民之间的关系调处问题。于是，在应对和适应社会关系复杂化的过程中，制度也变得更加复杂化、精细化了，这也是文明演进的基本逻辑。

所谓制度下的文明，即在制度为里、行为其表的关系中，由个体所展现的社会文明与个人文明的外观。人是一切社会关系的总和，人的本质也被制度所形塑。无论是宏观的家庭制度、教育制度，还是微观的社会规则，都规约人们的行为并使之沉淀为一定的内在品格。“制度通过提供信息和实施制裁的双重机制，使得人们的预期得以稳定，并且将社会行为引向均衡结果的方向。”[②]在社会文明培育过程中，制度的重要性是不言而喻的。要使个体按照制度规则来行为，一个首要的前提就是制度建立的合法性与合理性。“制度创立过程的核心，是要具备能力可以找到一种可信的方式来影响他人的期望，并且使之成为整个社会公认的预期行为。”[③]这就是说，制度的现代化必须符合现代社会的特质和现代人的需要，否则制度就很难具有公信力和对实践行为的影响力。故此，治理体系或制度体系的现代化应该放在首位，才能更好地引导和规约现代人的行为。

## 二、社会治理现代化与现代公民的形成

新时代社会治理体系要转化为真正的社会文明，在完成其顶层设计框架之后，需要从制度上确立下来，必须坚持和完善共建共治共享的社会治理制度。与此同时，社会治理水平的提升有赖于现代公民精神的形成，后者是比设立制度更具有挑战性的任务。现代社会治理体系对个人提出了“公民”的要求，即积极参与社会政治共同体的公共事务的国民，这既是社会文明发展的时代特征，也是尊重个体的时代要求。

整个社会文明的发展，是社会文明制度与公民养成相互塑造的过程。一方面，个人在制度完善的良序文明社会中提升综合素质，为人的自由全

① ［美］杰克·奈特：《制度与社会冲突》，周伟林译，上海人民出版社，2017，第196页。

② 同上书，第219页。

③ 同上书，第131页。

面发展打下基础。另一方面，现代公民的形成是社会文明走向更高阶段的前奏。现代公民的基本特质有两点，即更高程度的公共精神和更加强烈的规则意识。公共精神是“公民”一词本身对“民”提出的内在要求。自古以来，人们在政治事务上就追求公共精神。随着社会文明程度的发展和制度的完善，公共理性与公共参与已逐渐成为现代公民的基本实践表现。建构社会治理共同体，既要求、也有助于公民积极参与公共事务，培养公共理论与公共参与意识，积极为所在共同体作出贡献。规则意识是社会制度在个体意志的内化。典型的规则意识在个人身上有两种体现；一是法治精神，二是道德情操。建构社会治理共同体，让公民依法依规参与公共事务，将法治、德治与自治相结合，这本身就是培育法律和道德意识的重要过程。

加快构建共建共治共享的社会治理制度，是培育现代公民的必由之路。制度化是社会对行动策略规则的确认过程。首先，制度具有公共性、共享性与相对稳定性，是大家的共同行为准则。“社会制度可以通过创造和维持这些社会准则来影响准则引发的行为。”[①] 这就使制度下的个体行为成为可预测的，包括公民个体对自身以及对他人行为的预测，这将显著提高社会信任度和社会安全感，从而有助于社会凝聚力的提高。其次，制度当中隐含一定的价值观，即社会制度中的规范性理念。这种理念正是在个体依据制度而行动的过程中变为个人的信念和价值观的。在社会关系中，关于我们怎样行动或应该怎样行动的态度在很大程度上是由现存制度所安排而形成的。因此，共建共治共享既要始终指导社会治理各领域、各层面体制机制的建立，也要在社会治理的实践过程中内化为公民的信仰。只有将制度文明与人的文明高度统一起来并完成二者的双向，才能切实加快推进社会全面进步，开辟新的实践空间并创造新的历史条件。

① [美] 杰克·奈特：《制度与社会冲突》，周伟林译，上海人民出版社，2017，第 14 页。

# 第十章　加快教育现代化

教育现代化是国家治理体系和治理能力现代化，将社会主义制度优势转化为治理效能的奠基工程。加快教育现代化，应明确社会主义建设者和接班人培养的质量规格，即德智体美劳素质全面发展，这样才能胜任中华民族复兴大任，成为时代新人。时代新人“新”在两方面。一是时代性。新时代处于世界百年未有之大变局，其时代性和战略性呼唤时代新人应对大变局的资格，胜任担当中华民族复兴大任。二是创新性。经济全球化促成世界产业链的布局，影响国际地缘政治格局、全球治理体系及治理规则、人类文明及交往模式，呼唤时代新人具备创新素质，适应推动大变局的科技革命的突破性进展和制度的伟大创新。时代新人的应变能力和创新素质主要是教育的结果，恰当预期时代新人的核心素养，是加快教育现代化的前提条件。结合新时代加快教育现代化实践需要，时代新人的核心素养可以界定为，时代新人担当民族复兴大任，面向未来历史格局的文化习性。

教育是文化传承的基本途径，文化传承即以文化人，以文育人，促使个体的社会化和个性化，在此的“化”“育”的语义是“变、改变”和“使……成长”，放在此语境，“化”表达使人变得有文化，即人的文化化，“育”使人通过文本学习成长为文化主体，客观文化获得主体价值，文本转化为属人的意义世界，“观念形态的意义世界具体展开为世界图景、价值意境以及精神之境”①。意义世界生成文本对于主体的意义，体现在世界如何，有何价值以及人应该担当的使命。时代新人担当民族复兴大任使命的核心素养的构成十分复杂，其构成要素及其关系有待深入探讨；描述体现时代新人核心素养实践表现的文化习性却相对容易，它既是建构时代新人核心素养结构的前提，又是推动时代新人核心素养培养工作实践的组成部分，有助于把握我国加快教育现代化的方向。按照党的十九大报告和习近平总书记的要求，以现实生活中人的文明习性的实践逻辑，可以将表征时

① 杨荣国：《论意义世界》，《中国社会科学》2009 年第 4 期。

代新人的核心素养概括为身心健康和谐、合格的国民身份和胜任专业工作。

## 第一节　身心健康与和谐

身心健康与和谐是体现时代新人核心素养的文明习性的重要维度。身心健康与和谐是对个体身体和心理素质及其功能良好状态的价值判断，反映人的感性和理性的和谐发展，是全面发展教育综合作用的结果。依据人的素养在活动中形成和发展的原理，身心健康与和谐是个体生存的状态，体现于人的身体素质、心理素质和审美情趣。身心素质是现代人维持生命活动和劳动的物质及精神基础，身心和谐生成个体生命活力。个体身心健康与和谐生存状态是合理的身心活动和审美的结果，能否养成主动的身心活动和审美情趣，是身心健康与和谐的根本。

### 一、科学的生活习惯

科学的生活习惯是时代新人身心健康与和谐的文明习性的体现，它的养成既是个体塑造身体健康的首要环节，也是其习得自主发展意识的前提条件。个体在认识自我、发展身心、规划人生等方面形成健康、合理与科学的行为表现，有助于其发展成为有明确人生方向的文明之人，成就出彩人生。养成国民科学健康的生活习惯，已超越学校体育对个体身体素质达标的要求，已成了个体把握身心状态的关键，同时也是衡量人的现代化的重要指标，成为制约经济社会发展的重要因素。

作为时代新人身心健康与和谐文明习性，科学的生活习惯的养成是现代教育尤其是体育的过程与结果。科学的生活习惯的养成不只是身体运动技能指标达标，而是促进个体主动参与运动，保证健康真正属于个体自己。在现代社会，科学生活习惯的养成既是学校体育及其相关活动的任务，也是社会公共福利和社会体育及健康产业发展的条件。学校体育和健康教育的重点已从“双基”要求，转向健康的生活习惯的养成，即培养学习者锻炼身体的需要，主动锻炼身体，形成特定运动的兴趣和爱好，使个体的身心时常处于良好状态，这是“教育即生活”的最好诠释。时代新人能否有健康的体魄，关系到他们能否胜任民族复兴的担当。养成个体科学的生活习惯有助于健康中国战略的实施。

### （一）科学生活习惯提升国家公共服务资源投入效益

生活习惯反映个体生活状况或构成个体生活状态的基础，科学的生活习惯的养成，能够提升个体身体素质，为个体良好的生存状态创造有利条件。从社会劳动力再生产的角度看，科学的生活习惯的养成，是人力资本开发的基础，可以提高国家公共服务资源投入效益，体现在三点。第一，有益于公共教育财政投入效益的提升。国家公共教育财政投入效益，体现在学生德智体美劳等方面的全面自由发展。身体素质受制于学生科学生活习惯，学生身体健康状况堪忧，是我国全面发展教育尤其是体育的短板，集中表现为忽视或轻视学生科学的生活习惯的培养。因此，在现有条件不变的前提下，注重学生科学的生活习惯的培养，是提高公共教育财政投入效益的有效策略。第二，有益于个体职业生涯有效工作时间的延长。就个体而言，身体健康会影响人的工作效率。在其他条件不变条件下，身体健康者的工作效率更高或工作寿命相对延长了。第三，有益于公共卫生危机的社会应对能力的提升。经济全球化和产业国际化在增进社会财富的同时，也增加了公共卫生危机对各国的威胁，国民身体健康成了各国应对公共卫生危机的重要基础。在其他条件不变的条件下，国民有科学的生活习惯，其身体健康度高，就可以减轻国家公共卫生资源负担，使同样卫生资源发挥较高效益，等于提高了社会应对公共卫生危机的能力。

### （二）科学生活习惯有助于健康产业的发展

科学的生活习惯保证个体身体素质的提高，奠定劳动能力的物质基础。教育作为人力资源开发的基本途径，它在生产劳动能力的物质基础（健康体魄）的同时，生成了个体对其健康身体的需要，这是保持身体健康生活习惯的必备条件。这种需要可以归结为三点：第一，从事体育运动与健身所需器材的需要。第二，运动与健康服务需要。第三，运动和健康空间设施需要。三者构成支撑运动和健身、健康的体育休闲的庞大产业体系，涉及第一、第二和第三产业，它以体育文化创意、休闲旅游、健康服务产业为主线，成为现代服务业的组成部分。教育培养个体健康体魄，不仅是在生产人的体力，为个体的学习生活奠定体力基础，而且是在促进个体运动和健康习惯的养成，使他们喜欢运动和健身，产生购买体育运动和健身、健康产品和服务，对体育休闲文化创意产业形成有效需求，对经济产生强大的拉动力。新时代，我国要把人口资源转化为人力资源，再把人力资源转变为人力资本，使之养成科学的生活习惯，产生体育运动和健康的需求，发展内需，拉动经济，这是加快教育现代化，实施健康中国战略的应有之义。

## 二、健康的心理活动

健康的心理活动是个体心理健康的体现，有健康的心理活动才能有健康的心理。健康的心理反映个体积极的主观体验和积极人格特质。现代社会生活压力日益成为个体生存状态的影响因素，健康的心理成为教育所追求的目标。由于个体生活于人与人之间的关系中，妥善处理这种关系，是个体获得积极的主观体验，形成积极的人格特质的条件。健康的心理活动表征个体间关系，在与自我和他人交往过程中体现并得以发展。健康心理活动的衡量标准就应从这两方面来考察。

### （一）个体与自我关系的把握

个体与自我关系建基于人类个体的对象性存在的类特征，它使个体有自我意识，具有自我认知、自我调节能力。个体与自我关系的把握分为自我认知和自我情意体验，自我情意体验有赖于在自我认知基础上的自我调节能力，自我调节能力受制于自我调节机制。个体在与自我关系中具备自我调节机制，它使个体有可能作出自我导向的改变，有能力影响自己的行为。 自我认知通常成为自我意识的关键，是个体对自己存在状态的觉察和理解，包括对自己的行为和心理状态的认知，主要体现为自我观察和自我评价。自我观察是对自己行为和心理状态的觉察或判断，对自己心理状态的觉察是对自己认知的把握，包括自我的感知、思维和意向等方面的觉察，自我评价是指对自己的行为和想法、期望及人格特征的价值判断，这是自我调节的重要条件。自我情意体验是对自己的感情和意志力的体验，它发生于自我认知过程中，常与个体的社会角色相联系，与角色规范或价值期待相符就产生积极的体验，反之则产生消极的体验。个体的自我情意体验的积极程度与他的动机水平、理想信念、价值观念等相关，直接影响他对自我成就的归因。健康的心理活动反映在个体与自我关系的把握上，就应该产生积极的自我情意体验，使个体表现出正能量。个体与自我关系的把握会投射于个体与他人关系的把握，因此，健康的心理活动的关键在于个体合理地管理自我情绪，成为自己情感和意志力的主人，自由理性地表现个性。

### （二）个体与他人关系的把握

个体与他人关系的把握构成心理活动的基本场域，这种关系的把握妥当与否，成为心理活动健康与否的关键因素。在很大程度上，个体与他人关系的把握要受个体与自我关系的把握的影响，“以小人之心，度君子之腹”隐喻了个体用自己心理推测他人心理的道理。在把握与他人关系的过程中，健康的心理活动不仅要求个体合理地管理自我情绪，而且表现于个体能够与社会环境融洽相处，自由地展现个性，表达自我，接纳他人。健康理念不仅包含了身体健康，而且要求心理健康。健康心理是个体心理活动过程和个性心理特征的和谐状态，通过行为表现出来，叫作人格表征。养成健全人格是学校心理健康教育的重中之重，而人格健康与否和个体能否合理把握与自己的关系直接相关，有健康的自我才有健全的人格。健全人格是指学生能够自信自爱，具有较强自制力和抗压能力，灵活自主调节与管理自己的情绪，使得自身行为举止能够符合社会规范所预期的角色定义。

## 三、适宜的审美情趣

审美情趣是关于审美的情感和兴趣。适宜的审美情趣是身心健康与和谐的重要组成部分，它是支撑个体的心灵家园的基础，抚慰人的心灵和感情。审美情趣培养是美育的任务。美是主体（人）的生存状态，主体生存状态表现为有生命的个体之形象，由于审美对象表现为富有生命力的个体形象，对它的把握无须以特定符号作为中介，教育活动主体亲历“感性直观”成为美育的根本方式，因此，美育即感性教育[①]。作为感性教育，美育有三个特点。一是教育对象的具体性。美育过程中，学生是富有情感、生命力的具体个体，不再是班级授课制中学生群体概念。二是教育活动的亲历性。教育活动的亲历性是指师生通过肉体实现的视、听、触等生理感官

① 杜卫：《美育论》，教育科学出版社，2000，第 54-58 页。

与物理介质的互动。三是教育方法直观形象性。美育精神是美育过程表现出的活力，是民族文化赋予个体的生命力。相对于理性教育而言，作为感性教育，美育精神体现在两方面：其一，美育赋予个体生命力；其二，美育使个体通过亲身经历获得生命的体验。

从西方舶来的现代教育，包括现代教育制度、标准、内容和方法，它们植根于西方文化传统，承载工业革命以来科技文化成果，较为有效地解决了人的劳动能力再生产问题，却使个体精神世界或心灵世界悬置于空，反映民族文化的中华美育精神始终悬而未决。直接关涉中华美育精神的乐感文化，贯穿于中国传统文化主线，道家寄情自然山水之乐，儒家倡导事功之乐，文人士大夫崇尚艺术之乐，中国文化充满审美精神，它构成古代中国人的精神家园，“文人士大夫多以儒道互补，达则以事功为乐，穷则以山水为娱，艺术则始终作为寄托感情的重要形式”①。教育现代化亟待弥补中华美育精神传承的缺憾，新时代教育现代化不能回避。教育要承担起时代新人的精神家园建构的任务，“美是一切事物生存与发展的本质特征，社会的进步，就是人类对美的追求的结晶”②，教育便是让学习者能够理解和包容美的活动，用美的力量促进个体生命内在意义的完满。时代新人应具备适宜的审美情趣，美育宗旨在于审美情趣的培养，“美育者，应用美学之理论于教育，以陶养感情为目的也”③。审美体现为现代人的审美观念、审美经验、审美能力和创造美之能力，它关涉健康向上的自我审美、包容理解的他人审美与民族认同的社会审美三个向度。审美情趣和审美技艺构成审美素养。审美技艺主要解决学生审美活动的有效性问题，即能不能或会不会审美，仅有审美能力是不够的，还需要学生主动参与，对审美对象有兴趣。兴趣是促动个体审美的动力。审美对象通常是艺术品或艺术活动，艺术品或艺术活动蕴含着艺术家或艺术活动需要的情感，当它引起学生或审美主体移情体验，对之喜欢与爱好，且而倾向于审美对象，并投入心智或精神活动时，才能实现真正意义上的审美。鉴于审美中伴随有情感在作品的创作者与审美主体之间的移情，所以，可以把美育或艺术教育中

---

① 赵惠霞：《美育与心灵家园建构——论蔡元培“以美育代宗教说”的当代意义》，《哲学研究》2002年第9期。

② 李世涛：《〈1844年经济学——哲学手稿〉的美学意蕴——新时期关于〈手稿〉美学思想的讨论》，《艺术百家》2017年第6期。

③ 高叔平编《蔡元培教育文选》，人民教育出版社，1980，第195页。

学生对作品或艺术活动的兴趣称为审美情趣。培养学生审美情趣是新时代弘扬中华美育精神的要求，适宜的审美情趣是时代新人需具备的素养。

## 第二节　合格的国民身份

国民身份合格的标准有二：一是对中华人民共和国国民身份的认同，表现出强烈的民族自尊心和自豪感，志愿为国服务；二是具备行使公民权利的能力。二者统一于一体，不可偏废。但是，人们多偏向后者，导致人才评价实践出现偏差。在经济全球化、产业国际化背景下，工具理性对效率的片面追求，强化了功利主义思潮，学校面临培养“精致的利己主义者”风险。实质上，国民身份合格标准与我国人的现代化标准是一致的，强调国民身份合格两条标准的统一，反映出国民身份要求的权利和义务的统一。

培养时代新人是教育现代化的出发点和归宿，实质是现代化对人的素质要求，时代新人核心素养内在规定性在于对中国特色社会主义建设者和接班人的身份认同，这是教育现代化的关键。教育的根本问题是解决“为谁培养人”“培养什么人”的问题，即让所培养人认同怎样的社会价值观、遵守怎样的道德规范和传承怎样的文化基因的问题。从全球教育发展趋势来看，任何国家的教育体制都是为培养认同一定社会制度及其价值观的公民而服务。教育通过提升人的国民身份认同来赋予现代人的社会素质，具体包含以下三个方面。

### 一、思想政治认同

思想政治认同是个体对社会主导意识形态的认知和赞同的组成部分，主要是对处于社会主导地位的思想体系和政治体系的认知和赞同，它是个体社会化的核心内容。教育促使个体思想社会化和政治社会化，它与人才培养一致，实现社会意识形态的再造，“个人只有通过教化与意识形态认同，才可能与以这种意识形态为主导思想的社会认同。……个人越是与某种意识形态认同，他在以这种意识形态为主导思想的社会中就越显得得心应手”[1]。思想政治社会化主要通过思想政治教育来完成，它所要培养的是学生的思想政治素养，涉及的基本领域是与情感意志直接相关的素养，主要解决个体对思想政治教育内容在认知的基础上“信不信”问题，它“在本质上是社会大众对政治体系的信任、信念和信仰。这其中既包含有人们对政治体系的认知、情感和判断，也包含有人们对政治体系基本价值的信念和信仰”[2]，通常以人们的思想政治态度表现出来，称为实践理性。实践唯物主义认为，实践理性表现为社会实践主体的理性，具有历史性。作为思想政治认同的实践理性，其形成所依托的教育内容是中华优秀传统文化的根基和以人民为中心的中国特色社会主义文化的先进性。

### （一）思想政治认同的中华优秀传统文化之根

作为社会主义建设者和接班人的时代新人，只能靠中国特色社会主义教育来培养，对中华优秀传统文化的价值是否认同是人才是否合乎要求的重要指标。中华优秀传统文化是涵养中华民族追求真善美的智慧结晶，它是先进文化的重要组成部分，其先进性表征人类追求真善美的共同价值。时代新人对中国优秀传统文化的价值认同，是他们的中国人文化意识之根，也是其文化自信的前提。中华优秀传统文化是经过萃取的中国传统文化的精华，集中体现中国文化的特色。“与西方文化相比，以人为本的人文精神是中国文化最根本的精神，也是一个最重要的特征。”[3]既然是特点，就是其他文化缺乏或少有的，是中华民族文化的优势，体现了其先进性。中国传统文化强调以人为本的人文精神，赋予人主体性、独立性和能动性，体现为中国人有很强的自律性。虽说“家国同构”“忠孝同义”是宗法制度长期依存的结果，却深深印刻于中华民族文化心理，成为爱国主义教育传统的文化根基。它有助于理解中国人惯于自觉自律维持社会秩序的文化习性，既是中华民族创造了最灿烂农耕文明的最根本原因，也是当代中国社会有最强组织动员能力的民族文化心理基础。提高思想政治教育的实效，就要充分理解思想政治认同的实践理性之历史性。

### （二）思想政治认同的社会主义文化之本

以人民为中心的社会主义文化是以马克思主义为指导，坚守中华文化

---

① 俞吾金：《意识形态论》，人民出版社，2009，第 2 页。

② 董雅华：《政治认同：合法性与思想政治教育》，《思想 • 理论 • 教育》，2002 年第 3 期。

③ 楼宇烈：《中国文化的根本精神》，中华书局，2016，第 46 页。

立场，立足当代中国现实，结合当今时代条件，发展面向现代化、面向世界、面向未来的，民族的科学的大众文化。新时代，思想政治教育要坚持以人民为中心的宗旨，强调中华优秀传统文化的守正创新、改革创新，尤其要加强革命传统教育，体现在三方面。

其一，立足中国实际。立足中国实际即中国强国之梦的实践，体现新民主主义革命到社会主义革命的发展脉络。近代中国历经磨难，国家积贫积弱。激发中华民族精英的强国梦想，推翻压在中国人民身上的三座大山，建立人民当家作主的独立、民主、自由政权，成为强国的前提。中国共产党领导中国人民进行新民主主义革命，建立人民当家作主的新中国；领导中国人民实施的农业、资本主义工商业和手工业的社会主义改造，取得了举世瞩目的成就。实践证明只有中国共产党能救中国，社会主义是中国强国之路。

其二，弘扬中华优秀传统文化以人为本的核心精神。以人民为中心是对中国优秀传统文化以人为本精神的弘扬，"中华优秀传统文化是中华民族的精神命脉，是涵养社会主义核心价值观的重要源泉，也是我们在世界文化激荡中站稳脚跟的坚实根基。"① 新民主主义革命之所以能够成功，新中国初期的社会主义改造以及社会主义建设卓有成效，中国人民由穷变富，中国由弱变强，靠的是中国共产党领导中国人民的艰苦奋斗，人民是创造中国革命和社会主义建设历史的主人。弘扬中华优秀传统文化以人为本的人文精神，赋予思想政治认同的历史唯物主义意蕴，在国家和社会治理中体现以人民为中心的宗旨，体现党的利益和人民利益的同一性或一致性，从根本上夯实了中国共产党执政的民众基础，证明了中国特色社会主义制度的合法性，"培育和弘扬社会主义核心价值观必须立足中华优秀传统文化。牢固的核心价值观，都有其固有的根本。抛弃传统、丢掉根本，就等于割断了自己的精神命脉。博大精深的中华优秀传统文化是我们在世界文化激荡中站稳脚跟的根基。"②

其三，马克思主义的中国化。马克思主义中国化是马克思主义同中国革命和建设结合的创造物。马克思主义的中国化是中国共产党以马克思主义为指导，结合中国革命和建设的具体实践发展马克思主义，形成的中国

---

① 习近平：《在文艺工作座谈会上的讲话》，人民出版社，2015，第 25 页。

② 习近平：《习近平谈治国理政》，外文出版社，2014，第 163-164 页。

化的马克思主义，体现为毛泽东思想、邓小平理论、“三个代表”重要思想、科学发展观和习近平新时代中国特色社会主义思想。中国化的马克思主义主导我国意识形态，是社会主义核心价值观之魂，构成先进文化的核心，对它的价值认同，集中体现为神圣感和使命感。神圣感要求中国化的马克思主义的认同超越了通常的知识学习，影响个体对待当代中国社会主义社会环境的态度，它涉及个体能否融入当代中国文化，是否具有国人身份认同。使命感反映个体对中国化的马克思主义指导中国特色社会主义实践与自己的关系，体现个体能否把自己的发展与国家需求结合，意识到自己应该承担的责任，从而自觉按角色规范约束自己，主动进取。

## 二、循伦理守道德

从人伦关系角度，循伦理和守道德是一致的，都是人们相处应遵循的道德或规范；从非人伦关系角度，循伦理和守道德就不一致，人与自然、环境、生命等构成的非人伦关系有别于人伦关系。“基于伦理学作为伦理学问知识的学理性，对于伦理关系的理解从学理知识与内在逻辑层面可由人伦关系扩展为人与自然关系的伦理认识，由此进一步扩大自然伦理、生态伦理、生命伦理、生物伦理、环境伦理、科学伦理等领域，探讨人与自然关系的伦理问题，重构人对自然认知的伦理视角及其伦理态度与立场”[①]。人与自然关系的伦理关系即生态伦理关系，生态伦理是人与自然相处的规范，反映人对待环境的立场和态度，是新时代我国要建设的生态文明的应有之义。生态文明是继工业文明后新的文明形态，对时代新人循伦理提出了新的要求，构成了时代新人核心素养的重要成分，规定了时代新人“新”在何处。

循伦理即遵循伦理。伦理是指人和自然相处应守的秩序，需坚持的立场和态度。它规定时代新人应具备的生态文明素养以及与之相适应的技术伦理，主要包括三方面。一是人是依存于自然的生命体，其活动受制于自然规律。马克思主张，“人作为自然存在物……人作为自然的、肉体的、感性的、对象性的存在物，同动植物一样，是受动的、受制约的和受限制

① 张利群：《论批评伦理的学理依据与理论构成》，《江西社会科学》2016 年第 8 期。

的存在物”[①]。既然人是自然存在物，其活动或运动就不能不受自然规律限制。二是人对待自然应有善的态度。将人伦关系拓展到人与自然关系，人伦关系追求“善”态度，转变为人对待自然的价值追求，对待自然环境就应该有善的关照，即我们通常所说的生态道德。中国古代哲学强调“天人合一”的思想，主张“天”即“道”“法则”“真理”，是“万物之基”“万德之本”，是人和自然都要遵守或效法的规律。这一思想尚显空泛，它倡导尊重自然规律，人与自然和谐相处的思想，却闪耀朴素的生态文明智慧之光，助力生态道德建设。三是生态价值实现需要投资。现代生产生活的合理性决定于环境自然承受能力，保证环境安全，就要把生产生活废物的排量控制在合理的范围。生态或环境治理既是自然生态保护的公益事业，也是生态产业发展途径。生态价值实现即生态环境有助于满足人民对美好生活向往的需要，生态价值的实现需要投资。生态产业化是生态价值实现的基本途径，由此引申出规范人们生产生活的行为准则。个体与环境相处应遵守的秩序即自然规律，人对待环境或自然（人为自然）应持“善”的态度以及个体或组织主张自己生态资源消费的立场，构成了循伦理的基本规范或范围。

守道德即遵守道德规范或准则。道德规范或准则旨在调节人伦关系，调节人与人、人与社会、人与自我的关系，是对个体或组织德行的约束采取他律和自律结合的方式。2019 年，中共中央、国务院印发《新时代公民道德建设实施纲要》，将新时代合格公民道德分为社会公德、职业道德、家庭美德和个人品德，规定守道德的“四好”标准：“好公民”“好建设者”“好家庭成员”以及“好品行”。“好公民”应该高标准地遵循社会公德：文明礼貌、助人为乐、爱护公物、保护环境、遵纪守法；“好建设者”应表现奉献社会为主旨的职业道德：爱岗敬业、诚实守信、办事公道、热情服务；“好家庭成员”应有家庭美德：尊老爱幼、男女平等、夫妻和睦、勤俭持家、邻里互助；“好品行”是时代新人个人品德在日常生活中自强自律，践行社会主义道德观：爱国奉献、明礼遵规、勤劳善良、宽厚正直。新时代公民道德建设突出全时空、全方位和全过程。全时空强调个体生命存在的时空，包括物理时空和虚拟时空；全方位是家庭、社会和学校

① ［德］马克思：《1844 年经济学哲学手稿》，中共中央马克思恩格斯列宁斯大林著作编译局译，人民出版社，2000，第 105 页。

全覆盖，总结学校、家庭和社会三结合教育经验，强调学校、家庭和社会影响的一致性，提高德育实效，突出家庭美德，强调家庭的教育功能，突出中国传统美德的传承；全过程即与个体生活密切结合或同一的过程，强调公民道德日常生活的养成性。

## 第三节　崇尚科学　珍视人文

崇尚科学和注重人文表现了时代新人核心素养的基本文化习性，是现代人对待人类文化发展的基本态度，在学习和生活中表现为科学和人文素养。科学是人类认识世界和改造世界的真理，反映出辩证唯物主义世界观和方法论，崇尚科学的真谛在于实事求是、求真务实精神的弘扬。人文是指以人为主体，重视人的价值，尊重人的尊严和权利，关心人的利益的文化意识，表现为个体在活动中表现出的强调并尊重人的主体价值和利益的精神。珍视人文的实质是对人的精神归宿的关注和对人生价值与意义的把握。

### 一、科学和人文的完整理性

科学和人文的完整理性是在科学和人文活动中表现的人的主体性。在中国传统文化中，它体现为修身或修德的主体性。中国文化特点决定了这种主体性即重德精神，将人的主体性归结为集道德认知、道德情感和道德意志于一体的德行，我们称之为道德实践理性。在西方，文艺复兴呼唤人性，启蒙运动高扬理性，源于对人的价值的肯定。人高贵的价值在于他的主体性，体现于文学艺术和科学活动的重智精神，反映人对世界的探索和求证的认知、情感和意志，这种重智的精神即科学精神。历史表明，就科学或人文活动本身而言，人作为“类存在物”，“他必须既在自己的存在中也在自己的知识中确证并表现自身”①。无论中国传统文化的重德精神，还是西方传统文化的重智精神，反映的都是人的经验，人的主体性的确证及其表现，它们作为人文经验和科学经验传承于世，承载人类的精神追求，益于人类把握世界。

① ［德］马克思：《1844 年经济学哲学手稿》，中共中央马克思恩格斯列宁斯大林著作编译局译，人民出版社，2000，第 107 页。

科学是人们社会实践经验的总结，是人类探索自然、社会和人自身经验的符号化。作为“反映自然、社会、思维等的客观规律的分科的知识体系”[①]，它的形成经历了符号化过程，遵循特定形式逻辑，科学和人文活动结果被总结为系统的自然、社会和人文学科理论。形式化是科学知识体系形成的必要条件，对于人文经验分科的知识体系的形成，形式化经历了人文经验的科学化，就科学经验而言，其形式化即对自然科学方法化的追捧过程，有人主张，“近代以来人文经验科学化和科学经验方法化之弊可以被概括为失落的人文经验与无根的科学经验”[②]，人文经验失落了什么？科学经验的根何为？

科学作为人类探索自然、社会及其自身状况的实践活动，是人的生存方式，在活动中将主观见之于客观，体现人的主体性或能动性。人的科学和人文活动经历及其体验即科学经验和人文经验。科学经验和人文经验的共同属性在于其实践性，即都是人的自由自觉的活动，体现人的能动性，反映为两方面，一是人对自然、社会现象和人自身的认识过程，它可以用语言或特定符号表征，可以借助于语言符号来传承；二是它们驱使人通过科学和人文活动表征自己生命力的情感意志，不能借助语言或符号来表征，只能“就身体之所经历而考察之，谓之体验”[③]。科学经验和人文经验不同点在于，人文精神因地缘、气候、语言、风俗、习惯以及政治、经济等不同而有差异，不同国家和民族具有不同的人文精神。在学科体系形成过程中，通过语言的符号化、形式化，可以言说的科学经验和人文经验被记录下来，“教育力求把语言变成不带一点个人因素的东西，并且获得了某种程度上的成功。……我们这样做是为了要做到让概念成为大家共同理解的东西，把可以传达的都传达出来，不能传达的就听其沉没到黑暗朦胧中去”[④]。沉没到黑暗中去的不能用语言传达的东西，就是人类个体在认识与实践中形成的缄默经验，是蕴含于人文经验和科学经验之中人的情感和意志，表征个体投身于科学和人文活动的生命力，它们是缄默于分科知识

① 中国社会科学院语言研究所词典编辑室编《现代汉语词典》第7版，商务印书馆，2016，第735页。

② 蒋红雨：《人文经验与科学经验：对人文科学与自然科学观念的生存论透视》，社会科学文献出版社，2004，第38页。

③ 张岱年：《天人五论》，中华书局，2017，第74页。

④ ［英］罗素：《人类的知识：其范围与限度》，张金言译，商务印书馆，1983，第11页。

体系，有待学习唤醒的实践理性，是科学和人文经验的根与魂。对此，科学与人文经验再生产主体必须关注，它们直接关系到教育或学习的精神归宿，体现科学和人文活动中个体的生命活力。人文和科学活动及其经验表征人理性的完整性不等同于自然、社会和人文学科知识的系统性，赋予个体理性的完整性是现代教育存在合理性的基础，满足于学科系统知识传递，至多可以授予学生工具理性，难以培养他们主体性或能动性。

## 二、科学精神筑工具理性之魂

### （一）工具理性化教育的困境

工具理性化教育片面强调学生工具理性培养，引起学校、学生和社会批评，使其陷入极其尴尬的困境，以下从教育质量规格和教育社会职能的角度概括如下。

1. 精致利己主义者价值空虚

工具理性化教育是将工具理性作为教育单一追求，用工具理性教育观念指导，培养出人的质量类型为工具型人才，精致的利己主义是其典型特征。其价值空虚在于，对于他人或社会，他们缺乏责任感，极端自私；对于自己，他们是承载知识的工具，缺乏理想信念。工具理性化是将理性的合理性局限于工具合理性范围，片面强调价值中立，主张用精确计算功利的方法最有效地达到目的，工具崇拜的技术主义是它的基本特征。科学和人文教育的工具理性化集中体现在对个体理性培养的工具理性偏好，强调科学方法或技术训练，只求方法或技术与实现功利目的的因果关系，方法技术的使用只关注能否达到功利目的，大有为达到功利目的不择手段的意思。依据工具理性的特点，获得功利成了教育教学的唯一追求，即“精致利己”，精致利己概括了工具理性教育的特点。工具理性推动了人文学科和自然学科形式化，缄默于人文经验和科学经验的价值理性，未在教育过程中被唤醒；其教育过程只是个体内化学科知识符号，并未生成学科知识符号的意义，当然也不会有属人的意义世界。学科知识符号表征的观念图景中，缺失了价值意境和精神之境，因此，教育就蜕变为职业或专业技能训练，训练出的人被称为精致利己主义者，表现出明显的“三高一低”的特征，即理性认知的“高智商”，人际交往的“高情商”，具体情境下的

"高逆商"，成就动机高而需求层次低[①]。"三高一低"既生动地描绘出精致利己主义者的形象，也揭示了科学和人文教育工具理性化的实践逻辑："精致"是实现利己的途径或手段，精致即精确计算，精于谋划，善于算计。

2. 功利实用准则的精神物化

功利实用有不同的解读，从义利意义理解，将它用作规范教育质量的准则，却失之偏颇。教育本体功能在于人才培养，要赋予个体完整理性，教育质量集中反映在人才的德智体美劳全面自由发展，这是教育质量的根本。将功利实用作为规范教育质量的准则，其偏颇根源于科学和人文教育工具理性化。工具理性化意味着社会和人丧失了价值和意义的追求，人成为机器，教育成了人类文化符号的机械传递载体，用工业化方式生产没有个性和自由意志的智能机器。学校办何专业，选择什么专业方向及其课程，完全依据劳动力市场供求状况的精密计算来衡量，教育成了产业，这成了谋划教育发展，指导教育实践基本视角。当工具理性化思路左右教育工作，教育的神圣和高贵就为升学和就业竞争所取代，教育的社会价值仅是满足经济增长需要的工具。功利实用集中表现人们急功近利心态，体现在两方面：一方面，为劳动力市场供求关系左右。现代文明之所以能够高质量地改善社会生产生活，是因为社会分工决定的专业化社会劳动，各行各业以专业化的劳动在市场上实现其价值，教育遵循教育规律，培养高素质的人才，劳动力市场供求关系不是教育部门可以左右的，不能完全按照市场供求关系来办教育。另一方面，沦为社会人才选拔工具。人才选拔是人力资源配置重要任务，其实质是社会用人的政治制度，它与教育关系较为密切，它却不是教育的职责。急功近利的功利实用准则，将教育着眼点放在人才选拔，教育目的在于取得选拔的竞争优势，因此，考试岗位要求即教育标准，考试内容即教学内容，便于迎考的内容就是有用的。考试内容即教育内容，教育蜕变为人才选拔的工具。

## （二）科学精神的教育生成

科学精神是科学实践赖以进行的根本动力，它反映人所以为人的生命力。现代教育的使命有二，一是知识的再生产传承文化符号，使人理解人

---

① 焦迎娜，苏春景：《精致的利己主义者：一个亟待关注的当代青年群体》，《中国青年研究》2019 年第 3 期。

类认识和把握客观世界；二是具有科学精神的人的生产，体悟人文和科学知识对自己的价值和意义，实质是唤醒缄默于知识体系、表征人的生命力的情感意志或人文精神，从这个意义上讲，科学精神就是体现科学本体的人文精神，科学精神生成的真义是现代教育对个体的人文关怀。教育生成个体科学精神，要把握两点。

1. 学科知识体系形成的过程

教学是教育工作的中心环节，教育性教学的基础在于知识的授受。它不是单纯的学科知识由书本向学生头脑的转移，现代教学强调教学不仅要实现知识授受，更重要的是使学习者理解学科知识产生的过程和方法，体现教学的生成性。生成性教学包括两重意思：一是主要体现在学科知识逻辑线索的把握，包括学科知识针对的基本问题及其研究的基本视角、研究方法与研究内容的关联性以及学科知识的边界；二是学科知识结构与学习者的关系，包括学习者与学科知识要素及其关系形成学习的场域、学习者对学科结构的经济社会价值和意义的理解等。这两者相互联系，前者是基础，后者有助于加深前者的理解。

教学使学习者理解学科知识体系形成过程，其主旨可以归结为两方面。一方面，学科知识体系具有相对性。相对性基本意思有两点。其一，学科知识的产生需满足主客观条件。主观条件包括知识探索者的认识水平、动机、阅历尤其是知识形式化的方法等因素，客观条件是知识产生的社会认知水平、社会需求以及社会提供知识生产或探索的条件等。其二，学科知识体系尤其是人文学科因民族语言、历史、艺术、宗教等差异而不同，民族文化制约学科知识体系，文化特点决定不同国家和民族人文学科知识体系的差异，国家或民族间难有人文学科知识体系统一范式或标准。人文学科知识体系的相对性体现了不同国家或民族教育内容的差异，各国对其国民的文化认同、国家认同教育，主要通过人文学科知识教育得以实现。同时，人文学科知识学习是国际理解教育的主要途径，它是国家间或民族间文化交流的前提。在经济全球化背景下，要理解文化多样性，尊重不同文化，消除基于技术霸权的文化歧视，认同人类命运共同体的多元文化基础。另一方面，学科知识体系的开放性。作为教育内容，人文学科知识体系是一个开放系统，其开放性体现于内容综合性与承载方式的创新性。人文学科知识体系的开放性，体现为其内容的综合性，主要有两种形式的内容综合。一是按人才培养要求的学科内容综合，把基础教育课程改革为适应学生素质培养而进行的学科综合，其中音乐和美术学科综合而成艺术学科，国家已将高校艺术类学科从其他学科中独立出来，单独设立艺术一级学科。二是应对新科技革命的学科融合。新科技革命带来人文学科思维模式变化，促进学科内容的交叉融合，这种融合超越传统人文学科界限，实现人文学科与社会科学和自然科学的交叉融合新的学科生态。

2. 知识再生产的价值和意义

学科知识再生产在人身上的实现，即教育过程，它不仅是客观知识内化为学生认知结构，也是知识符号的意义生成，实质上是认同民族文化的国民的诞生过程。知识再生产的价值和意义可以从个人和社会角度考虑。

就个人而言，知识再生产过程中，缄默于知识中的知识生产者的情感和意志被学习者体悟，它就是通常将教育称为教书育人工作的“育人”的意涵。知识驱使人通过科学和人文活动表征自己生命力的情感意志，它和个体的身体连在一起，不能借助语言或符号来表征，伴人生命活动而产生，随生命终结而消失，却可以通过知识再生产，在知识学习过程的学习者身上被唤醒，延续人类追求无限以达到永恒的一种精神生命。它有两方面价值和意义。其一，使文化人化，赋予文化以生命力或活力。知识再生产效应包括两面：客观知识或书本知识内化为学习者的认知结构，伴随认知而产生感性的直观情感体验和意志；知识和个体自我的同一，即知识或文化认同，使文化具有活力。其二，给予学习者理想信念支撑。学习者可以从知识表征的与自己感性直观观念相适应的相似形象，构成理想的基础，坚信自己能实现理想。

从社会角度看，知识再生产价值和意义有二。一是增强社会凝聚力。知识再生产还原知识生产活动，学习者在内化客观知识的过程中接受科学规范和社会核心价值，产生社会向心力，可增强社会凝聚力，促进社会团结。二是支撑社会治理。知识再生产促进学科知识传播，培养现代公民，为社会有序运行奠定人力基础。科学技术在生产生活中的广泛应用，提供有效社会管理工具，人文社会科学知识转化为社会治理的法治，保证社会法人合理利益。

## 三、文明智慧的阅读习惯

文明智慧的生活习惯是崇尚科学和珍视人文的自觉行为，是个体科学和人文精神的描述。受过教育的人（即文明人）或有教养的人根本的特点是爱学习、会学习，集中体现为现代人文明生活状态。科学和人文精神的生活表达是个体旨在构建价值世界的自主自由的文化活动或实践。“自由是自愿与自觉的统一，实践在本质上体现着对于自由的追求”[①]，文明智慧的生活习惯集中体现于高品位的阅读和有智慧的亲身经历对个体的精神滋养和心灵抚慰。人之所以高贵，不仅在于他脱离了低级趣味，而且在于他渴望通过自己的活动确证自己，体验到自己力量表现于对象的激情，“激情、热情是人强烈追求自己的对象的本质力量”[②]。通过自己的活动及其结果受到鼓舞。阅读是个体获得人类改造客观世界和主观世界所取得的精神成果的基本途径，反映个体和社会的文明状况。按材料的性质，可以将阅读分为文字阅读和视听阅读。高品位阅读将阅读内容限定在表征先进文化前进方向，引导人们追求真善美的人类精神成果。

### （一）高质量文字阅读

文字阅读是主体阅读内容以文字符号为载体获取精神财富的学习活动。按文字符号是否编码，分为非编码文字材料阅读和编码符号材料阅读。前者即传统的印刷文本阅读，印刷文本阅读通常叫作“读书”，包括书籍、报刊等的阅读；后者指电子文本阅读，即电子阅读或数字化阅读，包括网络在线阅读、手机阅读、电子阅读器阅读、Pad 阅读等。第 16 次全国国民阅读调查结果显示，2018 年，我国成年国民综合阅读率为 80.8%、数字化阅读接触率为 76.2%，城镇居民图书阅读率为 68.1%，农村居民为 49.0%；人均阅读纸质图书 4.67 本，纸质报纸 26.38 期（份），纸质期刊 2.61 期（份），电子书 3.32 本；网民以阅读新闻、社交和观看视频为主，深度图书阅读行为占比偏低，仅有 15.9% 的网民将“阅读网络书籍、报刊”作为主要网上活动之一[③]。数据反映出我国国民阅读量小、阅读层次浅

---

① 陈新汉：《论价值世界构建活动中的人文精神》，《天津社会科学》2019 年第 4 期。

② ［德］马克思：《1844 年经济学哲学手稿》，中共中央马克思恩格斯列宁斯大林著作编译局译，人民出版社，2000，第 107 页。

③ 国家图书馆研究院：《第十六次全国国民阅读调查结果发布》，《国家图书馆学刊》2019 年第 3 期。

的基本事实。我国国民综合阅读率不低，已达 80.8%，就纸质图书而言，每年人均仅阅读纸质图书 4.67 本，国民深度阅读行为偏低，其阅读内容或阅读偏好倾向于社会时政、新闻、社交等，它们与国民精神活动的益处相关度较低，算不上真正意义上的阅读，更不是高品位的阅读。早在 2010 年，我国 15 岁及以上人口人均受教育年限已达 9.05 年，2018 年高等教育毛入学率达到 48.1%，国民的阅读量和阅读深度与我国国民受教育程度不太相称。这样的现实挑战我国教育现代化，高质量文字阅读是国民接受并享受现代文明成果的重要途径，养成国民高质量文字阅读习惯是我国教育现代化的重要任务。各级各类教育在培养学生劳动能力的同时，应促进他们养成高质量文字阅读习惯，这关系到国民能否享受现代文明的精神成果。以美国著名教育家赫钦斯（R.B.Hutchins，1899—1977）为代表的要素主义者坚信名著的永恒价值，他们认为，“名著”或“杰作”，包括文、史、哲、科学和艺术名著，汇集了人类“种族经验”或“文化遗产”，是文化上“最好的东西”，是“不变的文化要素”，称之为传统，传统是不变的，当然具有永恒价值。这一思想对促进我国教育现代化，提高国民阅读质量有启示。

**（二）高品位视听阅读**

视听阅读不是通常意义上的读书，它不是纯粹阅读文字，而是与文字材料阅读并列的学习活动，视听阅读是学习者与承载学习材料的声像互动，影响学习者心灵的活动。依据视听材料可将视听阅读分为音乐活动、美术活动和综合艺术活动，音乐活动有欣赏和奏唱音乐；美术活动分为美术欣赏和美术创作；综合艺术活动分为欣赏活动和创作活动，如看电影、戏剧等。视听阅读的功能有三。其一，唤起感性经验。感性经验属于非编码化经验，其传承只能通过人的生命活动的直接经验，在人与人之间实现。艺术是人类文明古老的形式，它既指人工制作物或精神作品，也指包含人的创造性活动的技艺，艺术与技艺不可分开，“‘技艺’是一种生产性的制作活动”①。视听阅读可赋予个体感性经验，有助于增强个体生命力。其二，获得情感体验。视听阅读使个体获得情感体验，是由视听材料的特点规定的，个体参与艺术活动，如欣赏音乐或美术作品的过程，个体身心愉悦了，获得的是感情体验，因此，有人把艺术活动的本质看作是表现情

① ［英］科林伍德：《艺术原理》，中国社会科学出版社，1985，第 6 页。

感，将艺术看作是情感，是“主观心灵”或“自我”的情感表现。正是在此意义上，艺术具有治疗作用，欣赏艺术作品，通过移情可以宣泄内心压抑的感情，抚慰心灵，达到治疗效果。其三，感性直观表达。视听阅读材料感性直观表达的属性由艺术作品的形象性和艺术活动感性特征决定。艺术作品以其创造性形象传递文化，有助于培养个体的感性素养，离开创造性形象，个体的感性素养（如形象思维等）的培养就成了无源之水、无本之木。视听阅读（艺术创作和艺术鉴赏）以形象思维为基础，依靠直觉的创意，彰显个性化的独特性，使个体间的差异得以保持和张扬。离开感性直观方式，个性化的艺术活动、人类文化的多样性和个体间的个性差异将不可想象。视听阅读在我国普及率较低，在很大程度上成为制约我国高品位文化消费的基本因素。从学校教育看，学校美育尤其是艺术教育，如果没有学生课外校外视听阅读支撑，其教育效果会大打折扣。

# 第十一章　建设社会主义现代化城市

城市现代化在国家现代化中具有重要地位。马克思主义政治经济学的观点认为，城市是基本生产条件的空间集结体、劳动力集中和流动的市场，是特定区域内生产力、生产关系和上层建筑的聚集体。近代以前的城市主要是自然形成的商品交换和手工业者聚集的中心，并且成为周边地区的政治和宗教中心。工业革命以后，工业和交通领域的发展，使人口大量流动并逐渐定居于城市，城市的规模与功能发生了根本性的变化，成为先进生产力的代表。新中国成立后，城市有了迅速发展，特别是在改革开放后，从1980年设立深圳等四个经济特区，到四年之后召开的“城市经济体制改革试点工作座谈会”，再到党的十八届三中全会提出推进国家治理体系和治理能力现代化的新目标，城镇化一直是中国经济社会快速发展的动力之一。2017年10月，在党的十九大报告中，习近平总书记浓墨重彩地描绘了在2020年全面建成小康社会之后向第二个百年奋斗目标进军的宏伟蓝图，开启了全面建设社会主义现代化国家新征程，建设中国特色社会主义现代化城市成为实现全面现代化的重要目标。

## 第一节　城市现代化在国家现代化中的地位和作用

近代城市化和工业化相伴相行，共同构成了近代以来社会发展的持久动力，为人类社会呈现了一个崭新的现代社会。城市尤其是中心城市的发展状况是衡量一个国家社会经济发展水平的重要标志，城市现代化是建设现代化国家的关键。

### 一、马克思和恩格斯的现代化与城市理论

众所周知，马克思、恩格斯的一生主要在欧洲大城市度过，马克思主义理论的发展与资本主义城市发展密切联系。在《德意志意识形态》《英

国工人阶级状况》《政治经济学批判》《论住宅问题》《资本论》等著作中，马克思、恩格斯对资本主义生产方式和城市现象作出精辟论述和总结，对资本主义工业化时期城市的历史地位、城乡对立和城市阶级矛盾所作的论述和总结，为理解城市进程提供了重要的理论工具。

马克思、恩格斯认为，现代化的进程包含三个层面：工业化、全球化和城市化。资本主义的工业化进程奠定了现代社会的经济基础；世界市场的建立推动了全球化的发展，使工业化的生产方式扩展到了全世界；现代城市化进程作为工业化的必然产物，深刻地改变了现代人的生活方式。

在马克思、恩格斯看来，经济基础的改变必然推动城市城市化的进程。工业革命之后，机器大工业“建立了现代的大工业城市——它们的出现如雨后春笋——来代替自然形成的城市。凡是它渗入的地方，它就破坏手工业和工业的一切旧阶段。它使城市最终战胜了乡村”①。迥然不同于传统城市的现代城市文明也就此出现。城市不再仅仅是地区政治、文化（宗教）的中心，更是经济生产的绝对中心。工人阶级的出现使城市人口的构成发生结构性变化，恩格斯指出，“六十年至八十年以前，英国和其他任何国家一样，城市很小，只有很少而且简单的工业，人口稀疏而且多半是农业人口。现在它和其他任何国家都不一样了：有居民达250万人的首都，有巨大的工厂城市，有向全世界供给产品而且几乎全都是用极复杂的机器生产的工业，有勤劳智慧的稠密的人口，这些人口有三分之二从事工业”②。

城市面貌在工业生产水平不断提高的基础上发生着巨大的变化，城市的功能也悄然发生改变。它不仅是金融、商业、信息和交通的中心，还积聚了城市经济发展所需的各种各样的基础设施、科学技术和劳动力。它代表着先进的生产力发展方向和新的文明成果，深刻地改变了并仍然改变现代人类的生存方式。城市中提供各种日常所需的公共服务系统的出现，包括住宅、学校、交通运输、公共市场、公共图书馆、公共剧场、医院和疗养院以及整洁舒适的城市环境等，为市民生活带来了全新的体验，催生了新的生活方式。崭新的生活方式必然改造着人们的思想文化观念。因为“人们的观念、观点和概念，一句话，人们的意识，随着人们的生活条件、

① 《马克思恩格斯文集》第1卷，人民出版社，2009，第566页。

② 同上书，第402页。

人们的社会关系、人们的社会存在的改变而改变”[①]。《共产党宣言》指出：“资产阶级使农村屈服于城市的统治。它创立了巨大的城市，使城市人口比农村人口大大增加起来，因而使很大一部分居民脱离了农村生活的愚昧状态。正像它使农村从属于城市一样，它使未开化和半开化的国家从属于文明的国家，使农民的民族从属于资产阶级的民族，使东方从属于西方。”[②]

因为生产和生活资料集中，并且分配不公，城市也日益成为在资本积累与社会分配之间矛盾和冲突的焦点。也就是说，只要存在着不同的生产方式、不同的生活和消费方式、不同的利益群体，就必然会有不同的价值理念、不同的观念以及与之相伴随的冲突与斗争。《共产党宣言》指出：“资产阶级日甚一日地消灭生产资料、财产和人口的分散状态。它使人口密集起来，使生产资料集中起来，使财产聚集在少数人的手里。由此必然产生的结果就是政治的集中。”[③]在现代城市发展早期阶段，城市中的优质公共资源只为少数资产阶级所拥有，工人阶级在城市中的生产生活条件极其恶劣，各种城市问题，如住宅紧张、犯罪问题、疫病传播等，都引发了城市社会的动荡不安。与此同时，资本主义生产把人口集中在城市，为工人阶级的团结和联合创造了条件。马克思、恩格斯看到了生产资本和工人阶级在 19 世纪急剧扩展的城市里日益集中的意义：“中世纪的市民靠乡间小道需要几百年才能达到的联合，现代的无产者利用铁路只要几年就可以达到了。”[④] 恩格斯在《英国工人阶级状况》一书中写道：“大城市是工人运动的发源地：在这里，工人首先开始考虑到自己的状况并为改变这种状况而斗争；在这里，首先出现了无产阶级和资产阶级利益的对立；在这里，产生了工人团体、宪章运动和社会主义。”[⑤]因此从特定意义上说，资本主义国家工人运动的主要形式是城市革命或改良。1848 年法国革命、1871 年巴黎公社起义以及 1917 年俄国十月革命都是在城市条件下爆发的。这说明，资本主义生产方式从根本上确立了城市经济的统治地位，并形成资产阶级与工人阶级在城市地区的集中，两大阶级直接对立和冲突便自然

① 《马克思恩格斯文集》第 2 卷，人民出版社，2009，第 50-51 页。

② 同上书，第 36 页。

③ 同上书，第 36 页。

④ 同上书，第 40 页。

⑤ 同上书，第 436 页。

表现为“城市运动”或“城市革命”。直到第二次世界大战总爆发之后，在一些发达国家的主要城市推动并实现了公共资源和公共服务的均等化发展，阶级矛盾得到缓解，由此城市化成为一股不可逆转的发展趋势。

## 二、西方发达资本主义国家城市化发展经验教训

研究社会主义现代化城市的发展要求，首先要明确的是，城市的实际情况是怎样的，而不是应当怎样。世界各个国家的国情不同，城市化都有自己的特点。每个城市的发展尤其应根据其具体的历史、自然、人文情况，采取适合的方式，而不能照抄照搬别的城市的经验和样板。中国无法照搬别国模式，但是可以借鉴其他国家的经验，以促进我国社会主义现代化建设中的城市化、农业现代化、工业化的协调发展，避免其他国家城市化进程中所出现的弊端。

西欧是近代工业革命的策源地与集中地，其城市化进程在西方国家的城市化发展历史上也具有典型研究价值。18 世纪末以来，伴随着工业化和城市化出现的欧洲和美国的城市环境问题，尤其为我国的城市化发展敲响了警钟。

作为工业化的结果，西欧的城镇在 18 世纪晚期开始飞速发展。技术的发展提高了农业生产的效率，减少了农业生产对劳动力的需求，也鼓励了人口流入城市中心。由于被新兴城市产业所提供的就业机会吸引，工人不断涌入，这又促进了商品和服务市场的发育。1700 年，只有不到 2% 的英国人在城市里生活。到 1900 年，大多数英国人都成了城里人。其他欧洲国家城市化起步较晚，却发展很快。原来许多地方性流行病使得中世纪的城市健康状况极不理想，而由于现代医学和公共卫生措施的发展，大多数流行病得以根除，这大大刺激了城市的发展。但是人口的快速聚集也带来了城市的诸多问题。

首先是住房紧张。城市人口的大量增长导致城市地价急剧上涨，人口压力使城市无力应对，从而导致工人阶级居住在过于拥挤和恶劣的环境中。19 世纪英国城市里存在的所谓工人住宅区，实为贫民窟。在每一个大城市中，伦敦、利物浦或曼彻斯特，贫民窟都以不同的模式存在着。恩格斯在《英国工人阶级状况》里对英国各地的贫民窟的描述比比皆是：“每

一个大城市都有一个或几个挤满了工人阶级的贫民窟。……英国一切城市中的这些贫民窟大体上都是一样的；这是城市中最糟糕的地区的最糟糕的房屋，最常见的是一排排的两层或一层的砖房，几乎总是排列得乱七八糟，有许多还有住人的地下室。这些房屋每所仅有三四个房间和一个厨房，叫作小宅子，在全英国（除了伦敦的某些地区），这是普通的工人住宅。这里的街道通常是没有铺砌过的，肮脏的，坑坑洼洼的，到处是垃圾，没有排水沟，也没有污水沟，有的只是臭气熏天的死水洼。……房子从地下室到阁楼都塞满了人，而且里里外外都很脏。”① 同一时期，那些相对规模略小而密度较高的其他欧洲城市如巴黎、柏林等也有它们各自的噩梦。恶劣的居住环境甚至导致人们身体素质的下降和心理问题的蔓延。住房问题因此被视为城市问题的核心。

其次是交通拥堵。欧洲传统的密集型城市是建立在速度缓慢而价格昂贵的交通技术时代。铁路的出现使居住的日益分散化成为可能，尤其是那些新兴的郊区居住区都是在围绕着火车站步行距离以内的范围进行规划。20 世纪以后，随着技术发展走向成熟和流水线技术的应用，汽车得以大规模生产并降低价格为大众所拥有。机动车时代的到来使许多欧洲城市的面貌发生了根本性变革，它替代了缓慢的马匹和老式马车，同时使北美地区低密度、中心弱化的城市的出现成为可能。然而仅仅 20 年后，交通堵塞就在一些欧美城市出现，其根本原因在于原始的道路无法应对快速增长的汽车拥有量。交通拥堵所导致的尾气和噪声使城市环境日益恶化、行车速度降低、耗油量增加、燃料费用增长，同时也导致交通事故上升，经济损失惊人。交通拥堵已经成为城市发展进程中面临的极其严重的“城市病”之一，也间接导致了中心城区的衰落。直至今日，这个问题尚未得到根本解决。

再次是环境污染。工业革命初期，英国政府当局毫不考虑规划上的功能分区，从来不让工厂集中设在某一特殊地区，放任“自由竞争”决定工厂的位置，工业、商业和生活居住区三者混杂在一起。在工业城市里，较富的阶级迁出到风景宜人的郊区，而中下层人们的居住地带总靠近污染严重、噪声大的工厂，生活环境极其糟糕。即使中等阶级的公寓住房也“与

① 《马克思恩格斯全集》第 2 卷，人民出版社，1957，第 306-307 页。

地窖差不多”[①]。在某些城市，19 世纪 40 年代 1 岁以下婴儿死亡率分别为：卫生状况良好的区域 15%，卫生状况一般的区域 21%，卫生状况差的区域 30%，而卫生条件极端恶劣的区域则高达 44%[②]！除了空气污染和水污染，严重的噪声污染同样普遍。由于缺少必要的公共卫生设施，恶劣的生活、工作环境极大地影响了城市居民的健康——与农村人口平均寿命 50 岁左右相比，工业城市工人的平均寿命只有 30 多岁，同时瘟疫猖獗，死亡率很高[③]。从生态环境的视角来考察，工业革命造成了人类历史上第一次大规模的环境污染。后经过长期不懈的环境治理，才改变了污染的状况。在世界范围内，英国形成了典型的“先污染，后治理”的模式，留给今天正进行工业化的国家很多值得汲取的经验和教训。

最后是贫穷、犯罪、吸毒、暴力等社会问题。城市条件下各种人口和社会要素的聚集增强了工业资本主义的巨大力量，也加剧了个人和群体（阶级）利益的互相促动和冲突。恩格斯总结 19 世纪 40 年代以伦敦为代表的世界性商业大城市特征时指出：“这种大规模的集中，250 万人这样聚集在一个地方，使这 250 万人的力量，增加了 100 倍。”[④] 大城市的聚集性衍生出各种社会问题。在《英国工人阶级状况》一书中，恩格斯曾用较大篇幅记述和分析英国工人中某些“严重的道德堕落的现象”[⑤]。比之于极端的犯罪、暴力、吸毒等问题，恩格斯认为，城市人群中人际关系淡薄和传统规范衰落、目光短浅的利己主义更为普遍和危险，而他提出的解决方案是要从根本上改变产生自私自利品质的生产方式。

尽管人们公认工业化的发展促进了城市化进程，但是工业化的发展并没有从根本上解决以上西方发达资本主义国家在城市化进程中所经历的种种矛盾和问题。在发达国家，工业化已进入后工业时代，社会能够提供更多和更完善的就业和教育机会、更好的住房待遇以及更精细的社会管理，但是造成以上种种问题的根本因素——社会不公——却依然存在，并成为

---

① 刘易斯·芒福德：《城市发展史——起源、演变和前景》，宋俊岭、倪文彦译，中国建筑工业出版社，2005 年，第 474-478 页。

② Carter Harold，Lewis C. Roy：*An Urban Geography of England and Wales in the Nineteenth Century*，Edward Arnold，1990，p. 202.

③ Walwin James：*English Urban Life* 1776-1851，Hutchinson，1984，p. 129.

④ 《马克思恩格斯全集》第 2 卷，人民出版社，1957，第 303 页。

⑤ 同上书，第 405 页。

一种社会文化而继续传承。诚如马克思在《资本论》中的主要观点：资本主义社会的工业化水平发展越高，所造成的剩余人口越多。底层阶级存在，阶级和社会矛盾也将继续存在。

## 三、苏联和东欧社会主义国家城市化发展经验教训

世界社会主义运动从工人运动开始，工人阶级是社会主义运动的主体，是推动社会变革的主要力量。社会主义国家从建立开始，就对城市有着充分的认识和重视。对于资本主义条件下的城市促进社会发展的作用，马克思、恩格斯概括为：它为社会主义"创造了物质前提"，"聚集着社会的历史动力"[①]。明确提出城市是经济、政治和人民精神生活中心观点的，当属列宁和斯大林。列宁说："城市的发展要比乡村迅速得多，城市是经济、政治和人民的精神生活的中心，是前进的主要动力。"[②] 斯大林讲得更具体、更现实，他认为社会主义城市是社会主义经济、政治和人民精神生活的中心。

在具体的社会主义建设实践中，苏联等社会主义国家也是城市先行。十月革命以后，苏联的城市发展十分迅速。不到 70 年的时间，城市人口占总人口比重就由 1917 年的 18% 上升到 1985 年的 65%，城市人口增加了 5 倍。与工业革命早期美国等资本主义国家轻视城市规划的政策不同，苏联的城市设计规划得到政府的高度重视。由政府和专家学者组成专门的城市规划设计建设机构，而其主导性思想来源于学者和设计师、建筑师，政府把权力赋予了具有公正性的高水平的决策者。这使得城市环境体现了综合性效益考虑，集中了各个学科研究的成果，使城市布局从选址到交付使用，都经过反复论证，体现了人民性、长远性和科学性。

与西方发达国家的城市化进程相比较，苏联城市化不仅速度快，而且力图寻求更加适合人民需要的模式。在美国，城市中心为商业区所占据，体现出资本和市场的力量。而苏联城市则更加重视宏大的广场和图书馆、博物馆、大剧院等文化设施及其他公共设施。苏联学者认为，尽可能地缩短劳动者的劳动时间、增加闲暇时间，是体现社会发展和城市文明环境形成的重要指标。20 世纪 60 年代初，苏联就开始实行 5 天工作制，每人每

① 《马克思恩格斯全集》第 23 卷，人民出版社，1972，第 552 页。

② 《列宁全集》第 19 卷，人民出版社，1959，第 264 页。

周总的闲暇时间为 34 小时。每天的工作时间从 8 小时缩短到 7 小时或 6 小时。苏联的城市生态环境设计建设的目的之一还在于使居民能亲近大自然，为此他们兴建了许多郊外休息点，供市民打猎、钓鱼、采蘑菇等。各城市都有比较完备的文化教育设施，如莫斯科市总共有 30 所剧院、150 所博物馆、62 个体育场、14 个体育馆、36 个游泳池，为居民休闲锻炼提供了必要的基础设施。

当然，苏联的“福利型”城市管理模式也有其弊端。苏联城市管理方面最为突出的特征就是，政府对城市公用设施予以财政补贴。1981 年，苏联财政补贴，包括食品、药物、儿童玩具、交通费用、房租补贴等，总计 400 亿卢布左右，相当于当年国家预算支出总额的 12.8%。苏维埃成立以来，苏联长期实行房屋由国家分配并只收取低房租的政策，以解决城市居民住宅问题。而且城市居民的水、电、煤气、暖气费和城市公共交通费用很低，且一直没有增长。以上支出加上房租，只占职工家庭开支的 3%~5%，而英美两国的房租则达到居民工资收入的 20%~25%。

第二次世界大战结束后，苏联城市公用事业得到发展，居民福利事业得到改善，新建地区居民点不断增加，社会文化机构也随之增加。公用事业的建设和经营费用增加而收费却不变，亏损在所难免，这导致了地方预算的支出一直在增加。以城市交通为例，莫斯科地铁在 20 世纪 80 年代末以前，全程票价只有 5 戈比，从 20 世纪 30 年代起的 50 年间就没有提过价。客运火车线路延伸许多，居民工资水平也提高了近两倍，但城市交通服务收费标准却一直没变，导致交通部门入不敷出，只能依赖政府补贴，给国家财政背上了沉重的负担。

苏联高度集中的计划经济模式的弊端也体现在城市管理方面，主要是地方政府对城市的方方面面进行直接管理。城市政府对公用设施和公共事业方面的管理事无巨细，涵盖了从物资供应、资金拨付、人员配备、产品生产和销售等方面的协调和组织，却忽视了鼓励和刺激城市经济社会的发展，削弱了社会福利体系的根基——城市的经济基础。此外，中央政府对地方采取“条块分割”的管理体制，各个城市政府不能自行对城市经济系统的运行进行有效管理，需听命于中央各部委的指令性计划，从而导致管理部门庞大、政出多门、效率低下、效益降低。这在我国改革开放以前的城市建设中亦不少见。

## 第二节　新中国城镇化进程与社会主义现代化城市

新中国成立之初实行了城乡二元体制，城市化一直滞后于工业化，不仅给城市也给整个经济社会发展带来了很多问题。实现城市化，是我国逐步摆脱不发达状态，实现现代化必不可少的战略任务。在我国向社会主义现代化强国迈进的21世纪，城市化将按其自身发展规律，进入加速阶段。

### 一、改革开放前的城市化道路

在新中国成立之初，国际上，以美国为首的西方国家对我国采取封锁和遏制政策，意图将新政权扼杀在摇篮里；在国内，我们则面临资源短缺、工业化和城市化整体落后的局面，历经战乱的城市满目疮痍。在这样的时代背景下，新中国以“立国战略”为目标，通过计划经济手段实施重工业优先发展战略，取得了显著的成效。然而，“以农补工”和“户籍制度”两大制度设计在快速累积工业经济利润的同时也造成了严重的城乡分割问题。严格的户籍管理制度和普遍低下的城乡生活水平使得中国的城镇化在该阶段不具有匹配工业化发展所应有的活力与动力，总体上城镇化处于停滞的状态。

在改革开放之前的1949—1978年，城镇化发展服从于国家战略需求，受限于计划经济模式，这一期间的城镇化速度缓慢。在资源极度短缺、外部封锁遏制新中国发展的内外双重压力下，中国通过政府主导的计划经济方式优先发展重工业，提升军事工业生产能力和综合国防水平。然而，这种发展模式具有资本需求大、劳动力需求少的特征，无法为当时在农村聚集的80%以上的人口提供就业机会，因此政府通过创建城乡分离的户籍制度来管控农村人口向城市流动，以缓解城市就业压力。这一时期，城镇化的发展从属于工业化的发展，提高工业部门的劳资比率水平以优先保障资本密集型重工业的发展。但这样导致的直接后果，就是形成了典型的“城乡二元结构”。这种典型的“城乡二元结构”经济格局极大地限制了中国城乡、地区之间的人口流动，使得该阶段的城镇化进程整体上表现出一种接近停滞的态势。城镇化率由1949年的10.64%缓慢地增加至1977年的 17.55%，在近 28 年的时间内仅提高了 6.91 个百分点。另外，这一阶段的城镇化发展也会伴随着偶然性国家政策的冲击。受到“大跃进”的影响，城镇化率曾从 1955 年的 13.48% 迅速扩张到 1960 年的 19.75%，而随着对“大跃进”运动的纠正，之后的城镇化率则一直停滞在 17%~18% 的水平[①]。

## 二、改革开放以来中国城镇化发展

党的十一届三中全会的召开标志着中国人正式开启认识现代化、走中国式现代化道路的历程。1978 年实施改革开放以来，中国对内改革，对外开放，逐步推动计划经济体制向市场经济体制的转变。得益于家庭联产承包责任制的不断完善、户籍制度的逐渐放松以及中国沿海地区持续对外开放，劳动要素的流动能力大幅提高，劳动力的供给和需求关系在新的制度与环境下发生变化，从而使得城镇化的进程得以恢复并快速发展。

1979—1991 年，中国的改革开放处于早期阶段。1984 年 10 月党的十二届三中全会作出的《中共中央关于经济体制改革的决定》指出，城市在社会主义现代化建设中起着主导作用。在“建设适应四个现代化需要的社会主义的现代化城市”的理念指引下，重新强调了城市在国民经济发展中的重要地位与作用，对城市规划、建设与发展的科学内涵的认知逐步加深。这一时期占主流的观点认为，小城镇不仅是国家决策的结果，而且是国情的必然产物，能够促进农村剩余劳动力问题的解决。著名学者费孝通认为，小城镇比农村高级，与农村有着密切联系，在人口、经济等方面都能引导农村。因为中国有太多农村人口，存在严重的“三农”问题，而小城镇能实现农村人口的就地转移，是有特色的城市化道路。他认为，“小城镇建设是发展农村经济、解决人口出路的一个大问题”[②]。小城镇论者认为，在当时中国大城市普遍基础设施条件落后的情况下，将农村人口转移到大城市会加剧城市就业压力，加剧城市住宅和交通紧张，而小城镇能够缓解农村剩余人口转移的压力，能够连接城乡，是大城市辐射的基地。发展小城镇可以促进农业现代化，调节城市人口规模，带动农村发展，支撑

① 刘秉镰、朱俊丰，《新中国 70 年城镇化发展：历程、问题与展望》，《经济与管理研究》2019 年第 11 期，第 5 页。

② 费孝通：《小城镇　大问题》，《瞭望周刊》1984 年第 2 期，第 18-20 页。

县域经济发展，为农民提供更多就业。在此期间，城镇人口数量由 1978 年的 1.72 亿增加至 1992 年的 3.22 亿，城镇化率也由改革开放初期的 17.92% 上升展至 1992 年的 27.46%，共增加了 9.54 个百分点，年平均提高 0.68 个百分点[①]。今天看来，小城镇是初级的城市市区，只是当时城市化的权宜之计。

进入 20 世纪 90 年代后，中国经历了国际和国内政治的多重考验，在 1992 年邓小平南方谈话后，坚定了社会主义市场经济的发展道路。改革开放进一步深入，国情的发展也要求我国的城镇化转向优先发展大城市。“八五”计划（1991—1995 年）首次提出“城市化”概念，要求“有计划地推进我国城市化进程”。1993 年党的十四届三中全会通过的《中共中央关于建立社会主义市场经济体制若干问题的决定》提出要重点建设开发区与大城市，加强对乡镇企业集聚的规划与引导，在对现有小城镇充分利用与改造的基础上，进一步建设和发展新的小城镇；1995 年，国家体改委等 11 部委联合制定实施《小城镇综合改革试点指导意见》，指出要推进对小城镇的改革发展与建设；1998 年、2003 年中共中央和国务院重要文件相继出台，标志着县级层面以下的户籍管理制度等长期问题开始得到解决。这一时期，大城市表现出比小城市更明显的规模效应，特别是人口规模和土地规模效应；中央政府强调重点发展条件好的大城市和中心城市，带动区域经济的发展，吸纳大量农村剩余人口。实践也证明，中小城市依赖于大城市的发展，而小城镇的带动能力弱，聚集效应低，依赖于政府投资，乡镇企业的盲目发展对资源造成了浪费，对环境污染也负有不可推卸的责任。而发展大城市能够发挥规模聚集效应，形成经济增长带，带动周边地区发展，这也适应中国人口多、土地少的国情。在这一阶段，伴随着小城镇的持续改革试点，大城市的规模经济效应开始得到重视，城镇人口数从 1993 年的 3.31 亿迅速发展到 2001 年的 4.8 亿，城镇化率也从 27.99% 提高到 37.66%，平均每年提高 1.21 个百分点，尤其在 1995—2001 年，城镇化率年增长高达 1.44 个百分点。从流动人口规模来看，随着 1993 年城镇粮油定量供应制度的废除，全国的流动人口也呈现快速扩张的态势，从 2000

---

① 苏红键、魏后凯：《改革开放 40 年中国城镇化历程、启示与展望》，《改革》2018 年第 11 期，第 49-59 页。

多万到 2001 年急剧扩张到 8000 多万[①]。

2001 年中国加入世界贸易组织，经济发展开始进入快车道，城市发展日益与国际接轨。“十五”计划纲要（2001—2005 年）提出，“随着农业生产力水平的提高和工业化进程的加快，我国推进城镇化的条件已渐成熟，要不失时机地实施城镇化战略”。伴随着中国经济的快速发展，区域非均衡发展战略导致区域间的经济效率水平有所差异，城乡差距、区域差距以及不同群体之间的收入差距逐渐扩大。2002—2011 年城镇化率从 39.09% 上升至 51.27%，年平均提升 1.35 个百分点； 城镇人口数也从 5.02 亿增加到 6.91 亿[②]。中国的城镇化率正式突破 50% 的界限，处在了城市生长周期理论的中线。另外，1991—2000 年中国城市建设用地年均提高 1000 平方千米，而沿海省市在 2001 年就已用完 2010 年的土地指标。城镇化的快速扩张伴随着土地的城镇化过快、城市发展空间失衡的问题。我国的区域协调发展战略在重点解决南北平衡和东西平衡问题的同时，也要求城镇化走协调发展的道路，促进城镇化的快速发展与城乡融合。2007 年党的十七大再次提出以大带小，“促进大中小城市和小城镇协调发展”。

2012 年之后，中国经济增长速度放缓意味着传统的增长动力已不足以支撑中国经济的快速发展，中国经济已经处于跨越中等收入陷阱和经济转型升级的关键节点，中国经济亟须向高质量发展转型升级。在此背景下，中国的城镇化也需要转向速度与质量并重的高质量发展阶段。总结改革开放后 40 年的中国城镇化进程，成果是显著的：1978 年我国的城镇人口只有 1.7245 亿，城镇化率低至 17.92%；而 2018 年，我国城镇化率为 59.58%，城镇常住人口达到了 8.3137 亿[③]。预计未来 15 年，中国城镇化率将持续增长，城镇化的速度将继续平稳下降，户籍人口与常住人口城镇化率下降。预计到 2035 年，中国城镇化比例将达到 70% 以上。

但是，前面所述西方发达国家和苏联等社会主义国家在城市化进程中所出现的矛盾和问题，在我国的多数城市都有不同程度的显现。在快速城

---

① 刘秉镰、朱俊丰：《新中国 70 年城镇化发展：历程、问题与展望》，《经济与管理研究》2019 年第 11 期，第 6-7 页。

② 《中华人民共和国 2011 年国民经济和社会发展统计公报》，国家统计局网站：http://www.stats.gov.cn/tjsj/tjgb/ndtjgb/qgndtjgb/201202/t20120222_30026.html。

③ 《中华人民共和国 2018 年国民经济和社会发展统计公报》，国家统计局网站：http://www.stats.gov.cn/tjsj/zxfb/201902/t20190228_1651265.html。

市化的背景下，城市化的问题层出不穷使得城市管理任重道远，传统的城市管理体制面临挑战。

首先，从城市社会发展看，中国进入城镇化后期，城市风险有所增加。在城镇化的前期和中期，城市风险相对较小。随着城镇化进入后期，风险有所增加。未来，一方面人口大规模城镇化需要相应的就业机会，2019 年城镇新增劳动力达 1500 万人。智能化技术将从结构和总量上影响就业机会，劳动密集型产业转移也将出现就业岗位流失。另一方面，人口以家庭式迁移方式向城镇加速聚集，老龄化时代到来，对公共支出提出巨大需求。其他诸如移民、反恐、贫困、疫情、污染等“城市病”，为创新管理体制提供了机会和挑战。风险多发容易引起风险共振。特别是就业问题解决不好，将引发严重的社会风险。

其次，从城市经济发展看，中国处在迈向高收入国家的跨坎期。当前，中国的转型正处在“一脚门里，一脚门外，重心在外”状态，虽然少数城市跨入高收入的门槛，但多数城市距离门槛尚远。2018 年中国大约有 12 座城市人均 GDP 超过 2 万美元。未来 15 年，中国将通过中心城市带动逐步实现局部升级到全面升级。在一线城市完成全面转型升级后，二线三线城市实现转型升级，从而使不少城市进入高收入水平。高收入社会是现代化的核心标志。

再次，从区域关系看，中国进入城市区域荣衰的博弈期。当前及未来一段时间，中国区域经济正处在“南北分化”和“东中收敛”博弈期。基于要素和环境空间异质性的现实，区域经济不可能完全同步。东部中心向中部扩展，中部崛起，显示出区域从集中聚集向局部扩散的积极转变。南北分化加剧，影响区域转型扩散进程。2018 年中国省区 GDP 增速总体上呈现“南高北低”态势。

最后，从城乡关系看，中国进入城乡一体的转折期。当前，中国的城乡矛盾跨越了极化的拐点，但城乡一体还远未实现。城乡基础设施与环境建设落差巨大，城乡基本公共服务差距较远，城乡居民收入差距过大，法律规定和赋予的公民基本权利在城乡之间还存在差别。未来 15 年，中国从城乡分割到城乡一体的转折势必发生。

如果不能够解决以上这些问题，必将会拉低我们的整体现代化水平。原有的计划经济体制下的城市管理方式无法应对这一系列矛盾和问题，必须通过城市管理的转型来充分调动和利用有限资源来消除这些瓶颈，使城市能够良性运行和发展。2013 年 6 月召开的党的十八届三中全会提出推进国家治理体系和治理能力现代化重大命题，随后召开的新中国成立以来首次中央城镇化工作会议将新型城镇化发展上升到“新四化”这一前所未有的国家战略高度。中央城镇化工作会议明确了推进城镇化的指导思想、主要目标、基本原则，提出了城镇化发展的六大重点任务：推进农业转移人口市民化；提高城镇建设用地利用效率；建立多元可持续的资金保障机制；优化城镇化布局和形态；提高城镇建设水平；加强对城镇化的管理。自此，如何完善政府治理能力，建设人民安居乐业的宜居城镇和美丽乡村，成为社会各界共同关注的重大议题。

此后，2014 年十二届全国人大二次会议审议的政府工作报告提出，“推进以人为核心的新型城镇化”。2014 年 3 月 16 日，《国家新型城镇化规划（2014—2020 年）》出台，设定了 2020 年城镇化水平、基本公共服务、基础设施等量化指标，从农业转移人口市民化、城镇化布局和形态、城市可持续发展能力、城乡发展一体化、城镇化发展体制机制五个方面部署具体工作。2015 年 12 月召开的中央城市工作会议中提出“建设和谐宜居、富有活力、各具特色的现代化城市”，“要尊重城市发展规律”，第一次提出“完善城市治理体系，提高城市治理能力”。2016 年国务院印发《关于深入推进新型城镇化建设的若干意见》，至 2019 年连续三年发布新型城镇化建设主要任务。每年城镇化建设任务在此前工作取得进展的基础上，针对存在问题进行政策微调，在落户政策、城市功能建设、中小城市和特色小城镇培育、土地利用机制等方面进一步细化。这些政策和规划的制定，说明改革开放以后我国城市化进程从单纯追求速度到追求质量的变化，不断提升城市治理现代化水平的迫切要求。

## 三、从经济特区到社会主义示范城市——深圳

中国的改革开放有两个起点，一个是农村实行的家庭联产承包责任制，另一个是经济特区的设立。深圳一直是改革的“试验田”、开放的“窗口”，承担为改革开放先行探索的使命。1979 年 4 月，广东省委提出，希望中央能根据广东紧靠港澳、华侨众多的特点，给予特殊政策，在深

圳、珠海、汕头建立出口加工区。这一设想得到了党中央的大力支持。邓小平同志明确指出，还是叫特区好，中央可以给些政策，你们自己去搞，杀出一条血路来。同年7月，党中央、国务院批准广东、福建两省实行"特殊政策、灵活措施、先行一步"，并试办出口特区。1980年8月党和国家批准在深圳、珠海、汕头、厦门设置经济特区，1988年4月又批准建立海南经济特区，明确要求发挥经济特区对全国改革开放和社会主义现代化建设的重要窗口和示范带动作用①。

自1978年党和国家作出兴办经济特区重大战略部署以来，深圳经济特区从一个默默无闻的小渔村发展成为拥有2000万人口的现代化国际都市，"是改革开放后党和人民一手缔造的崭新城市，是中国特色社会主义在一张白纸上的精彩演绎"。从城市发展的角度来说，深圳"用40年时间走过了国外一些国际化大都市上百年走完的历程"，"这是中国人民创造的世界发展史上的一个奇迹"②。

没有先天的丰富资源，有的只是改革开放释放的强大活力，深圳焕发出前所未有的生命力。1979年，深圳建市时GDP不足2亿元，而到了2017年这一数值已经高达2.2万亿元，猛增了1.1万倍，而常住人口则增加了近40倍；同一时期内，中国经济增长了约200倍。就像世界其他国家对中国的经济增速望尘莫及一样，中国其他城市面对深圳，也不免瞠乎其后。不仅是生产力水平的发展，深圳的城市化速度更是惊人，"三天一层楼"的速度曾让深圳闻名全国。40年来，深圳坚持以人民为中心的发展观，人民生活水平大幅提高，教育、医疗、住房等实现翻天覆地的变化，2019年居民人均可支配收入6.25万元，比1985年增长31.6倍；率先完成全面建成小康社会的目标，实现了由解决温饱到高质量全面小康的历史性跨越③。

直至今日，深圳对人才的吸引力仍在全国居于首位，超过上海和北京。2018年，中国获得人口红利最大的是广东，一年增加177万人。其中尤以深圳为最，净流入49.8万人，广州净流入40.6万人，佛山净流入

---

① 习近平：《在深圳经济特区建立40周年庆祝大会上的讲话》，新华网，2020年10月15日。

② 同上。

③ 同上。

29.5 万人[①]。人口指标既是城市化程度的重要指标，也是城市竞争力的动态体现。一个城市保持持续的青春活力，最好的方法也是吸纳各类型年轻有活力的人才。城市间的竞争、发展归根结底都是人才间的竞争。

通过深圳的发展，可以总结出我国改革开放 40 年在城市建设发展方面的经验：一是必须坚持党对经济特区建设的领导，始终保持经济特区建设正确方向；二是必须坚持和完善中国特色社会主义制度，通过改革实践推动中国特色社会主义制度更加成熟、更加定型；三是必须坚持发展是硬道理，坚持敢闯敢试、敢为人先，以思想破冰引领改革突围；四是必须坚持全方位对外开放，不断提高“引进来”的吸引力和“走出去”的竞争力；五是必须坚持创新是第一动力，在全球科技革命和产业变革中赢得主动权；六是必须坚持以人民为中心的发展思想，让改革发展成果更多更公平惠及人民群众；七是必须坚持科学立法、严格执法、公正司法、全民守法，使法治成为经济特区发展的重要保障；八是必须践行“绿水青山就是金山银山”的理念，实现经济社会和生态环境全面协调可持续发展；九是必须全面准确贯彻“一国两制”基本方针，促进内地与香港、澳门融合发展、相互促进；十是必须坚持在全国“一盘棋”中更好发挥经济特区辐射带动作用，为全国发展作出贡献[②]。

几十年的发展，深圳不仅自身的工业化和城市化水平迈向国际先进城市的行列，而且日益成为中心城市，带动周边城市成为城市群，也成为中国未来城市化发展的示范城市。新型城镇化格局培育重点在以中心城市引领的城市群和都市圈，国家发展战略相关区域将成为建设领头羊。《国家新型城镇化规划（2014—2020 年）》提出以“城市群”为主体形态推动大中小城市协调发展，近年来政策关注度更是日益剧增，党的十九大报告、中央经济工作会议、政府工作报告等都纷纷指出要重视中心城市的辐射作用。2018 年 11 月发布的《中共中央国务院关于建立更加有效的区域协调发展新机制的意见》，从区域经济角度强调了发展城市群对板块融合的推动作用，重要区域中的城市群建设将是奠定区域协调发展的重心所在。2019 年 8 月 9 日发布的《中共中央国务院关于支持深圳建设中国特色社会主义先行示范区的意见》（以下简称《先行示范区意见》），提出到 2025

---

① 《广东统计年鉴 2019》，广东统计信息网：http://stats.gd.gov.cn/gdtjnj/content/post_2639622.html。

② 习近平：《在深圳经济特区建立 40 周年庆祝大会上的讲话》，新华网，2020 年 10 月 15 日。

年，深圳建成现代化国际化创新型城市；到2035年，成为我国建设社会主义现代化强国的城市范例；到本世纪中叶，成为竞争力、创新力、影响力卓著的全球标杆城市。

在《先行示范区意见》中“先行示范区”被赋予5项战略定位，即高质量发展高地、法治城市典范、城市文明示范、民生幸福标杆和可持续发展先锋。高质量发展高地，指深化供给侧结构性改革，实施创新驱动发展战略，建设现代化经济体系，在构建高质量发展的体制机制上走在全国前列。法治城市示范，指全面提升法治建设水平，用法治规范政府和市场边界，营造稳定公平透明、可预期的国际一流法治化营商环境。城市文明典范，指践行社会主义核心价值观，构建高水平的公共文化服务体系和现代文化产业体系，成为新时代举旗帜、聚民心、育新人、兴文化、展形象的引领者。民生幸福标杆，指构建优质均衡的公共服务体系，建成全覆盖可持续的社会保障体系，实现幼有善育、学有优教、劳有厚得、病有良医、老有颐养、住有宜居、弱有众扶。可持续发展先锋，指牢固树立和践行“绿水青山就是金山银山”的理念，打造安全高效的生产空间、舒适宜居的生活空间、碧水蓝天的生态空间，在美丽湾区建设中走在前列，为落实联合国2030年可持续发展议程提供中国经验。

中国的城镇化发展，特别是大城市的发展先后顺序，与中国的对外开放在空间范围上相重合，体现了先行试点、由点到面、全面推广的特点，说明在对内改革与对外开放并行释放国内生产活力的背景下，持续扩大的对外开放成为城市发展的重要动力源泉。20世纪80年代初，设立深圳等4个经济特区，80年代中期开放天津等14个沿海城市，90年代提出沿江和沿边开放战略，中国逐步形成了从南至北、由东到西，“特区—沿海—沿江—沿边”的对外开放区域增长极空间格局。这种对外开放空间格局在推动工业化快速发展的同时，也在不断地吸引着劳动力流向沿海等对外开放地区，提高了沿海地区城市的国际化水平，使得沿海城市得到了快速发展。

总之，中国的城市化随着工业化进入高速发展时期，城市规模不断扩大，出现了城市群和城市带，吸引了大量农民进城务工，改变了我国的人口结构，表明城市化发展到了更高阶段。在中国的城市化进程中，不能照抄国外模式，不能采用统一的模式，而要根据不同地区的特点发展区域特色的城市化道路。中国城市化需要统筹城乡经济发展，要立足当地实际，形成合理的城镇体系结构，推动区域产业专业化，加强农村小城镇基础建设，为居民营造良好的公共环境。当前，中国特色社会主义进入新时代，支持深圳高举新时代改革开放旗帜、建设中国特色社会主义先行示范区，有利于在更高起点、更高层次、更高目标上推进改革开放，形成全面深化改革、全面扩大开放新格局，为中国的城市化道路进一步发展探索出更高标准的前进方向，为实现中华民族伟大复兴的中国梦提供有力支撑。

## 第三节　新时代建设社会主义现代化城市

现代化发轫于西方发达国家，随后逐渐延展到发展中国家和地区。当今，现代化水平已经成为衡量一个国家经济社会发展程度的重要指标。随着全面深化改革的进行，中国经济社会转型升级加速，现代化进程不断推进。现代化是一个社会整体变迁的过程，而一个国家的城市化水平也体现了一个国家的综合国力和治理能力的现代化水平。

### 一、何谓社会主义现代化城市

改革开放后的40年里，中国的城市化进程不断加快，它既是实现现代化的重要目标，也是不断推动中国经济增长的主要动力。当前，中国特色社会主义进入新时代，我们要在之前40年的基础上继续推进改革开放，形成全面深化改革、全面扩大开放的新格局，探索全面建设社会主义现代化强国的新路径，为实现中华民族伟大复兴的中国梦提供有力支撑。

那么，何谓社会主义现代化城市？根据2019年8月9日发布的《中共中央国务院关于支持深圳建设中国特色社会主义先行示范区的意见》，我们认为，社会主义现代化城市应当具备以下特征。

第一，在经济建设方面，要有体现高质量发展要求的现代化经济体系。城市建设和经济发展相辅相成，相互促进，经济发展是城市建设的基础，城市建设为经济发展提供物质条件。只有实现产业现代化，才能不断提高城市竞争力，吸引人才、资金、技术，为城市创新发展提供源源不断的动力。

第二，在政治建设方面，要有彰显公平正义的民主法治环境。民主法治和社会公平正义，为新型城市化发展道路提供有力的政治保证和法治保障。现代化社会，人民不仅对物质生活水平和质量提出了新的更高的要求，而且在充分行使当家作主的民主权利、维护社会公平正义等方面都有了新的期待。所以建立开放、透明、稳定的民主法治秩序是新型城市化发展的题中应有之义。

第三，在文化建设方面，要有展现社会主义文化繁荣兴盛的城市文明。城市是人类社会发展的物质中心，也是人类社会的文化活动中心。随着城市物质文明和精神文明的发展，文化建设在综合国力中的地位和作用进一步得到凸显，而精神文明建设对推动建成普惠性、高质量、可持续的城市公共文化服务体系、发展文化产业方面所起到的作用也日益重要。

第四，在社会建设方面，要有共建共治共享共同富裕的民生发展格局。城市建设和管理的根本核心是保证民生。城市管理作为政府实施社会建设的一个重要抓手，与人民群众息息相关。发展为了人民、发展依靠人民、发展成果由人民共享。保障和改善城市民生，要坚持民生导向，完善社会保障体系，实现公共服务均等化。

第五，在生态文明建设方面，要有人与自然和谐共生的城市生态环境。“绿水青山就是金山银山”，安全高效的生产空间、舒适宜居的生活空间、碧水蓝天的生态空间能够为经济建设提供良好的环境支持，促进产业优化升级，还能提升居民的幸福感，维护城市的和谐稳定。因此生态文明建设是城市可持续发展的关键。

发展的根本目的是促进人的自由而全面的发展，社会主义现代化城市的建设关键是要以人民为本。现代化意味着以人为本的程度不断提高。部人类文明进步史，就是一部人的不断解放的历史。马克思讲：“任何一种解放都是把人的世界和人的关系还给人自己。”[①] 从整个人类发展历史上看，只有在现代化出现并发展到一定程度时，人类方有可能逐渐解决“人”成其为“人”的根本性问题。以人民为中心的发展思想，体现了我们党全心全意为人民服务的根本宗旨，体现了人民是推动发展的根本力量的唯物史观。《共产党宣言》指出，未来社会的理想目标是促进人的自由而全面的发展，这是马克思主义最根本的价值追求。以人民为中心的发展

① 《马克思恩格斯全集》第 1 卷，人民出版社，1956，第 443 页。

思想鲜明回答了“依靠谁发展、为了谁发展”这一发展中的根本问题、原则问题，彰显了党热爱人民、服务人民、坚持人民至上的立场和感情。发展的主体是人民。人民群众不仅是物质财富的创造者，而且是精神财富的创造者和社会变革的决定力量，发展的根本动力是调动人民的积极性、创造性。于是，以人为本的基本理念逐渐深入人心，并逐渐成为人们生存和发展的根本目的，成为现代社会基本制度安排的基本依据。就一般情形而言，一个社会的现代化程度越高，这一点就越加明显。

## 二、城市治理能力现代化的具体内涵和意义

城市治理是国家治理体系的关键一环，随着城市人口所占比重不断提高，城市治理在国家治理中的地位也日渐凸显。在40年的改革开放过程中，我国城市社会管理体制随着国家与社会关系的变化而不断进行调整和改进，从“单位制”到“街居制”再到“社区制”，并在此基础上推行基层群众自治制度，形成了社区自治。这是党和国家根据人和社会的发展需要作出的社会管理体制的“规划性变迁”，体现了发挥关键作用的治理主体的变化和城市治理变革与创新的演进，也体现了我们在城市发展理念与方式上的进步。2015年中央第四次城市工作会议明确强调：“坚持以人为本、科学发展、改革创新、依法治市，转变城市发展方式，完善城市治理体系，提高城市治理能力，着力解决城市病等突出问题……走出一条中国特色城市发展道路。”①

城市治理是一个涵盖了政治学、社会学、法学、经济学等多个学科的研究领域，价值理念与治理技术两者相互融合与共生演化，共同作用于城市治理的全过程。它包含以下内容。

第一是坚持以人民为中心的现代化城市治理理念。城市工作的中心目标是创造优良人居环境，城市治理现代化要顺应城市工作新形势、改革发展新要求、人民群众新期待，坚持以人民为中心的发展思想，坚持人民城市为人民。习近平在2020年11月2日至3日上海考察时强调，城市是人民的城市，人民城市为人民。无论是城市规划还是城市建设，无论是新城区建设还是老城区改造，都要坚持以人民为中心，聚焦人民群众的需求，

① 中共中央文献研究室编《习近平关于全面建成小康社会论述摘编》，中央文献出版社，2016，第55页。

合理安排生产、生活、生态空间，走内涵式、集约型、绿色化的高质量发展路子，努力创造宜业、宜居、宜乐、宜游的良好环境，让人民有更多获得感，为人民创造更加幸福的美好生活。要牢记党的根本宗旨，坚持民有所呼、我有所应，把群众大大小小的事情办好。要抓住人民最关心、最直接、最现实的利益问题，扭住突出民生难题，一件事情接着一件事情办，一年接着一年干，争取早见成效，让人民群众有更多获得感、幸福感、安全感。

第二是坚持制度化、规范化、程序化和法治化的现代化城市治理理念。要发挥群众主体作用，调动群众积极性、主动性、创造性，探索建立可持续的运作机制，这样才能使城市社区充满活力[①]。党的十九届四中全会作出的《中共中央关于坚持和完善中国特色社会主义制度 推进国家治理体系和治理能力现代化若干重大问题的决定》（以下简称《决定》）指出，要健全充满活力的基层群众自治制度。健全基层党组织领导的基层群众自治机制，在城乡社区治理、基层公共事务和公益事业中广泛实行群众自我管理、自我服务、自我教育、自我监督，拓宽人民群众反映意见和建议的渠道，着力推进基层直接民主制度化、规范化、程序化。全心全意依靠工人阶级，健全以职工代表大会为基本形式的企事业单位民主管理制度，探索企业职工参与管理的有效方式，保障职工群众的知情权、参与权、表达权、监督权，维护职工合法权益。《决定》还指出，完善立法体制机制，必须坚持科学立法、民主立法、依法立法，完善党委领导、人大主导、政府依托、各方参与的立法工作格局，立改废释并举，不断提高立法质量和效率。城市社区是全国人大常委会建立的基层立法联系点，保障基层群众参与立法工作，才能及时反映社情民意，确保立法的科学性、民主性。习近平指出，人民代表大会制度是我国的根本政治制度，要坚持好、巩固好、发展好，要畅通民意反映渠道，丰富民主形式[②]。

第三是坚持开放包容共享的现代化城市治理理念。当今是“城市的世纪”，城市是现代社会的载体，是经济、政治、文化的中心。《决定》指出，在国内，要推动经济高质量发展，建设更高水平开放型经济新体制。

① 习近平：《深入学习贯彻党的十九届四中全会精神　提高社会主义现代化国际大都市治理能力和水平》，新华网，2019 年 11 月 4 日。

② 同上。

要实施更大范围、更宽领域、更深层次的全面开放。推动制造业、服务业扩大开放，拓展对外贸易多元化，加快自由贸易试验区、自由贸易港等对外开放高地建设，推动建立国际宏观经济政策协调机制，等等。这些都需要有更加开放的、包容的、共享的城市，需要共建共治社会治理制度，这是现代城市的核心精神所在，是城市具有吸引力的根本保障。当今世界更是开放多元的世界，世界上最具有活力和创新力的城市，都是最具开放和包容性的城市，中国也不例外。城市治理的开放包容，更多引入市民阶层的参与，可以增强市民的城市主人翁意识，让他们把城市真正作为自己的家园。

城市治理现代化是国家发展战略的总体要求。党的十八大以来，以习近平同志为核心的党中央提出了许多新的发展战略，形成“五位一体”总体布局和“四个全面”战略部署，提出“创新、协调、绿色、开放、共享”新发展理念，布局“一带一路”发展战略等，党的十九大确立到本世纪中叶把我国建成富强民主文明和谐美丽的社会主义现代化强国的目标。城市是全面建成小康社会的排头兵，是全面深化改革的重点，是全面依法治国的集中地，是全面从严治党的主阵地。要通过对城市治理体系和治理能力现代化的全力构建，探索国家治理体系和治理能力现代化的过程、方法、模式。为了贯彻新时代党和国家提出的发展要求，必须提高城市治理现代化水平。

城市治理现代化是提升城市发展质量、提高国际竞争力的客观要求。21 世纪是“大城市的世纪”，如今全球已经拥有 29 座超过 1000 万城市人口的超大城市。大城市的爆发性发展是世界发展格局变化的产物。20 世纪 80 年代以来，信息革命和全球化相辅相成推动了不同技术、不同产业、不同领域、不同地域之间的大融合，大城市在全球化浪潮中崛起，成为主宰世界经济的新主体。不断提高我国城市治理现代化水平和国际化程度，才能产生巨大的城市凝聚力，促进要素的合理流动，使我国城市在激烈的国际竞争中获得优势。习近平在上海考察时指出，自贸区要努力成为集聚海内外人才开展国际创新协同的重要基地、统筹发展在岸业务和离岸业务的重要枢纽、企业走出去发展壮大的重要跳板、更好利用两个市场两种资源的重要通道、参与国际经济治理的重要试验田，要有针对性地进行体制机制创新，强化制度建设，提高经济质量。

城市治理现代化是满足人民群众美好生活需求的必然要求。城市是社会经济发展的基础。当前，国内外形势正在发生深刻复杂变化，我国发展仍处于重要战略机遇期，前景十分光明，挑战十分严峻。改革开放40年的高速发展，在政治、经济、社会、文化、生态环境等方面也累积了矛盾甚至冲突，这就要求城市治理要把握大局，综合治理，多方发力，以确保经济在合理的区间发展，破解矛盾、难题。

## 三、提高城市治理现代化水平的战略目标、举措和根本保证

党的十九大明确提出，我国社会主要矛盾已经转化为人民日益增长的美好生活需要和不平衡不充分的发展之间的矛盾。我国稳定解决了十几亿人的温饱问题，总体上实现小康，不久将全面建成小康社会，人民美好生活需要日益广泛，不仅对物质文化生活提出了更高要求，而且在民主、法治、公平、正义、安全、环境等方面的要求日益增长。民之所望，施政所向。坚持以人民为中心不仅要体现在治国理政理念上，而且要转化为施政的具体举措。

针对城镇化进程中凸现出来的问题，党的十九届四中全会决定指出，"坚持和完善中国特色社会主义行政体制，构建职责明确、依法行政的政府治理体系"给出了提高城市治理现代化水平的战略目标和举措，强调要"优化行政区划设置，提高中心城市和城市群综合承载和资源优化配置能力，实行扁平化管理，形成高效率组织体系"，明确推进包括城市治理在内的国家治理体系和治理能力现代化，根本目标在于健全国家基本公共服务制度体系，满足人民日益增长的美好生活需要。

第　，坚定不移贯彻新发展理念，提高中心城市和城市群综合承载和资源优化配置能力。中心城市和城市群引领带动经济社会发展的作用日益凸显。近年来，随着我国经济进入到转型升级新阶段，中心城市的辐射带动引领作用彰显。2019年8月召开的中央财经委员会第五次会议指出，当前我国区域发展形势是好的，同时经济发展的空间结构正在发生深刻变化，中心城市和城市群正在成为承载发展要素的主要空间形式。通过提高基础设施水平和城市治理水平，城市能够大幅度提升对人口密度和人口规模的承载能力，有效解决"大城市病"，更好发挥中心城市和城市群的带

动引领作用。

落实新发展理念、推动高质量发展是根本出路。要坚持供给侧结构性改革这条主线，提升供给体系对国内需求的适配性，以高质量供给满足日益升级的国内市场需求。要坚定不移实施创新驱动发展战略，培育新动能，提升新势能，建设具有全球影响力的科技和产业创新高地。要围绕产业链部署创新链、围绕创新链布局产业链，前瞻布局战略性新兴产业，培育发展未来产业，发展数字经济。要加大基础研究和应用基础研究投入力度，发挥产学研深度融合优势，主动融入全球创新网络。要实施更加开放的人才政策，聚天下英才而用之。

第二，创新思路推动城市治理体系和治理能力现代化。经过 40 年高速发展，我国城市空间结构、生产方式、组织形态和运行机制发生深刻变革，面临城市治理承压明显、发展空间不足等诸多挑战。要树立全周期管理意识，加快推动城市治理体系和治理能力现代化，努力走出一条符合超大型城市特点和规律的治理新路子。要强化依法治理，善于运用法治思维和法治方式解决城市治理顽症难题，让法治成为社会共识和基本准则。要注重在科学化、精细化、智能化上下功夫，发挥信息产业发展优势，推动城市管理手段、管理模式、管理理念创新，让城市运转更聪明、更智慧。

城市治理能力现代化与科技进步密切相关。信息化、大数据、人工智能等现代技术手段可以帮助完善公共服务体系，推进基本公共服务实现均等化、可及性，这对城市治理现代化水平的提高具有根本性意义。具体来说，一是运用大数据治理的相关技术，可以加强“城市大脑”建设，充分发挥大数据收集、处理、储存信息等方面的功能，建立健全城市信息的数字化界面平台，提升治理效能。二是加强电子政务和智慧政务建设，借助智能自助终端、智能服务机器人、线上行政审批等，发展“互联网 + 服务平台”，开发独具城市特色、符合市民需要的政务平台，有效提高公共服务信息化水平。三是增强城市基础设施建设中的科技“含金量”，充分用好互联网、工业技术、生物技术等，推动完善城市基础设施，打造生态良好的绿色城市、卫生安全的健康城市、生活便利的智能城市。

第三，践行以人民为中心的发展思想，完善统筹城乡的民生保障制度，健全国家基本公共服务制度体系。增进人民福祉、促进人的全面发展是我们党立党为公、执政为民的本质要求。必须健全幼有所育、学有所教、劳有所得、病有所医、老有所养、住有所居、弱有所扶等方面国家基本公共服务制度体系，尽力而为，量力而行，注重加强普惠性、基础性、兜底性民生建设，保障群众基本生活。创新公共服务提供方式，鼓励支持社会力量兴办公益事业，满足人民多层次多样化需求，使改革发展成果更多更公平惠及全体人民。

2020年农历春节来临之际，一场新型冠状病毒肺炎疫情在神州大地迅速蔓延，给人民群众的生命健康安全带来了极大的威胁，严重影响了人们的日常生活，并对中国的经济社会发展造成了严重的影响，给城市发展和城市治理带来了严峻的挑战。到目前为止，疫情还没有得到根本性遏制，亟须尽快补齐疫情应对中暴露出来的短板和不足，将预防和应对突发公共卫生事件纳入城市发展和治理之中，实现城市发展与治理水平的提升。

未来对中国城市发展和治理影响最大的两大空间特征，一是“集聚性”，二是“流动性”。辩证地看待“集聚性”和“流动性”，有效处理好两者关系是中国城市发展和治理面临的重要挑战。在某种程度上，城市发展已经突破了地点空间（或场所空间），走向了流动空间，但在城市的治理方面还是基于一个封闭的城市空间。这体现了城市发展和治理之间的矛盾，治理落后于发展，以地理空间为基础的治理结构和以人为核心的传播途径二者之间产生了矛盾。扁平化管理能够帮助突破传统科层治理模式存在的弊端，突破传统的刚性治理模式，充分利用网络时代的信息化、大数据、人工智能等现代技术手段，创造适应于流动空间的弹性治理模式，形成基于流动空间的横向治理与合作机制，制定灵活性强的应急管理预案，逐步由刚性的城市空间形态走向一种柔性的有机多中心网络化空间形态。

共建共治共享是党在十九大报告中所提出的社会治理新格局、新目标，为新时代的城市社区治理提供了新思路、新方法和新方向。在抗击新冠肺炎疫情过程中，街道、社区等基层组织发挥了重要作用，“三微一端”等互联网平台成了社会治理中便捷高效的信息渠道与宣传阵地，志愿者等各类自组织补充了社会治理体系，承担了部分社会治理责任。这些在治理过程中形成的线上与线下融合的新型智慧治理范式与经验，将对未来城市的发展与治理产生深远影响。这也深刻体现了习近平总书记在上海考察时提出的：“让人民群众有更多获得感、幸福感、安全感，要履行好党和政府的责任，鼓励和支持企业、群团组织、社会组织积极参与，发挥群众主体作用，调动群众积极性、主动性、创造性，探索建立可持续的运作机制。”①

总之，社会治理是社会管理发展到一定阶段的转型和升级，是国家治理体系和治理能力现代化的基底部分，也是党和国家对社会问题的关切与回应，其中蕴含着对人民日益增长的美好生活需要的满足、对全体人民民主参与意愿和参与权利的遵从、对人民当家作主的肯定。随着社会主义新时代的到来，新型工业化、信息化、城镇化的深入推进，共建共治共享必将成为建设社会主义现代化城市的必经之路。

① 《让人民群众有更多获得感、幸福感、安全感》，载《习近平谈治国理政》第3卷，外文出版社，2020，第346页。

# 第十二章　建设人与自然和谐共生的现代化

党的十九大报告指出，“我们要建设的现代化是人与自然和谐共生的现代化”，“我们要牢固树立社会主义生态文明观，推动形成人与自然和谐发展现代化建设新格局，为保护生态环境作出我们这代人的努力”。上述表述在新的历史高度上阐述生态文明建设与现代化的内在关系，为推进中国特色社会主义生态文明建设，推动绿色发展，把我国建成富强民主文明和谐美丽的社会主义现代化强国指明了方向①。

## 第一节　人与自然和谐共生的现代化的丰富意蕴

准确认识“人与自然和谐共生的现代化”的深刻而丰富的内涵，对于建设人与自然和谐共生的现代化具有先决意义。

### 一、人与自然和谐共生的现代化是对传统现代化的超越

科学自然观是指人们对自然界科学认知的总和，其大体包括人们对自然界的本源、演化规律、结构以及人与自然之间关系的根本看法。科学自然观属辩证唯物主义范畴，其认为自然界是人类社会存在和发展的前提与基础，而自然界是处于永恒变化、运动、发展中的物质世界，对立与统一是自然界中一切事物的现象，人对自然界的认识随着人的认识能力水平的提高而不断深化，这是一个由“肤浅”到“深邃”，由“必然”到“自由”的过程。“人与自然和谐共生”的“科学自然观”指的是人既是社会人，也是生物人，“人与自然是一种共生关系，是生命共同体，人类必须尊重

① 黎昕：《努力建设人与自然和谐共生的现代化》，《福建日报》2018年1月29日，第9版。

自然、顺应自然、保护自然”[①]。这也属于人类认识论范畴[②]，指的是人类在破除自我中心论的情况下对人与自然关系的一种全新认识。“人与自然和谐共生的现代化”具有丰富的内涵，它指出了新时代中国特色社会主义现代化的生态价值取向，还指明了生态文明建设与现代化进程的社会主义制度规约性。“人与自然和谐共生的现代化”理论是习近平生态文明思想的重要组成部分。

“现代化是一个诱人的概念，是进步、繁荣、文明、富裕的别名。长期以来，西方国家自诩为现代化的典范，垄断着现代化的话语权。”[③]一般认为，典型的现代化是以工业化、城市化、富裕化和高消费、高浪费为其基本特征[④]。现代化征服自然和改造自然，从自然界获取生产资料与生活资料，推动经济高质量发展和财富迅速积累，进而支撑人们的高消费生活方式。在传统现代化建设中，人们肆无忌惮地向自然界索取资源，忽视环境资源保护，没有自觉地调整人口与资源、环境以及经济增长的关系，导致人与自然关系愈发紧张，以至于产生了一系列严重的生态环境危机，并与社会危机交织在一起，使人们不断地承受着现代化给人类带来的负面效应。在此背景之下，人们也开始了反思传统现代化的弊端，促进传统现代化向人与自然和谐共生的绿色现代化的转型。

## 二、人与自然和谐共生的现代化是正确对待人与自然关系的现代化

人是自然的一部分。人因自然而生，人对自然的伤害最终会伤及人类自身。2016 年 3 月 10 日，习近平在参加十二届人大四次会议青海代表团审议时指出：“生态环境没有替代品，用之不觉，失之难存。”我们必须坚持人与自然和谐共生，坚持节约优先、保护优先、自然恢复为主的方针，

---

① 刘剑虹、尹怀斌：《把握人与自然和谐共生的丰富内涵》，《经济日报》2018 年 5 月 17 日，第 13 版。

② 在学习研究习近平生态文明思想过程中会发现，过去讲“人与自然和谐相处”，到党的十九大报告中，特别是习近平生态文明思想中提到的是“人与自然和谐共生”，用词的变化表明了我们党对人与自然关系认识的发展与飞跃的过程。

③ 解保军：《人与自然和谐共生的现代化——对西方现代化模式的反拨与超越》，《马克思主义与现实》2019 年第 2 期。

④ 方世南：《建设人与自然和谐共生的现代化》，《理论视野》2018 年第 2 期。

像保护眼睛一样保护生态环境，像对待生命一样对待生态环境，让自然生态美景永驻人间，还自然以宁静、和谐、美丽。我们要建设的生态文明，需要从思想到行为都发生改变，转变改变自然、征服自然的想法，“重新”认识自然，在认识自然的基础上，尊重自然，按照自然规律行事，做到人与自然和谐，天人合一；要倡导绿色、低碳、循环、可持续的生产生活方式，不断开拓生产发展、生活富裕、生态良好的文明发展道路。

人与自然共存共容。回首中华民族五千年历史，生态智慧早就蕴含、积淀在绵长的历史长河中。孔子说过：“子钓而不纲，弋不射宿。”意思是不用大网打鱼，不射夜宿之鸟。荀子也说：“草木荣华滋硕之时则斧斤不入山林，不夭其生，不绝其长也；鼋鼍、鱼鳖、鳅鳝孕别之时，罔罟、毒药不入泽，不夭其生，不绝其长也。”《吕氏春秋》中说：“竭泽而渔，岂不获得？而明年无鱼；焚薮而田，岂不获得？而明年无兽。”它们都在告诫我们对自然要取之以时、取之有度[①]。也有“天人合一”“道法自然”的哲理思想，“劝君莫打三春鸟，儿在巢中望母归”的经典诗句，“一粥一饭，当思来处不易;半丝半缕，恒念物力维艰”的治家格言[②]。我们至今都能从这些质朴睿智的自然规则中受到警示和启迪。我们必须牢牢记住，防止在开发利用自然上走弯路的有效前提是在尊重自然规律基础上，保护自然，维护好人与自然的生命共同体。

人与自然损荣相连。在人类秉持合理性、友好性、保护性地开发利用自然时，自然的回报和恩惠常常是慷慨的；当人类以毁坏性、盲目性、掠夺性的方式向自然索取时，自然的惩罚和报复也往往是无情的。正如恩格斯所指出的那样：“我们不要过分陶醉于我们人类对自然界的胜利。对于每一次这样的胜利，自然界都对我们进行报复。”[③]因而，我们既要承认人类利益，要在全人类利益原则基础上用全人类的道德、原则谋求世界各国人民的共同繁荣，同时也要承认地球生命的生存权利，顺应自然，倡导人与自然的协同进化，谋求人与自然的共同繁荣[④]，对人的行为进行约束，此

---

① 中共中央文献研究室编《习近平关于社会主义生态文明建设论述摘编》，中央文献出版社，2017年版，第11-12页。

② 同上书，第6页。

③ 中共中央马克思恩格斯列宁斯大林著作编译局编《马克思恩格斯文集》第1卷，人民出版社，2009，第531页。

④ 余谋昌、王耀先：《环境伦理学》，高等教育出版社，2007，第233页。

即习近平总书记所明确的“建设生态文明，首先要从改变自然，征服自然转向调整人的行为、纠正人的错误行为”；像对待生命一样对待生态环境，推动形成人与自然和谐发展现代化建设新格局[①]。

## 三、人与自然和谐共生是追求绿色发展的现代化

从人类社会的发展方式来看，西方资本主义的现代化进程乃是资本逻辑主导下的工业化主导模式。也就是说，资本主义的生产乃是在遵循资本逻辑的前提下追求利益特别是经济利益的最大化。资本具有唯利是图的本性，资本主义生产具有无限扩张的天性，社会生产无政府状态，不仅导致了资本主义经济危机的周期性爆发，而且也造成环境、资源和生态的污染、消耗和破坏，引发严重的生态危机。人与自然和谐共生的现代化，是超越资本逻辑、摒弃粗放发展的绿色模式。因此，建设人与自然和谐共生的现代化，可以发挥出社会主义制度能够集中力量办大事的强大优势，从而推动形成绿色发展方式和生活方式，实现生产发展、生活富裕、生态良好的文明发展道路。

着力推进绿色发展、循环发展、低碳发展，坚决摒弃以牺牲环境换取经济发展的生产模式。“实现人与自然和谐共生，必须改变过多依赖增加物质资源消耗、过多依赖规模粗放扩张、过多依赖高能耗高排放产业的发展模式。”[②]当前，我国经济发展面临着资源约束紧缩、环境污染严重、生态系统退化的严峻态势和不断增加的经济下行压力。必须转变传统经济发展模式，对产业结构进行调整，逐渐走上绿色、循环、低碳发展道路。经济要获得长足发展必须依靠良好的生态环境，生态经济才能在提高人民生活水平的同时，让人民生活在优美的环境中。推动绿色发展，是建设人与自然和谐共生的现代化的必由之路。

## 四、人与自然和谐共生的现代化以人民为中心的现代化

资本主义现代化乃是受资本逐利本性驱动的现代化，这种现代化乃是以经济增长、物质财富积累为最主要的目标导向，它必定是高投入、高产

① 孙佑海：《学习贯彻习近平生态文明思想　奋力推进美丽天津建设》，《天津日报》2018年6月25日，第9版。

② 李干杰：《建设人与自然和谐共生的现代化》，《中国能源报》2017年12月18日，第19版。

出、高消耗、高消费的发展模式。这种以“以物为本”的模式其必然结果就是使人的生存和发展受制于物，进一步诱发人与自然关系的紧张也不足为奇。马克思主义认为，唯有人的自由而全面的发展才可能成为人类发展应有的价值目标。正因如此，才必须坚持以人民为中心的理念。建设人与自然和谐共生的现代化，深刻体现了生态文明建设的时代背景下以人民为中心的思想。

在新的历史方位下，我们需要着力解决好发展不平衡不充分问题，努力提升发展的质量和效益，从而更好地满足人民群众在经济、政治、文化、社会、生态等各个方面日益增长的需要。习近平总书记指出，良好生态环境是最公平的公共产品，是最普惠的民生福祉；生态环境是关系党的使命宗旨的重大政治问题，也是关系民生的重大社会问题。生态文明建设与民生问题紧密相关，推进生态文明建设体现了以人民为中心的思想。我们大力推进社会主义生态文明建设，根本目的就是为人民群众提供更多优质生态产品，不断满足人民群众对美好生活的需要，这也是我们工作的根本出发点。我们要避免两种极端，一种是仅仅注重生态环境保护，轻视人民群众的物质需求和生活水平的环境保护沙文主义；另一种则是只看重物质财富的积累，忽视人民群众的生活质量提高的物质至上主义。建设人与自然和谐共生的现代化，不是一味地以保护自然环境和生态安全为绝对取向，而是需要将经济社会发展与生态环境保护相协调，使得自然生态保护融入为经济社会发展和为人民服务的全过程之中，积极回应人民群众的期盼。

## 五、人与自然和谐共生的现代化是对新时代中国特色社会主义现代化的一种崭新定位

从现代化的思想渊源来看，在西方反思传统现代化带来人与自然关系紧张并引发人与社会关系紧张等一系列弊端的基础上，人类思想史上催生出了生态现代化理论。在 20 世纪 80 年代，以德国马丁·耶内克、约瑟夫·胡伯以及荷兰学者阿瑟·莫尔等人为代表提出了生态现代化理论。这种理论认为，在现代化进程中，不能将环境保护与经济活动对立起来，而应将生态环境当作经济持续增长的必要前提。也就是说，需要将环境保护

与经济发展协调起来，通过经济增长和生态治理综合协同推进，达到经济增长和环境保护相互支持、相互促进的双赢结果。这种理论特别提出，技术革新不仅能够促进经济增长，而且有利于环境保护。政府是经济的促进者和环境的保护者，应当更加积极地采用市场调节手段以达到经济发展与环境保护统筹目标。

人与自然和谐共生的现代化概念并非是对西方生态现代化思想的简单借鉴和移植，更不是照搬照抄。“改革开放以来，随着世界性的环境保护主义兴起、生态意识增强，随着我国现代化进程中资源环境、持续发展问题的凸显，随着人民日益增长的优美生态环境需要，随着党建设社会主义现代化视野的更加开阔和深远，党的十九大确定了建成富强民主文明和谐美丽的社会主义现代化强国的系统目标和基本价值，生态文明不仅在总体布局中，而且在现代化布局中都有自己相应的独特地位。我们要建设的现代化，是生态文明现代化。”① 人与自然和谐共生的现代化理论以马克思主义生态文明理论为背景，结合新时代中国特色社会主义现代化实践，赋予其深刻的思想内涵。人与自然和谐共生的现代化体现了以下四个结合：①经济价值与生态价值相结合；②人的价值和自然的价值相结合；③代内价值与代际价值相结合；④民族价值、国家价值与全球价值相结合。人与自然和谐共生的现代化是将经济增长与自然资源承载力、物质富裕与生态环境综合起来考量和推进的现代化，是在尊重自然、认识自然、顺应自然、保护自然中创造更多物质财富和精神财富，以满足人民日益增长的美好生活需要，提供更多优质生态产品和生态服务，以满足人民日益增长的优美生态环境需要的新型现代化，本质上是绿色发展推动的绿色现代化。

## 第二节　建设人与自然和谐共生的现代化的历史文化源泉

建设人与自然和谐共生的现代化是对现代化的重大理论突破和实践创新。在中国传统文化上，人与自然具有“天人合一”属性，即二者是一体的。中华优秀传统文化蕴含着深刻的自然生态智慧，其所崇尚自然的“天人合一”“道法自然”“取物顺时”“圣王之制”等基本内核成为建设人与自然和谐共生的现代化思想的重要来源。

① 颜晓峰：《建设人与自然和谐共生的现代化》，《江西日报》2018 年 10 月 29 日，第 B03 版。

## 一、"天人合一"的儒家思想

中华优秀传统生态思想是在人与自然关系的思辨中形成发展起来的，其核心思想之一就是"天人合一"。这其中，"天"有着丰富的含义。儒家最早提出"天"这个概念的人是孔子。他在《论语·阳货》说"天何言哉！四时行焉，百物生焉，天何言哉！"这就是所谓的自然之天。他在《论语·述而》说"天生德于予，桓魋其如予何？"这就是所谓天命之天。儒家认为，"有天地然后有万物，有万物然后有男女"，天地是万物的本源，也是人类的本源，万物和人都源于自然并统一于自然，形成和谐统一的整体。"天"既是自然的天，也是德性的天。孔子提出"践仁知天"，一个人如果在生活中践行了仁德，从而就能知"天"，获得了人道与天道的统一，进而实现"天人合一"。也就是说，一个人只有实施仁德、净化内心，把所有的人都当成同胞来看待，把万物都当成人类的朋友，才能达到"天人合一"的至高境界。孔子的"知者乐水，仁者乐山"，反映的是他对大自然的情感态度，以山水比喻学问修养，体现了对山水大自然的"仁爱"。"钓而不纲，弋不射宿"，不用大网捕鱼，不射夜宿之鸟，更加突出地体现了孔子对大自然的爱护和珍惜。

孟子继承和发展了孔子"泛爱众而亲仁"的思想，将"物"纳入生态伦理思想中，表达了对"物"的同情。在《孟子·尽心上》中，孟子还以凝练的语句叙述了"天人合一"的思想："尽其心者，知其性也；知其性，则知天矣。存其心，养其性，所以事天也。夭寿不贰，修身以俟之，所以立命也。"① 即人们充分发挥了自己心的作用，就能觉悟到自己的本性，认识了自己的本性也就认识了天道。人们要保持善心，并修养本性，用这样的态度来对待天命。无论寿命长短，都不可以改变自己的内心本意，都要坚持修身养性来等待天命，这样才能逐渐抵达"立命"的境界，也就是"天人合一"的境界。它强调人只有在遵循自然规律的基础上，才能达到"立命"的最高境界，才能达到人与自然的统一即"天人合一"，实现人与自然和谐发展。《孟子·梁惠王上》中有关于"王道"的经典论述："不违农时，谷不可胜食也；数罟不入洿池，鱼鳖不可胜食也；斧斤以时入山

---

① 孟子：《孟子》，吴天明、程继松评析，崇文书局，2015，第249页。

林，材木不可胜用也。谷与鱼鳖不可胜食，材木不可胜用，是使民养生丧死无憾也。养生丧死无憾，王道之始也。”[①] 孟子认为万物有自己的规律，人们在利用自然界时要尊重这个规律，根据自然自身的时节来开发，一边利用一边保护，即“时养”的思想。孟子还教导人们，自然界一切动植物的生长繁殖都有自身的规律，人们应该遵从而不是破坏这个规律。人们必须依据一定的时间顺序来进行农业生产、砍伐树木、捕获鱼鳖，获取生活资料要适度，一定不能毫无节制地滥伐滥采，而致使生态环境失衡。孟子在坚持“以时入山林”观点的同时，还着重强调对自然资源的保护，在顺应和保护自然的前提下才可以源源不断从自然界获取资源。

荀子的“人定胜天”思想历来为人们所重视，也恰恰是建立在不违天时、顺应自然的“天人合一”的思想认识基础之上的。荀子提出“天有其时，地有其财，人有其治，夫是之谓能参”，这里的“天”强调为“自然”之意。荀子认为，只有顺其自然，才能掌握天时，利用万物，强调只有尽人、物的自然之性，方能参与天地之化育。

## 二、“道法自然”的道家思想

在中华优秀传统文化中，道家强调“人法地，地法天，天法道，道法自然，”这里的“道”是指事物发展的一种内在属性，因而是一种自然的“道”，是人们在从事物质生产实践中必须遵循的根本法则。道家中关于“道”的论述，是尊重自然规律的经典体现。“人法地，地法天，天法道，道法自然”，老子用了一气贯通的手法，将天、地、人乃至整个宇宙的生命规律精辟涵括、阐述出来。“道”即万物的规律，这里的“自然”是自然而然的自然，即万事万物都要遵守自然规律。老子认为，人们只有崇尚顺应自然，才能达到人与自然和谐统一。因此，“道法自然”本质上强调的是万物的生长繁衍应顺其自然，人们要尊重自然规律，正确处理人与自然的关系。这告诉我们，统治者必须依据“道”的原则治理国家，依据自然规律从事人类社会生产实践，只有这样，才能达到“顺物自然而无荣私”“万物并育而不相害”的理想状态，既维护了生态系统的稳定，又促进了人类自身的发展。

---

① 孟子：《孟子》，吴天明、程继松评析，崇文书局，2015，第 5 页。

道家崇尚自然，提倡与自然和谐相处。老子说“道常无为而无不为”，“道”其实就是天地万物的运行发展规律，“无为”即顺应自然而不妄为，“无不为”即无所不为，可以理解为顺应自然规律而不妄为，就没有什么不能做的了。老子的“无为而治”，并不是什么都不做的消极不作为，而是人们在尊重自然规律、顺应自然规律的前提下的一切合于自然的作为，从而避免了与自然的冲突，进而实现与自然的和谐共生，进而达到“无不为”的更高阶状态。在“无为”与“无不为”间，顺应自然规律，从而才能达到人与自然的平衡。庄子在《齐物论》中体现了另一种天人合一的精神境界。庄子认为，人与天地自然都是由气构成的，人是自然的一部分，因而天与人是统一的。

## 三、“众生平等”的佛家思想

佛教作为我国传统思想文化中不可缺少的部分，同样包含着许多生态思想，对我们现在生态建设依然具有十分重要的参考价值。中国佛学家们提出了许多关于生命平等和万物平等的思想，体现了人类对自然的关爱和利用，还体现了自然本身的内在价值。“众生平等”包含了世间万物没有等级高低之分，所有生物都是平等的，肯定了自然界中所有物都是具有生存权利的，对待自然应当尊重每一部分，这样才会有利于构建和谐平等的关系，提醒我们爱护自然界的万事万物就成了必须遵守的规矩。

与此同时，佛教普度众生的包容情怀，主要体现在保护自身的同时更要关怀到其他生命体，甚至在必要的情况下可以舍弃掉自身的利益去保全其他利益，这是一种舍生取义的大度情怀。佛家的根本理念是普度众生的慈悲之心，佛家万物众生平等的思想告诉我们应该树立平等和谐的观念，要将平等的观念深入自然的方方面面，彻底放弃掉过去以人为中心的观念以及人类凌驾于所有自然物的观念，从而用万物平等的观念保护自然生态环境。

## 四、“圣王之制”的法家思想

法家提出了“强本、节用、禁末”的生态经济伦理。作为法家的先驱，管子已经认识到良好的生态环境对国家富强的重要作用，提出了“务本禁末”的观点，并主张把天地自然运行的客观规律延伸到政治活动中，“立政出令用人道，施爵禄用地道，举大事用天道”。为了保证山林草木、鸟兽鱼虫的孕育生长，管子进一步提出了“薮泽以时禁发”的规范，如在春季万物生长的时候，“毋断大木”“毋斩大山”“毋杀畜生，毋拊卵，毋伐木，毋夭英，毋折竿”。为了确保“时禁”的规范能够贯彻执行，管子设置了专职官员和相应的法令，如“虞师”负责制定防火的法令，禁止堆积枯草，按时规范对自然资源的开发；“司空”除了负责疏通沟渠、修整堤坝以确保灌溉之外，还要按土地性质和四时节律来合理安排百姓的生产劳作。如果有人违背禁令，就会受到严格的惩罚，“有动封山者罪死而不赦。有犯令者，左足入，左足断，右足入，右足断”，这在一定程度上有益于节约自然资源、保护生态环境。商鞅时期，相较于昔日“昊英之世”，生态环境恶化、自然资源过度消耗的问题比较普遍。为了解决这些问题，商鞅也设置了保护环境的官职，一方面设置“驺虞”专门负责管理鱼虫鸟兽，在保证其正常的生长繁衍的前提下合理利用；另一方面，设置专人监管苑囿、池塘等，按照时节严格规定渔猎的时间，在一定程度上对改善环境发挥了积极作用。在法家看来，要用法律来制约和规范人与自然关系的行为，如加强对山川林木的保护、合理开采生物矿产等。应该说，秦汉时期保护自然资源和生态环境的法律规定已经较为完备，有《田律》《厩苑律》《仓律》《工律》《金布律》等一系列关于按照季节合理开发、利用和保护森林、土地、水流、野生动植物等自然资源的规定，对后来人们从事物质生产劳动影响深远。

建设人与自然和谐共生的现代化理论根植和升华于生生不息的中华文明，充分吸纳中华优秀传统文化的时代价值，着眼于实现可持续发展，根脉相承，必将引领和推动全社会处理好全局与局部、长远与眼前、集体与个人的关系。建设人与自然和谐共生的现代化是对中国人类文明历史发展中正反两方面经验教训的反思总结和理论提升。坚持人与自然和谐共生，这是生态文明建设的基本理念和方略。“党的十九大提出人与自然和谐共生的现代化，确立了社会主义生态文明观的核心价值。这一理念不是简单地向中国古代‘天人合一’的回归，而是在经历了人与自然和谐关系的破坏、‘自然界都对我们进行报复’的教训，洞察了人与自然关系的社会本质，建立了自觉调整人与自然关系的社会制度基础上，形成的人与自然关系新理念和新型生态文明观，是现代化的人与自然和谐。”[①] 习近平总书记在科学总结中国历史在生态环境遭到严重破坏后出现的严重后果后指出，生态兴则文明兴，生态衰则文明衰。人类对大自然的伤害最终会伤及人类自身，人类归根到底是自然的一部分，人类的行为方式必须符合自然规律，实现人与自然的和谐。新时代社会主义现代化建设则自然包括弘扬光大尊重自然、热爱自然的优秀生态文化传统。

## 第三节　建设人与自然和谐共生的现代化的马克思主义渊源

马克思主义生态思想包含人与自然关系的生态破解、资本逻辑的生态批判以及自由人联合体的生态展望三方面内容。这三方面具有逻辑递进关系，是在超越近代形而上学所确立的机械生态思维模式基础上，运用历史和辩证方法对人类社会正在经历的和未来发展的道路进行的分析和论证。

### 一、人与自然关系的生态破解

马克思主义认为，人与自然是不可分割的，人是自然界的一部分[②]。一方面，人是有生命特征的自然存在物，通过自身的一系列生产实践活动实现与自然界的物质交换，并受自然界的制约；另一方面，人又是有思想、有意识、有激情的存在物，具有能动性，通过社会实践活动对自然进行有目的性的改造，从而使自然与人的社会活动同历史发展紧密联系在一起，这就是人化自然，也是人类社会发展获得物质基础的前提。正如恩格斯所言：“人本身是自然界的产物，是在自己所处的环境中并且和这个环境一起发展起来的。”[③] 但自然界的循环发展又是有规律的，因此，人在改造自然的同时，必须尊重、顺应和呵护自然，否则就会造成生态危机，形成人与自然的对立。从这个意义上说，自然的“人化”与人的“自然化”是同

① 颜晓峰：《建设人与自然和谐共生的现代化》，《江西日报》2018 年 10 月 29 日，第 B03 版。

② 中共中央马克思恩格斯列宁斯大林著作编译局编译《马克思恩格斯选集》第 1 卷，人民出版社，2012，第 55-56 页。

③ 中共中央马克思恩格斯列宁斯大林著作编译局编译《马克思恩格斯文集》第 9 卷，人民出版社，2009，第 38-39 页。

一过程，两者是有机统一的，体现在人的合目的性与合规律性的生产劳动中。

马克思主义认为生产力决定生产关系，生产力表现为人类能动使用生产工具并改造客观世界的活动，而生产关系是生产活动中所形成的人与人之间的社会关系。从概念上可鉴，马克思主义将人与自然的关系列为相较于人与人的关系更高阶层的联系，在探讨人类的物质生活和精神需要与自然界之间所形成的因果联系时，马克思将原因归结为“因为人是自然界的一部分”①。马克思指出:“人作为自然存在物，而且作为有生命的自然存在物，一方面具有自然力、生命力，是能动的自然存在物。”②自然界是人类产生的基础，人是自然的一部分。“社会是人同自然界的完成了的、本质的统一，是自然界的真正复活，是人实现了的自然主义和自然界实现了的人道主义。”③人类通过实践活动改造客观世界，没有人与人之间的社会关系，也就不可能有人与自然的现实关系，自然的“人化”过程同时就是人类社会形成和发展的过程。不仅人是主体，自然也是主体；不仅人有价值，自然也有价值；不仅人有主动性，自然也有主动性；不仅人依靠自然，所有生命都依靠自然。而人与其他生命共享一个地球，人类要如同尊重其他一切生命一样尊重自然界及其发展规律。

## 二、资本逻辑的生态批判

马克思一方面肯定资本主义生产方式对于发展生产力的积极促进作用，“是发展物质生产力并且创造同这种生产力相适应的世界市场的历史手段”④，另一方面也看到了资本主义生产模式“靠牺牲已经生产出来的生产力来发展劳动生产力”⑤。马克思进而指出，资本主义生产方式所带来的劳动生产率提高是以牺牲自然资源为代价的，“这些自然条件的丰饶度往

① 中共中央马克思恩格斯列宁斯大林著作编译局编译《马克思恩格斯文集》第1卷》，人民出版社，2009，第161页。

② 中共中央马克思恩格斯列宁斯大林著作编译局编译《马克思1844年经济学哲学手稿》，人民出版社，1985，第124页。

③ 中共中央马克思恩格斯列宁斯大林著作编译局编译《马克思恩格斯全集》第42卷，人民出版社，1979，第120页。

④ 中共中央马克思恩格斯列宁斯大林著作编译局编译《马克思恩格斯文集》第7卷，人民出版社，2009，第279页。

⑤ 同上书，第278页。

往随着社会条件所决定的生产率的提高而相应地减低"[①]。在资本主义社会，人是劳动力的所有者，却不是其所生产的劳动产品的占有者，劳动的异化加剧了工人与资本家之间的矛盾。在资本主义生产方式下，表面上呈现的是劳动者对外部自然条件的支配并将其应用于生产活动，但实际上工人并不是生产成果的持有人。随着机器的大规模普及，生产社会化与生产资料私有制之间的矛盾愈益凸显，工人被迫逐渐降低维持生存的最低标准，异化劳动日渐吞噬着人的社会本质属性。

马克思恩格斯在阐释人与自然的辩证统一关系时，系统考察了西方工业文明所造成的资本主义社会生态恶化现象，认为正是资本主义制度下资本片面追求利润的无限扩张，造成了对自然的过度索取，从而使得人与自然处于紧张对立与异化状态，形成了资本主义生态危机。因此，资本主义生产方式虽然在某种程度上提升了人们的物质生活水平，但从自然界的索取远远超过人类自身对自然的回馈，破坏了正常的自然环境。对此，恩格斯曾指出："我们不要过分陶醉于我们人类对自然界的胜利。对于每一次这样的胜利，自然界都对我们进行报复。"[②] 在资本逻辑的驱使下，自然界就成了被利用和被掠夺的对象，也就是说，资本主义社会生态危机的实质是资本与自然关系的恶化，是资本逻辑扩张的必然结果。这就从根本上批判了西方工业文明带来的生态危机，揭示了资本主义生产方式是造成人与自然异化的根本原因。因此，生态环境看似是一个简单的自然问题，实质是一个社会问题、政治问题，必须变革整个资本主义社会制度才能摆脱人与自然的异化状态。

## 三、自由人联合体的生态展望

马克思认为，人类要生存发展就必须与自然界不停地进行物质交换，随之生态环境问题产生。因此，人与自然的矛盾本质上是人与人的矛盾，而解决这一矛盾需要一系列物质条件，必须经过长期的社会生产力的发展才能逐步实现。但由于资本主义私有制资本逻辑的局限，其本身无法克服生态危机，只有通过建立生产者联合起来的共产主义公有制社会才能实

① 中共中央马克思恩格斯列宁斯大林著作编译局编译《马克思恩格斯文集》第 7 卷，人民出版社，2009，第 289 页。

② 同上书，第 559-560 页。

现。之所以共产主义能解决人与人、人与自然之间的矛盾，是因为共产主义实行的是公有制，是自由人的联合体，生产者联合起来，用最小的消耗，在最适合人类本性的条件下进行人与自然的物质变换，从而解决生产的社会化同生产资料私人占有之间的矛盾，避免资本主义私有制资本逻辑的扩张和掠夺性。所以，马克思恩格斯指出，共产主义“作为完成了的自然主义，等于人道主义，而作为完成了的人道主义，等于自然主义”①，只有到那时，才能真正解决人与自然、人和人之间的矛盾。对自由人联合体的未来展望与探索彰显了马克思恩格斯生态思想对人类社会的终极价值追寻。总之，在人与自然相处过程中，决不能把自身与自然界分割开来，只有清醒意识到人与自然是一个统一体，才能保护自然，建立良好的生态环境。

马克思主义强调，要解决生态危机，缓解人与自然之间的尖锐矛盾，重新达到人与自然的和解，实现人类全面而又自由的发展，变革生产方式并进而破除资本主义制度是根本出路。共产主义社会被理解为自然主义与人道主义的完成与实现，人与自然之间、人与人之间剑拔弩张的关系得以缓解并重新回归平衡，“是存在和本质、对象化和自我确证、自由和必然、个体和类之间的斗争的真正解决”②。马克思主义认为无论是野蛮人还是文明人，都需要为了维持生命存续所必备的条件而与自然搏斗，联合起来的生产者们应当“合理地调节他们和自然之间的物质变换”③，这种物质变换应被纳入人类共同控制的领域，既要尽可能少消耗自然资源，又要能找到一条最适合人类本性的发展路径，也只有这样自然必然性才能在自由王国得以扎根，并与人的发展及生产力的进步相辅相成。

人与自然和谐发展现代化理论，实现了马克思主义自然观的又一次历史性飞跃，是马克思主义中国化的重要成果。习近平总书记不止一次地引用恩格斯《自然辩证法》中的名言：“我们不要过分陶醉于我们人类对自然界的胜利。对于每一次这样的胜利，自然界都对我们进行报复。”习近平总书记对“自然是生命之母，人与自然是生命共同体”的自然规律的总

① 中共中央马克思恩格斯列宁斯大林著作编译局编译《马克思恩格斯文集》第 1 卷，人民出版社，2009，第 185 页。

② 同上书，187.

③ 中共中央马克思恩格斯列宁斯大林著作编译局编译《马克思恩格斯文集》第 7 卷，人民出版社，2009，第 928 页。

结，对“生态兴则文明兴，生态衰则文明衰”的文明定理的揭示，丰富和发展了马克思主义对人类文明发展规律、自然规律、经济社会发展规律的认识论。在纪念马克思诞辰200周年大会上，习近平总书记从九个方面阐述了学习马克思的精神，其中特别强调，“学习马克思，就要学习和实践马克思主义关于人与自然关系的思想”。

## 第四节　建设人与自然和谐共生的现代化的重大理论贡献

建设人与自然和谐共生的现代化是习近平生态文明思想的重要内容，是马克思主义，尤其是马克思生态观的最新理论发展，是马克思主义中国化的最新理论成果之一，具有重大的时代意义和价值。

### 一、丰富了马克思主义人与自然关系论述的思想内涵

建设人与自然和谐共生的现代化是对马克思的生态生产力理论和人的全面自由解放发展理论的继承和发展，是马克思主义中国化的最新理论成果。从建党以来，马克思主义就以其真理性、科学性和实践性指导着我国的建设和发展，马克思主义思想是我国建设和发展的指导思想。推动建设人与自然和谐共生的现代化既是对马克思主义生态观的继承和发展，又是根据中国国情提出的具有中国特色的生态价值观，更是深层次地推动着马克思主义中国化的实现，进一步丰富和发展了中国特色社会主义理论体系。

建设人与自然和谐共生的现代化是对自然环境与经济环境、环境与社会、环境与全球治理、环境与政治关系及其规律和生态环境科学理论的深刻把握。建设人与自然和谐共生的现代化的理论，充满辩证法思想和科学思维。第一，科学阐释了关于生态环境与经济发展的辩证关系。生态环境保护的好坏，取决于经济结构和经济发展方式的转变。经济发展不应是对资源和生态环境的竭泽而渔，生态环境保护也不应该是舍弃经济发展的缘木求鱼。自然是有价值的，保护自然就是增值自然价值和自然资本的过程，就是保护和发展生产力。第二，科学阐释了关于正确处理好环境与经

济关系的战略定位。正确处理好生态环境保护和发展的关系，也就是“绿水青山”“冰天雪地”和“金山银山”的关系，是实现可持续发展的内在要求，也是推进现代化建设的重大原则。坚决摒弃损害甚至破坏生态环境的发展模式，坚决摒弃以牺牲生态环境换取一时一地经济增长的做法，让良好生态环境成为人民生活的增长点、成为经济社会持续健康发展的支撑点、成为展现我国良好形象的发力点。第三，科学阐释了“绿水青山”“冰天雪地”与“金山银山”之间的经济理论问题。“绿水青山”和“冰天雪地”既是自然财富，又是社会财富、经济财富。让贫困地区的土地、劳动力、资产、自然风光等要素活起来，让资源变资产、资金变股金、农民变股东，让“绿水青山”和“冰天雪地”变“金山银山”，带动贫困群众增收。加快形成节约资源和保护环境的空间格局、产业结构、生产方式、生活方式，给自然生态留下休养生息的时间和空间；建立以产业生态化和生态产业化为主体的生态经济体系；全面推动绿色发展。

在马克思主义强调人与自然是人类社会最基本的一对关系的基础上，建设人与自然和谐共生的现代化是基于人与自然是生命共同体的观念，强调人与自然和谐共生，着力实现人与自然、发展与保护的有机统一，致力于实现公平正义、促进人的全面发展的核心价值，在社会主义共同富裕内涵的基础上，强化了人与自然和谐共生的新特征，增强了中国特色社会主义制度优势。

## 二、弘扬了中华文明生态智慧的时代价值

历代先贤的哲学思想为建设人与自然和谐共生的现代化理论奠定了历史文化基础。习近平说过：“对历史文化特别是先人传承下来的价值理念和道德规范，要坚持古为今用、推陈出新，有鉴别地加以对待、有扬弃地予以继承。”① 建设人与自然和谐共生的现代化理念，借鉴了我国传统生态思想中的生态智慧。正如习近平总书记在 2013 年 8 月 19 日全国宣传思想工作会议上的讲话所指出的：“独特的文化传统，独特的历史命运，独特的基本国情，注定了我们必然要走适合自己特点的发展道路。”在物质文明和技术水平高度发达的当今时代，建设人与自然和谐共生的现代化强调

① 习近平：《在纪念孔子诞辰 2565 周年国际学术研讨会暨国际儒家联合会第五届会员大会开幕会上的讲话》，《人民日报》2014 年 9 月 25 日，第 2 版。

尊重自然、顺应自然、保护自然，实施山水林田湖草系统治理。保护环境就是保护生产力，在更高层次上实现人与自然、环境与经济、人与社会的和谐，这比生产力低下的古代朴素的生态智慧更具时代意义，是推动中华文明历史和创新发展的动力之源。

## 三、拓展了全球生态环境治理的可持续发展理念

在全球范围内，从《联合国人类环境会议宣言》《我们共同的未来》《增长的极限》，到《21世纪议程》，再到2015年确定的《2030年可持续发展议程》，人类对于自身与自然关系、发展与保护关系的反思不断深入，在徘徊探索中提出并逐步实施可持续发展战略，是人类社会反思与探索的重要成果。当今世界，以绿色经济、低碳技术为代表的新一轮产业和科技变革方兴未艾，各国都在积极探索实践，保护生态环境、推行绿色发展日益成为国际共识。

建设人与自然和谐共生的现代化理论立足于我国国情，总结了国际社会可持续发展关于经济发展、社会进步和环境保护“三大支柱”的新实践经验，将我们党的理论从“四位一体”上升到经济、政治、文化、社会、生态文明建设“五位一体”，强调了生态文明建设在国家战略中的重要地位，进一步拓展了可持续发展的相关理论。这是对世界可持续发展理论和进程的重要贡献，为发展中国家避免传统发展路径依赖和锁定效应、走向现代化提供了可资借鉴的道路和经验。建设人与自然和谐共生的理论在全球大国治国理政实践中独树一帜，坚持人类是命运共同体、建设绿色家园是人类的共同梦想，清醒把握和全面统筹解决全球性环境问题，积极倡导共谋全球生态文明建设，深化和丰富了世界可持续发展理论及最新理念，为后发国家避免传统发展路径依赖和锁定效应提供了可资借鉴的模式和经验。

## 四、深化了“美丽中国”的实践认识

建设人与自然和谐共生的现代化是关系人民福祉、关乎民族未来和中华民族永续发展的大事。我国对环境与经济规律的认识及其相互融合发展战略安排与实践达到了一个新高度。我国生态文明建设和生态环境保护进

入认识最深、力度最大、举措最实、推进最快、成效最好的时期。从建设人与自然和谐共生的现代化的角度，美丽中国建设要以人为本，重点体现两个美，即生态美和环境美。生态美就是生态稳定、生态和谐，环境美就是环境清洁、环境美化。我们要通过一个驱动——创新驱动，一个促进——绿色发展，实现空间优美、环境友好、天蓝地绿的“绿水青山”。然后，通过区域开放共享，建设宜居的美丽家园。这样，从源头、过程到终结，从生产、生活到生态，都是美的，这就是美丽中国。

党的十九大报告提出到本世纪中叶把我国建设成为富强民主文明和谐美丽的社会主义现代化强国目标，同时指出我们要建设的现代化是人与自然和谐共生的现代化。建设人与自然和谐共生的现代化，强调坚决摒弃损害甚至破坏生态环境的发展模式，坚决摒弃以牺牲生态环境换取一时一地经济增长的做法，将引领建设天蓝、地绿、水净的“美丽中国”。十三届全国人大一次会议通过的《宪法》修正案，将这一目标载入国家根本法，进一步凸显了建设美丽中国的重大现实意义和深远历史意义，进一步深化了我们党对社会主义建设规律的认识。因为当我国经济进入新常态，从高速增长阶段转向高质量发展阶段，我国环境与经济关系状况就发生了根本性变化。环境成为资源，具有自然资本的价值，是高质量发展的生产要素，与土地、技术等要素一样，是影响高质量发展的内生变量。同时，优美生态环境也是高质量发展的结果，是衡量高质量发展的标准。优美生态环境与高质量经济是发展的两个基本内涵，相辅相成、融为一体，必须形成节约资源和保护环境的空间格局、产业结构、生产方式、生活方式。经过几十年的快速发展，我国经济建设取得了历史性成就，同时也积累了大量的生态环境问题，各类环境污染问题成为民生之患、民心之痛，成为影响科学发展和群众幸福指数的明显短板，环境问题日益成为重要的民生问题，必须走生产发展、生活富裕、生态良好的文明发展道路。因此，社会主义现代化是人与自然和谐共生的现代化，生态环境是关系党的使命宗旨的重大政治问题，也是关系民生的重大社会问题，必须把生态文明建设摆在全局工作的突出位置，必须摆在改革发展和现代化建设的突出位置。

# 第五节　建设人与自然和谐共生的现代化的新格局

纵观新中国成立以来尤其是改革开放40余年来，我们在探索我国社会主义建设实践的同时，比较恰当地处理了人口、自然与社会发展之间的和谐关系，但是也引发了一定程度上的生态危机。所谓生态危机就是指生态系统出现了不协调现象，也就是人、自然和社会之间矛盾的产生，势必会影响人类的生存和发展。

人与自然的不和谐首先受到影响的是自然环境和生态状况。从表面上看，人类发挥自己的主观能动性去改造自然，从自然界中索取所需要的生活生产资料，看似表面上取得了暂时的“胜利”，生产生活能够正常进行。但如果不注意回馈自然、保护自然，无节制地向自然索取而不是“回报”自然界的话，自然界将会“报复”人类，最终会影响人类的可持续发展。具体方式很简单：人类的无节制的索取方式使自然生态环境发生异化，自然环境的破坏影响到人类的生产生活的可持续性。而人与自然关系的不和谐会影响到人与社会关系的协调相处。人与社会的不和谐集中表现在不同的人之间的利益矛盾不可协调，使社会当中的矛盾纠纷增多，最终还会需要人与自然、人与环境、人与他人的和谐关系。可见，人与自然、社会的关系是一个矛盾体、“食物链”，一环套着一环。有一个关系处理不好就可能会影响到其他关系。鉴于此，当代中国生态文明建设和环境保护一定要坚持以处理好人与自然、人与社会、人与人之间关系的融洽相处为核心内容[①]。

## 一、大力推动生态文明建设

人类文明以良好的生态环境作为基础和条件。只有正确认识人类文明的形成和发展与生态环境之间的关系，将“生态兴则文明兴”的“深邃历史观”贯彻落实下去，人类文明才能实现可持续发展。

一是统筹经济发展和生态文明建设。充分发挥党的领导和我国社会主义制度能够集中力量办大事的政治优势，充分利用改革开放40年来积累

① 汪希：《中国特色社会主义生态文明建设的实践研究》，博士学位论文，电子科技大学，2016，第43页。

的坚实物质基础，加大力度推进生态文明建设、解决生态环境问题，坚决打好污染防治攻坚战，推动我国生态文明建设迈上新台阶。

二是转变经济发展模式。经济发展与环境保护并非对立关系。既不能唯经济发展论英雄，也不能以零发展实现良好生态环境，而是在实现经济效益最大限度提高的同时保证生态系统的良性循环。且当经济发展与环境保护发生矛盾时，将环境保护放在优先位置。

三是提高政府生态执政能力。在生态文明建设中，判断和检验科学执政的重要标志之一就是是否将生态文明建设作为政府的一项常抓不懈的重大政治任务来谋划。这需要各级党委和政府创新执政理念，加强生态文明执政，把生态环境保护纳入干部考核机制中，建立严格的责任追究制度。

## 二、推动人与自然和谐共生

当前，我国社会的主要矛盾是人民日益增长的美好生活需要和不平衡不充分的发展之间的矛盾。如何提供更多优质生态产品来满足人民日益增长的优美生态环境需要，需要我们切实贯彻落实“人与自然和谐共生”的“科学自然观”。“人与自然和谐共生科学自然观”强调以经济、社会、人口和自然协调发展为准绳，以资源的循环和再生利用为手段，以生态学规律来指导人们的经济活动，从根本上解决人类文明发展同自然环境恶化之间的矛盾，克服工业文明的弊端。实现“人与自然和谐共生”的路径如下。

一是统一发展观、执政观及自然观的内在要求。我们应以“人与自然和谐共生”为本质要求，像保护眼睛一样保护生态环境，像对待生命一样对待生态环境，把发展观、执政观、自然观内在统一起来，融入执政理念、发展理念中，实现经济发展与环境改善双赢，让生态美景永驻人间。

二是走可持续发展之路。可持续发展并不单纯表现在经济方面，还表现在社会和文化领域；可持续的发展不仅仅体现在数量上，还体现在质量上，展现的是物质丰富，精神充实，生态良好。

三是大力推动公众参与。以强化生态伦理道德建设为关键点，发挥道德规范对全体成员的指引作用，激发公众保护生态环境的道德责任感。一是加快构建“党政主导、部门协作、企业明责、社团助力、公众参与”的新格局，构建生态伦理道德建设新格局；二是健全社会组织生态伦理道德规范；三是推进生态伦理道德进学校、进企业、进社区。

四是努力转变经济发展方式。低碳经济是对社会经济发展方式的全新变革，循环经济是传统经济模式转向可持续发展模式的根本法宝，是推进低碳经济发展的路径选择。通过引导发展低碳、循环经济，促进形成绿色循环低碳产业体系，基本建立城镇循环发展体系，基本构建新的资源战略保障体系，开始崇尚绿色生活方式。

五是推进重大生态保护与修复工程的实施。这一工程包括天然林资源保护、退耕还林还草、退牧还草、防护林体系建设、河湖与湿地保护与修复、防沙治沙、水土保持、野生动植物保护级自然保护区建设等，全面进行、突出重点，共创美好家园。

## 三、推进绿色发展

一是平衡和处理好发展与保护的关系。这点生动体现在 2018 年 4 月 24 日习近平总书记在湖北宜昌兴发集团新材料产业园考察时所说的一段话中：“我强调长江经济带建设要共抓大保护、不搞大开发，不是说不要大的发展，而是首先立个规矩，把长江生态修复放在首位，保护好中华民族的母亲河，不能搞破坏性开发。”

二是创新生态文明制度体系。建立健全考核评价、资源环境管理、主体功能区建设等制度，探索节能量交易、水权交易、排污权交易、生态补偿等市场化机制。完善经济社会发展评价考核体系，反对简单地以 GDP 增长论英雄，要把资源消耗、环境损失、生态效益等指标，纳入经济评价体系，增加考核权重。对产生严重后果者，实行领导干部生态环境保护“一票否决制”和环境损害责任终身追究制度，发挥制度导向和约束功能。完善经济政策和市场化机制，建立反映市场供求和资源稀缺程度的环境资源市场[①]。

三是推动形成绿色发展方式和生活方式。绿色发展是构建高质量现代化经济体系的必然要求，是解决污染问题的根本之策。重点是调整经济结构和能源结构，优化国土空间开发布局，调整区域流域产业布局，培育壮

① 杜雯翠、江河：《“绿水青山就是金山银山”理论：重大命题、重大突破和重大创新》，《环境保护》2017 年第 19 期。

大节能环保产业、清洁生产产业、清洁能源产业，推进资源全面节约和循环利用，实现生产系统和生活系统循环链接，倡导简约适度、绿色低碳的生活方式，反对奢侈浪费和不合理消费。以绿色发展为先导，实现绿色转型就是要坚定不移走生产发展、生活富裕、生态良好的文明发展道路，通过消费理念的转变和创新，将分享经济推广开来，使其成为优化供给结构、引导绿色消费的新领域，延长产品生命周期，提高资源利用效率。加快发展生态农业和现代服务业，实现生产、消费、流通各环节的绿色化、循环化、低碳化。

四是发展循环经济。《国民经济和社会发展第十三个五年规划纲要》提出要“大力发展循环经济”，“实施循环发展引领计划，推行循环型生产方式，构建绿色低碳循环的经济体系”。2017 年 1 月，国家发改委、财政部、原环境保护部、国家统计局联合印发《循环发展评价指标体系（2017 年版）》。2017 年 4 月 21 日，国家发改委、科技部、工业和信息化部、财政部等 14 个部委联合印发《循环发展引领行动》。这些政策文件均为各地循环经济的发展起着重要的指导和促进作用。

五是构建“绿水青山”生态支付体系。把“绿水青山”作为第四产业经营，建立起体现市场价值的“绿水青山”生态支付体系。建立体现生态价值、代际补偿的资源有偿使用制度和生态环境补偿制度，加大对重点生态功能区的转移支付力度，探索市场化生态补偿机制，全面推进资源税改革，推进生态环境损害鉴定评估规范化管理，建立健全生态环境损害评估和赔偿制度①。

六是打造互联互通的绿色合作体系。践行生态文明和绿色发展理念，着力深化生态环保合作交流，广泛开展区域间城市在生态文明建设各领域、各层面的交流与合作。以生物多样性保护为主线，强化生态质量的提升，着力构建生物多样性保护与生态质量提升体系②。建设绿色屏障，打造人与自然和谐共生的美好家园。利用“一带一路”、金砖国家组织、上海合作组织和东盟等多边和国际平台，引导区域与区域、区域与国家、国家

① 杜雯翠、江河：《“绿水青山就是金山银山”理论：重大命题、重大突破和重大创新》，《环境保护》2017 年第 19 期。

② 王金南、苏洁琼、万军：《“绿水青山就是金山银山”的理论内涵及其实现机制创新》，《环境保护》2017 年第 11 期。

与国家之间建立绿色低碳循环发展合作机制，与世界共享生态文明建设和“绿水青山就是金山银山”实践模式和经验[①]。

## 四、全力打好污染防治攻坚战

一是加强大气污染防治。要以空气质量明显改善为刚性要求，强化联防联控，基本消除重污染天气，还老百姓蓝天白云、繁星闪烁。具体做法有：通过实施大气环境质量目标管理和限期达标规划，加强重污染天气应对，深化京津冀及周边地区、长三角、珠三角等区域大气污染联防联控，显著削减京津冀及周边地区颗粒物浓度，明显降低长三角区域颗粒物浓度，大力推动珠三角区域率先实现大气环境质量基本达标等措施，分区施策来改善大气环境质量。针对具体问题，分别采取推进移动源低排放化、强化扬尘管控精细化、推进生产生活排放减量化、推进能源消费清洁化、加强区域联防联控、强化基础保障能力等措施，推动空气质量持续改善。

二是实施水污染防治行动计划。保障饮用水安全，基本消灭城市黑臭水体，还给老百姓清水绿岸、鱼翔浅底的景象。具体措施包括：通过实施以控制单元为基础的水环境质量目标管理、实施流域污染综合治理、优先保护良好水体、推进地下水污染综合防治、大力整治城市黑臭水体、改善河口和近岸海域生态环境质量等措施来改善水生态环境，提升水环境质量。

三是落实土壤污染防治行动计划。突出重点区域、行业和污染物，强化土壤污染管控和修复，有效防范风险，让老百姓吃得放心、住得安心。要持续开展农村人居环境整治行动，打造美丽乡村，为老百姓留住鸟语花香、田园风光。具体做法有：通过推进基础调查和监测网络建设，实施农用地土壤环境分类管理，加强建设用地环境风险管控，开展土壤污染治理与修复，强化重点区域（如东北、珠江三角洲、香江流域、西南等）地区的土壤污染防治等措施，分类对土壤污染进行防治。

四是实现工业污染源的全面达标排放。开展自行监测工业污染源及公开信息，排查并公布未达标工业污染源名单，推动重点行业企业达标排放，并严格实施限期治理，完善工业园区污水集中处理设施。

五是促进重点地区的总量控制。通过改革完善总量控制制度，建设治

---

① 杜雯翠、江河：《“绿水青山就是金山银山”理论：重大命题、重大突破和重大创新》，《环境保护》2017 年第 19 期。

减排工程，控制重点地区（如京津冀及周边地区、珠三角地区、长三角地区）、重点行业（如包装印刷、有机化工、石化、表面涂装等挥发性有机物的排放），按流域、区域对总磷、总氮实施总量控制等措施，对重点污染物的排放严加控制，根据区域和行业各自的特点因地制宜，各个突破，协同治理。

六是加强污染防治基础设施建设。建设、完善城镇污水处理系统，建设海绵城市，增加风能、太阳能、生物质能等清洁能源的供给和使用，以煤炭洗选加工等方式清洁化利用煤炭等措施为良好生活环境提供基础设施保障。

七是综合治理农业农村环境。通过综合整治农村环境的继续推进、防治畜禽养殖污染工作的展开、治理农业面源污染的发展、综合利用与焚烧秸秆的坚持等措施实现对农业农村环境的综合治理。

## 五、加强自然生态保护

一是多措并举保护生态系统。首先要统一管理国土空间用途，全地域、全过程建设生态文明，使生态系统功能和群众健康得到最大限度的保护，使经济、社会、文化和自然相互依存、良性循环。以主体功能区规划为基础，对生态空间管控、生态环境承载力调控、环境质量底线控制、战略环评与规划等环境引导和管控要求进行规范完善，推动生态保护红线、环境质量底线、资源利用上线和环境准入负面清单等技术规范的制定得以落实。其次是要按照系统工程的思路，构建生态环境治理体系，着力扩大环境容量和生态空间，全方位、全地域、全过程开展生态环境保护。通过促进四大区域（西部地区、东北地区、中部地区、东部地区）绿色协调发展，推进“一带一路”绿色化建设，推动京津冀地区协同保护，推进长江经济带共抓大保护等举措推动区域绿色协调发展，系统保护生态环境。

二是保护与修复生态系统。对林地用途进行分级分类管制，保护森林生态系统，优化森林组成结构和功能，提升森林质量；严格草原用途管制，保护草原生态系统；保护与修复并举，优化湿地生态系统。通过保护与修复，使得重点生态区域（包括国家重点生态功能区、自然保护区、国家公园等）的生态服务功能得到提升；对生态退化地区进行重点修复。具体措施有：加强建设重点区域，如东北黑土区、黄河中上游、长江中上游的水土保持工程，综合治理水土流失；贯彻落实国家防沙治沙规划，加强对荒漠化、石漠化的治理。

三是加强保护生物多样性。首先是进行生物多样性本底调查和观测，掌握生物多样性本底概况，建立起全国生物多样性数据库和信息平台。其次是实施抢救性保护濒危野生动植物的工作。重视繁育、恢复和保护濒危物种技术的研发，建设人工种群野化放归试点示范，审慎对待再引入珍稀濒危野生动植物，对国家重点保护野生动植物名录进行调整修订。再次是重视生物遗传资源。强化野生动植物基因保护，开展生物遗传资源价值评估，建设生物遗传资源库和基因库，保护与遗传资源相关的传统知识，建立生物遗传资源及相关传统知识获取与惠益分享制度。最后是科学管理野生动植物进出口。建设信息共享平台，实现部门之间的联防联控，有效打击非法交易，严控珍稀、濒危野生动植物种质资源的流失。

## 六、建立健全最严格生态环境保护制度

“在建设社会主义生态文明进程中，推动形成人与自然和谐共生现代化建设新格局，就要把生态文明建设纳入制度化、法治化轨道。”[①] 建设人与自然和谐共生的现代化，必须依赖最严格生态环境保护制度和严密的法治，切实推进生态文明制度建设和生态文明法治建设。

一是形成科学合理的生态文明法律体系。按照源头严防、过程严管、后果严惩的思路，构建产权清晰、多元参与、激励约束并重、系统完整的生态文明制度体系，建立有效约束开发行为和促进绿色发展、循环发展、低碳发展的生态文明法律体系，发挥制度和法治的引导、规制功能，让保护者受益、让损害者受罚。

二是提升环境执法能力。建立生态环境保护综合执法机关、公安机关、检察机关和审判机关在生态环境保护上的联防联治机制，利用互联网 +，打造信息共享的在线交流平台，并做好线下的案件移送工作。提升环境执法能力，还需要“打造政治强、本领高、作风硬、敢担当，特别能吃苦、特别能战斗、特别能奉献的生态环境保护铁军”，推进生态环境保

① 颜晓峰：《建设人与自然和谐共生的现代化》，《江西日报》2018 年 10 月 29 日，第 B03 版。

护人才队伍建设的规范化、标准化、专业化。

三是发挥司法在维护生态环境权益中的作用。各级政法机关要以习近平生态文明思想为指导，紧紧围绕“努力让人民群众在每一个司法案件中感受到公平正义”的工作目标，健全完善环境资源审判体制机制，完善裁判规则，加强环境公益诉讼审判工作。通过专业化的环境资源审判落实最严格的源头保护、损害赔偿和责任追究制度，不断提升新时代生态环境保护的政法服务和保障水平[①]。

四是提高国家环境治理水平。党的十九届四中全会对坚持和完善中国特色社会主义制度，推进国家治理体系和治理能力现代化作出了一系列重大战略部署。其中，生态环境领域治理体系和治理能力现代化，是国家治理体系和治理能力现代化的重要组成部分。而推进生态环境领域治理体系和治理能力现代化，重在坚持和完善生态文明制度体系，用制度确保生态环境领域治理体系和治理能力现代化水平不断提升。推动生态环境管理系统化、科学化、法治化、精细化、信息化水平，不断增强全社会法治观念和意识。建立覆盖所有固定污染源的企业排放许可证，实行省级以下环保机构监测监察执法垂直管理制度。转变环境治理理念和方式，打造多元共治环境治理体系，合理划分中央和地方环境保护事权和支出责任。采取激励和约束双重手段，推动企业担负起保护生态环境的社会责任。畅通各种渠道，为公众积极参与生态环境保护提供便利。

五是落实党政主体责任。完善领导干部目标责任考核制度，强化环境保护“党政同责”和“一岗双责”要求，各地区各部门要将每年履行生态环境保护职责，落实生态环境责任清单的情况向党中央、国务院报告，对领导干部实行自然资源离任审计，落实损害责任终身追究机制，严格执行环境保护主体责任，真正做到有责必究。

六是健全完善环保督察工作机制。明确环境保护督察工作重点：一是对环境质量呈现恶化趋势的区域流域进行重点检查，掌握整治情况；二是对地方党委和政府及其有关部门在环保工作上的不作为、乱作为进行重点督察；三是对地方落实环境保护党政同责、一岗双责的情况进行重点了解，清楚严格责任追究情况。确定环境保护督察工作目标，如促进生态环

---

① 孙佑海：《学习贯彻习近平生态文明思想　奋力推进美丽天津建设》，《天津日报》2018 年 6 月 25 日，第 9 版。

境质量的总体改善，制定环境保护督察的工作规定，如《中央环境保护督察纪律规定（试行）》等，对督察、交办、巡查、约谈、专项督察等工作机制进行完善，针对重点区域、重点领域和重点行业展开一系列连续性、有反馈、有回头、有追责的环境保护督察行动。

## 七、积极推进全球环境合作

建设人与自然和谐共生的现代化，不仅是中国的事务，也是全世界的共同课题。“人类是命运共同体，生态危机、环境危机成为全球挑战。”① 长期以来，中国始终秉持构建人类命运共同体的基本理念，在履行好相应国际义务的同时，积极推动世界各国在环境治理上的通力合作。未来，中国会一如既往地推动和引导建立公平合理、合作共赢的全球环境治理体系，彰显中国负责任大国形象，推动构建人类命运共同体。

一是全方位参与国际环境治理。中国“要深度参与全球环境治理，增强我国在全球环境治理体系中的话语权和影响力，积极引导国际秩序变革方向，形成世界环境保护和可持续发展的解决方案”②。党的十八大以来，中国相继参与一系列国际环境治理行动，以负责任的态度和坚定行动，为全球绿色发展作出了世所瞩目的中国贡献。

二是加强与世界各国的环境合作。中国始终以“共同但有区别的责任”原则为指导，不仅强调国际社会中发展政策的协调，为发展中国家争取良好的国际贸易、投资和金融环境，促进发展中国家的快速发展，而且坚持加强南南之间的合作，在合作中秉持互利共赢，不断拓宽合作领域，提高合作质量。

三是积极履行中国的环保责任。中国是世界上最早大规模开展 $PM^{2.5}$ 治理的发展中大国，在美国退出《巴黎协定》之后，中国成为全球气候变化和温室气体控制的中流砥柱。2018 年，生态环境部开展消耗臭氧层物质执法专项行动。中国于 1991 年加入《关于消耗臭氧层物质的蒙特利尔议定书》以来，一直致力于按照议定书和《中国逐步淘汰消耗臭氧层物质国家方案》要求完成消耗臭氧层物质淘汰工作。淘汰臭氧层物质的执法工作是我国日常执法工作，并且早在 2015 年我国已完成甲基溴受控用途生产

① 李干杰：《建设人与自然和谐共生的现代化》，《中国能源报》2017 年 12 月 18 日，第 19 版。
② 习近平：《推动我国生态文明建设迈上新台阶》，《求是》2019 年第 3 期。

和使用淘汰工作。

四是推动全球应对气候变化的合作。习近平总书记在多个场合明确，中国将坚定履行《巴黎协定》的承诺，发挥负责任大国的作用和影响力，与其他国家一道推动全球绿色、低碳、可持续发展。习近平总书记还表示，中国参与全球气候变化应对，不是别人让中国做的事情，而是中国人自己的选择，可持续发展的内在追求要求中国人这么做。有没有《巴黎协定》中国都会这么做，有《巴黎协定》，中国更会履行承诺。中国行动不会受到任何别的国家的态度的影响。中国会一直按照自己的承诺和内在的要求践行绿色发展，义无反顾地扛起应对全球气候变化的担当者和引领者的大旗，积极为解决全球气候变化提出中国方案，贡献中国智慧。

五是推动“一带一路”建设。2013 年，中国正式提出“一带一路”倡议，在经济合作之余，沿线国家和地区也积极开展其他领域的合作，如环境保护，这促进了沿线国家和地区的可持续发展。在第二届“一带一路”国际合作高峰论坛开幕式的主旨讲话中，习近平总书记指出，在认识上，“我们要坚持开放、绿色、廉洁理念，不搞封闭排他的小圈子”，“要始终从发展的视角看问题，将可持续发展理念融入项目选择、实施、管理的方方面面”。在行动上，“把绿色作为底色，推动绿色基础设施建设、绿色投资、绿色金融，保护好我们赖以生存的共同家园”，“要致力于加强国际发展合作，为发展中国家营造更多发展机遇和空间，帮助他们摆脱贫困，实现可持续发展”，“发起‘关爱儿童、共享发展，促进可持续发展目标实现’合作倡议”，“启动共建‘一带一路’生态环保大数据服务平台”，“继续实施绿色丝路使者计划”，“同有关国家一道，实施‘一带一路’应对气候南南合作计划”。在制度上，“同各方共建‘一带一路’可持续城市联盟、绿色发展国际联盟，制定《‘一带一路’绿色投资原则》”。

# 第十三章　建设始终走在时代前列的马克思主义执政党

政党要想引领社会发展，必须走在时代前列，这是判断其是否具有先进性的重要标准。党的十九大报告提出，要“确保党在世界形势深刻变化的历史进程中始终走在时代前列”，为全党明确了新时代党的建设的目标和任务。当前，世界正面临百年未有之大变局，国际形势波谲云诡。新时代，我们党只有继续走在时代前列，才能永葆生机和活力，不断开创中国特色社会主义事业新局面。

## 第一节　充分认识建设始终走在时代前列的马克思主义执政党的极端重要性

国家现代化是一个严整多层的体系。其中，思想现代化是其灵魂，管理现代化和技术现代化是其双轮和两翼，政经现代化则是其赖以生存和发展的基础。国家现代化是一个时代性问题，也是与时俱进、动态发展的过程，这在客观上要求执政党作为国家现代化的主导者必须时刻关注时代变化，确保自身始终走在时代前列。中国共产党作为中国国家现代化进程的主导者和引领者，自身能否始终走在时代前列，在很大程度上决定着中国社会主义现代化建设的进程和面貌，至关重要。

### 一、始终走在时代前列是马克思主义政党的内在特质和鲜明品格

政党的职责和使命，在于引领社会发展。为此，政党必须走在时代前列。能否走在时代前列，是判断一个政党是否具有先进性的重要标准。而一个政党要走在时代前列，必须具备许多特质，比如，能准确把握时代发展潮流，能解决时代面临的主要问题，能引领时代前进方向，等等。这

些，正是马克思主义政党与生俱来的内在特质和鲜明政治品格。这一内在特质和品格，从根本上讲源于马克思主义政党独有的新的世界观和方法论。正如恩格斯所指出的："我们党有个很大的优点，就是有一个新的科学的世界观作为理论的基础。"这里，"新的科学的世界观"就是指马克思主义哲学，即辩证唯物主义和历史唯物主义的立场、观点和方法。作为马克思主义政党的世界观和方法论，辩证唯物主义和历史唯物主义深刻而正确地分析了社会基本矛盾运动规律，揭示了客观世界特别是人类社会发展一般规律，阐明了人类社会最终走向共产主义的必然趋势，为无产阶级革命斗争指明了正确的前进方向。这是迄今为止人类认识和改造世界最先进、最科学的思想武器。马克思主义深刻揭示了人类社会发展规律，指明了历史发展的方向。同时，马克思主义是不断发展的开放的理论，不断探索时代发展提出的新课题，回应人类社会面临的新挑战。正是这一先进思想武器，内在地赋予了马克思主义政党以鲜明的时代特质和独特政治优势，为各国无产阶级政党提供了崇高的共产主义理想、先进的建党学说和科学的行动指南，使之能够站得高、看得远，总能走在时代前列，准确把握时代发展潮流，正确认识和解决时代面临的主要问题，不断引领时代的前进方向，铸就了无产阶级政党始终走在时代前列的鲜明品格，使无产阶级政党成为当今时代最先进的政党。

中国共产党是在顺应时代潮流中产生的，也是在把握时代脉搏的历史进程中发展、壮大和成熟的。作为一个马克思主义政党，中国共产党自创立之日起就内在具备了勇立时代潮头、引领中国社会进步发展的内在品质和精神。1921 年 7 月 31 日，中国共产党第一次全国代表大会在浙江嘉兴南湖的一条游船上胜利闭幕。这条游船见证了中国历史上开天辟地的大事变，被人们称为"红船"。2005 年春节后的第一个工作日，时任浙江省委书记习近平同志率浙江省委理论学习中心组成员来到南湖瞻仰红船，举行保持共产党员先进性教育活动专题学习会。6 月 21 日，习近平同志在光明日报发表《弘扬"红船精神" 走在时代前列》一文，首次提出和阐释了"红船精神"，首要一条就是"开天辟地、敢为人先的首创精神"。习近平同志深刻指出："红船所代表和昭示的是时代高度，是发展方向，是奋进明灯，是铸就在中华儿女心中的永不褪色的精神丰碑。""红船正是走在时代前列的象征，'红船精神'就充分体现了走在时代前列的精神，这也就集中体现了党的先进性，是党的先进性之源。”从此，“中国共产党沿着红船的航向，以开天辟地、敢为人先的首创精神，始终站在历史和时代发展的潮头。”“‘红船精神’一直激励和鼓舞着我们党坚持站在历史的高度，走在时代的前列，勇当舵手，引领航向，不断取得革命、建设和改革的一个又一个胜利。”这些重要思想，深刻揭示了走在时代前列是我们党作为马克思主义政党与生俱来的内在特质和鲜明品格。

近代中国百余年来的历史充分证明，中国共产党之所以“能”，就在于我们党坚持以马克思主义为指导，总是能洞察时代问题，把握时代脉搏，顺应时代潮流，始终走在时代前列，在历史前进的逻辑中前进，在时代发展的潮流中发展，不断彰显自己的先进性。今天，我们依然处在马克思主义所指明的历史时代，无产阶级政党依然是这个大的历史时代最先进的政党。始终走在时代前列是马克思主义政党必须永远保持的先进性品格。

## 二、始终走在时代前列是中国共产党领导中国革命、建设和改革的重要经验

近年来，国内外各界不少人士已经注意到，当今时代是政党政治的时代，政党主导着国家发展，但各国发展的状况千差万别，中国为何能够“风景这边独好”？在各种分析认识之中，一个关键的共识是：中国共产党开拓了人类政党政治的新纪元，以打造始终走在时代前列的马克思主义先进政党来引领先进的社会发展。这一正确认识和结论已经为鸦片战争以来的中国历史，特别是中国共产党百年的奋斗历史所证明。

现代化是人类社会由传统的农业文明向现代的工业文明乃至知识文明转变的过程，是人类社会发展的价值取向和理性追求，是中华民族伟大复兴的必由之路，也是近代以来中国社会各阶级，特别是中国共产党成立以来共产党人一直在探索和实践的发展之路。鸦片战争以后，特别是中日甲午战争以后，中国的先进分子看到了国家的落后，看到了世界现代化发展的潮流，提出了国家近代化（即现代化）的问题，并对现代化建设的道路进行了各种探索。但是，他们有的想在不对封建专制社会制度进行根本变革的条件下搞现代化（如洋务派）；有的虽然也主张政治改良、提出“兴

实业”“尚工”，但从并没有根本上跳出农本思想的藩篱（如康有为、梁启超为代表的维新派）；有的虽然顺应时代潮流推翻了统治中国几千年的封建专制制度，主张大规模发展工商业实现中国现代化，但却试图依靠封建军阀的支持通过发展私人资本主义和国家资本主义实现国家现代化（如孙中山等资产阶级革命派），因而在实践中都不可避免地陷入空想而失败。只有以毛泽东为代表的中国共产党人在马克思主义的指导下，从理论和实践上正确认识和解决了近代中国社会这一重大时代课题。在革命时期，毛泽东创立的新民主主义理论，成功地指导中国新民主主义革命取得胜利，并且正确回答、解决了中国这样一个经济、文化落后的农业国家民主革命胜利后进行现代化建设的一系列根本性问题，确定了中国社会主义现代化的方向和道路，使中国的现代化由空想变为现实，第一次获得了紧跟时代潮流发展的现实基础和必备条件。在1949年3月召开的党的第七届中央委员会第二次全体会议上，毛泽东提出了“现代化”这一概念。他说，“我们已经或者即将区别于古代，取得了或者即将取得使我们的农业和手工业逐步地向着现代化发展的可能性”，并且提出要“使中国稳步地由农业国转变为工业国，把中国建设成一个伟大的社会主义国家”。

新中国成立后，秉持深刻的忧患意识，立足对世界现代化浪潮的清醒认知，执政的中国共产党顺应时代发展，积极探索和规划把中国建设成为社会主义现代化国家的道路和途径，领导了深刻的社会主义改造和大规模的社会主义建设。1954年召开的第一届全国人民代表大会，首次明确提出实现工业、农业、交通运输业和国防四个现代化的任务。之后又提出了我国实现社会主义现代化的两步设想，即：第一步，在1980年以前，建成一个独立的比较完整的工业体系和国民经济体系；第二步，在20世纪内，全面实现农业、工业、国防和科学技术的现代化，使我国国民经济走在世界的前列。改革开放之初，邓小平同志敏锐把握时代发展变化，作出和平与发展成为当代世界两大主题的重大判断，指导党把工作重点转移到社会主义现代化建设上来，作出实行改革开放的伟大战略决策。邓小平同志明确讲：“我们要赶上时代，这是改革要达到的目的。”1997年，党的十五大对进入21世纪后中国的现代化建设作出了新的规划，提出了“三步走”战略和“两个一百年”奋斗目标，在新的时代条件下为我们描绘了中国社会主义现代化建设的美好前景。经过几十年的发展，2017年党的十九大报告提出，从十九大到二十大，是“两个一百年”奋斗目标的历史交汇期。我们既要全面建成小康社会、实现第一个百年奋斗目标，又要乘势而上开启全面建设社会主义现代化国家新征程，向第二个百年奋斗目标进军。据此，从2020年到本世纪中叶，可以分两个阶段来安排。第一个阶段，从2020年到2035年，在全面建成小康社会的基础上，再奋斗十五年，基本实现社会主义现代化。第二个阶段，从2035年到本世纪中叶，在基本实现现代化的基础上，再奋斗十五年，把我国建成富强民主文明和谐美丽的社会主义现代化强国。在中国共产党的引领下，中国社会主义现代化建设站在了一个新的历史起点上。

回顾历史，正是中国共产党人在中国革命、建设和改革波澜壮阔的历史进程中，始终勇立时代潮头，走在时代前列，带领中国人民绘就了一幅幅气势恢宏的历史画卷，将社会主义中国推到一个个前所未有的时代高度，实现了从“赶上时代”到“引领时代”的伟大跨越，创造了人类社会发展史上的奇迹，引领中华民族迎来了从站起来、富起来到强起来的伟大飞跃，胜利迈向伟大复兴。始终走在时代前列，引领中国社会发展，是中国共产党领导中国革命、建设和改革，推进国家现代化的重要经验，也是一大法宝。

## 三、始终走在时代前列是党领导人民全面建设社会主义现代化国家必须解决的重大时代课题

应当看到，经过长期发展，从“落后时代”到“赶上时代”再到“引领时代”，中国正逐步走近世界舞台的中央。以习近平同志为核心的党中央，内政、外交双向发力，推动中国特色社会主义进入新时代，中国社会主义现代化建设取得举世瞩目的伟大成就，中华民族伟大复兴展现出前所未有的光明前景。但是，我们也要清醒认识到，在中国全面建设社会主义现代化，是人类社会前所未有的规模宏大的社会政治实践，必然会遇到这样那样的困难和挑战，出现这样那样的矛盾和问题，经受这样那样的风险和考验。这些问题，有的来自国内，有的来自国外；有的是社会发展过程中的必然，有的是来自外部的横加干涉。中国由大向强的发展之路不会是一帆风顺的，有些难关和坎坷是必须经历和面对的。有效化解和应对这些

困难挑战、矛盾问题、风险考验，是中国共产党必须面对和解决的时代课题。

事实也是如此。党的十八大前，中国发展在不断取得新成就中面临一系列突出矛盾和问题，主要是：世界经济持续低迷，国内经济“三期叠加”，发展不平衡、不协调、不可持续问题突出；我国各方面体制机制由于多方面原因和长期积累存在不少突出矛盾和问题，严重阻碍党和国家事业发展；境内外敌对势力加紧对我国进行意识形态渗透，各种错误思想观点给我国改革发展稳定带来严重干扰；在我国国际地位和影响力不断提高的同时，美国等西方国家加紧对我国进行围堵、干扰、遏制，外部环境挑战严峻；党长期执政面临许多新的重大风险考验，党内存在突出的腐败问题，等等。在这样的形势下，如何更好凝聚社会共识，如何突破利益固化藩篱，如何推动发展朝着更高质量、更有效率、更加公平、更可持续的方向前进，如何满足人民群众对美好生活的向往，如何推进国家治理现代化，如何在百年未有之大变局中赢得战略主动，如此等等，都是事关坚持和发展中国特色社会主义的方向性、根本性、全局性、战略性的重大问题，是新时代党领导人民全面建设社会主义现代化国家必须解决的重大时代课题。正视这些问题、解决这些问题，党和人民事业就能顺利前进，当代中国就能以更加矫健的姿态赶上时代、引领时代。否则，就可能出现大的历史倒退。这就要求执政的中国共产党站在时代前列，深刻认识和把握面临的问题和挑战，加强党的建设，使党在世界形势深刻变化的历史进程中始终走在时代前列，在应对国内外各种风险和考验的历史进程中始终成为全国人民的主心骨，在坚持和发展中国特色社会主义的历史进程中始终成为坚强领导核心。

## 第二节　深刻理解和把握新时代建设始终走在时代前列的马克思主义执政党的总体布局和战略部署

党要领导人民赶上时代，全面建成社会主义现代化国家，党的自身建设也要赶上时代，确保党始终走在时代前列，永葆生机和活力。着眼不断开创中国特色社会主义事业新局面，确保党在世界形势深刻变化的历史进程中始终走在时代前列。党的十九大对全面建设社会主义现代化国家作出新的战略安排的同时，对推进党的建设新的伟大工程也作出了战略部署，明确了新时代党的建设总要求，即："坚持和加强党的全面领导，坚持党要管党、全面从严治党，以加强党的长期执政能力建设、先进性和纯洁性建设为主线，以党的政治建设为统领，以坚定理想信念宗旨为根基，以调动全党积极性、主动性、创造性为着力点，全面推进党的政治建设、思想建设、组织建设、作风建设、纪律建设，把制度建设贯穿其中，深入推进反腐败斗争，不断提高党的建设质量，把党建设成为始终走在时代前列、人民衷心拥护、勇于自我革命、经得起各种风浪考验、朝气蓬勃的马克思主义执政党。"这一总要求，系统回答和解决了坚持和发展新时代中国特色社会主义究竟需要一个什么样的党、怎样才能建成这样一个党这一时代大课题，高屋建瓴地指明了新时代党的建设方向，具有鲜明的时代特色和崭新的理论特色，是指导新时代党的建设的总纲领和总遵循，为新时代党的建设提供了一个立体"坐标系"和精准"定位仪"，是建设始终走在时代前列的马克思主义执政党的根本遵循和行动指南。

## 一、坚决贯彻新时代党的建设的根本原则和指导方针

总要求开宗明义地提出要"坚持和加强党的全面领导，坚持党要管党、全面从严治党"。其中，"坚持和加强党的全面领导"指明了新时代党的建设的根本原则。实践证明，党的领导是战胜一切困难和风险的"定海神针"。党的领导必须是全面的、整体的，哪个领域、哪个方面、哪个环节缺失了弱化了，都会削弱党的力量，损害党和人民事业。"坚持党要管党、全面从严治党"则明确了党的建设的总方针。实践同样证明，办好中国的事情，关键在党，关键在党要管党、全面从严治党。如果管党不力，治党不严，党就不可避免被历史淘汰，党所肩负的历史使命就无法完成。党的建设必须常抓不懈，全面从严治党必须真管真严、敢管敢严、长管长严。

这"两个坚持"，集中反映了新时代中国特色社会主义建设和执政党建设的本质要求，是统领新时代党的建设的总纲。新时代党的建设必须紧

紧围绕“两个坚持”的根本方针来部署、来推进、来检验，通过加强党的建设，不断增强党的创造力、凝聚力、战斗力和领导力、号召力。

## 二、牢牢把握新时代党的建设新目标

党的建设目标，回答的是究竟要建设一个什么样的党的问题，决定着党的建设方向和实践指向，历来都是党的建设首先需要厘清理顺的重大课题。党的建设具体目标是动态变化的。党的十九大着眼我国发展新的历史方位和我们党新的历史使命，对新时代党的建设目标作出了准确判断和清晰规定，确立了“把党建设成为始终走在时代前列、人民衷心拥护、勇于自我革命、经得起各种风浪考验、朝气蓬勃的马克思主义执政党”①的新目标。其中，首先突出强调了“始终走在时代前列”的目标和任务，要求我们党要真正具有战略思维、前瞻思维，站在时代前列，引领时代潮流。而“人民衷心拥护”“勇于自我革命”“经得起各种风浪考验”“朝气蓬勃”等则从不同角度体现了“走在时代前列”的具体要求。要求我们党要通过真正坚持以人民为中心、以扎实的执政绩效、不断增强群众获得感，来赢得群众爱戴与拥护；要勇于自我革命，通过增强自我净化、自我完善、自我革新、自我提高能力，不断纯洁党的肌体，确保党的先进性、纯洁性；要经得起风浪考验和朝气蓬勃，时刻保持政治定力和战略定力，坚持从自身实际出发，绝不犯颠覆性错误；要坚持与时俱进、不断吸纳新的养分，保持生机活力。

这一党的建设总目标，集中体现了党的性质、宗旨、纲领，体现了新时代中国共产党人的价值取向、政治定力和使命担当。

## 三、紧扣新时代党的建设主线

主线，是占主导地位或主要统领事物发展的大线、母线及道系。党的建设主线所解决的是党的建设发展必须把握和遵循的主干线。要想顺利达到党的建设目标，必须有一条正确的清晰的党的建设主线，这样才能把目标与新时代党的建设的出发点连成一线，使党始终沿着正确主线把党的建

---

① 习近平：《决胜全面建成小康社会，夺取新时代中国特色社会主义伟大胜利——在中国共产党第十九次全国代表大会上的报告》，人民出版社，2017，第61-62页。

设顺利向前推进，而不偏离正确方向。

新时代党的建设总要求提出，党的建设要“以加强党的长期执政能力建设、先进性和纯洁性建设为主线”。党的十八大已经明确要牢牢把握加强党的执政能力建设、先进性和纯洁性建设这条主线。党的十九大报告又将其作为新时代党的建设总要求的内容予以明确。实际上，加强党的执政能力建设、先进性和纯洁性建设是党的建设的根本任务，能够始终走在前代前列，引领时代发展是它的实践要求。这一主线的再次确立和强调，揭示了马克思主义执政党建设的本质和根本任务，蕴含着对实现执政使命长期性、艰巨性的深远考量，深刻昭示了长期执政条件下提高党的执政能力和领导水平、保持党的先进性和纯洁性永远在路上，必然伴随着我们党执政的全过程，伴随着中国特色社会主义现代化建设事业的全过程。

值得注意的是，与党的十八大明确的党的建设主线比较，党的十九大把“执政能力建设”直接改为“长期执政能力建设”。这一表述的变化，更聚焦和强调党的一切建设都必须着眼于党的长期执政和国家长治久安，都必须标本兼治；强调党的建设任何时候都不能搞权宜之计，都不能头痛医头脚痛医脚，都不能借口别的工作忽视党建工作问题。这就再次体现了当代中国共产党人登高望远的历史担当。

## 四、统揽新时代党的建设总体布局

新时代党的建设主线确立以后，如何围绕这条主线进行党的建设总体布局，从而由点到面、由面到体地沿着主线顺利推进党的建设向目标接近，就成为新时代党的建设要继续回答和解决的课题。适应这一需求，总要求进一步明确了新时代党的建设总体布局，强调“以党的政治建设为统领，以坚定理想信念宗旨为根基，以调动全党积极性、主动性、创造性为着力点，全面推进党的政治建设、思想建设、组织建设、作风建设、纪律建设，把制度建设贯穿其中，深入推进反腐败斗争，不断提高党的建设质量”。这一总布局抓住了新时代党的建设的关键。

特别要注意的是，这一总布局突出强调了政治建设在新时代党的建设中的首要的、统领的地位，第一次把纪律建设这个管党治党的治军之策写进了党的建设新的五大建设中，第一次把制度建设深刻融入贯穿到了党的新五大建设中，而不再与原来四个建设并列，而且把反腐倡廉建设从并列的原五大建设中抽出来，专门以反腐败斗争加以表述。这些创新和变化，有着明确的问题导向和针对性，充分体现了党的十八大以来全面从严治党的新理念新战略和新实践新要求，在五大建设内在的逻辑连接上更加顺畅，理论上也更加自洽圆满，使以后党的建设实践有了更加明确的重点指向，实现了党的建设总体布局的重大发展。

## 五、聚焦新时代党的建设重点任务

党的十九大在提出新时代党的建设总要求的基础上，着眼新时代党的建设的主要矛盾和重点问题，从八个方面部署了新时代党的建设重点任务，为贯彻落实新时代党的建设总要求提供了实体支撑和有力抓手，从而把党的建设在新时代的战略布局落地生根，变成了具体的党建工作和能力建设要求，变成全党可以贯彻执行的党建行动，是推动全面从严治党向纵深发展的实践路径。

这八个方面的任务，一是把党的政治建设摆在首位。这是党的政治建设的全新思想表述。旗帜鲜明讲政治是我们党作为马克思主义政党的根本要求。党的政治建设是党的根本性建设，决定党的建设方向和效果。坚定执行党的政治路线，严格遵守政治纪律和政治规矩，保证全党服从中央，坚持党中央权威和集中统一领导，是党的政治建设的首要任务。二是用习近平新时代中国特色社会主义思想武装全党。这是党的思想理论建设的新表述。思想建设是党的基础性建设。要把坚定理想信念作为党的思想建设的首要任务，教育引导全党牢记党的宗旨，自觉做共产主义远大理想和中国特色社会主义共同理想的坚定信仰者和忠实实践者。三是建设高素质专业化干部队伍。党的干部是党和国家事业的中坚力量。要坚持党管干部原则，坚持德才兼备、以德为先，坚持五湖四海、任人唯贤，坚持事业为上、公道正派，把好干部标准落到实处。四是加强基层组织建设。党的基层组织是确保党的路线方针政策和决策部署贯彻落实的基础。强调要以提升组织力为重点，突出政治功能，把基层党组织建设成为宣传党的主张、贯彻党的决定、领导基层治理、团结动员群众、推动改革发展的坚强战斗堡垒。五是持之以恒正风肃纪。这是关于党的作风建设和纪律建设的新提法新表述。强调必须紧紧围绕保持党同人民群众的血肉联系，增强群众观念和群众感情，不断厚植党执政的群众基础；坚持以上率下，巩固拓展落实中央八项规定精神成果，继续整治“四风”问题，坚决反对特权思想和特权现象等。六是夺取反腐败斗争压倒性胜利。这是反腐败斗争的新表述。人民群众最痛恨腐败现象，腐败是我们党面临的最大威胁。强调要坚持无禁区、全覆盖、零容忍，坚持重遏制、强高压、长震慑，坚持受贿行贿一起查，坚决防止党内形成利益集团；强调推进反腐败国家立法；强调深化标本兼治，强化不敢腐的震慑，扎牢不能腐的笼子，增强不想腐的自觉，通过不懈努力换来海晏河清、朗朗乾坤。七是健全党和国家监督体系。增强党自我净化能力，根本靠强化党的自我监督和群众监督，把权力关进制度的笼子。强调要强化自上而下的组织监督，改进自下而上的民主监督，发挥同级相互监督作用，加强对党员领导干部的日常管理监督。深化政治巡视、深化国家监察体制改革、制定国家监察法，构建党统一指挥、全面覆盖、权威高效的监督体系。八是全面增强执政本领。这是首次就提高党长期执政能力水平所做的新论述。我们党既要政治过硬，也要本领高强。强调要增强学习本领，建设马克思主义学习型政党，推动建设学习大国；要增强政治领导本领、改革创新本领、科学发展本领、依法执政本领、群众工作本领、狠抓落实本领和驾驭风险本领。

上述总体布局和战略部署，集中体现了新时代中国马克思主义执政党建设的理论创新和实践要求，对于从理论和实践结合以及制度安排上使党成为新时代中国特色社会主义事业坚强有力的领导核心，保证党始终成为中华民族和中国人民值得信赖的主心骨，保证党始终成为领导中国人民实现民族复兴的时代先锋和民族脊梁，都有极其重要的指导意义的深远的历史意义。

## 第三节　贯彻新时代党的建设总要求，努力建设始终走在时代前列的马克思主义执政党

当今世界风云变幻，在当代中国全面改革开放和建设社会主义现代化的伟大新时代中，要把中国共产党建设成为始终走在时代前列的马克思主

义政党，是一个非常重大、非常艰巨的任务，也是一个前所未有的新课题。

## 一、不忘初心，牢记使命，在勇扛引领时代的责任担当中走在时代前列

在党的十九大报告中，习近平同志深刻指出："不忘初心，方得始终。中国共产党人的初心和使命是为中国人民谋幸福，为中华民族谋复兴，这个初心和使命是激励中国共产党人不断前进的根本动力。"回眸建党百年、新中国成立70余年的风雨兼程，中国新民主主义革命能够取得胜利，社会主义建设能够朝气蓬勃，现代化建设能够持续推进，改革开放能够不断深化，都是与中国共产党顺应时代、践诺初心和使命的责任担当分不开的。

当前，我国处于近代以来最好的发展时期，世界处于百年未有之大变局，两者同步交织、相互激荡，更加需要当代中国共产党人不忘初心，牢记使命，继续勇扛引领时代的责任担当站在时代前列，精准把握时代脉搏，解答时代命题，引领时代前进。我们党必须始终走在时代前列、引领时代前进，是进入新时代以来习近平同志坚定的、一贯的思想。党的十八大以来，他在多种场合一再强调，要"立时代之潮头、发时代之先声"，要"立时代之潮头、通古今之变化、发思想之先声"，要"吹响时代前进号角"……在党的十九大召开前夕，习近平同志在主持中央政治局集体学习时进一步指出"只有引领时代才能走向世界"，强调"要立足时代特点，推进马克思主义时代化，更好运用马克思主义观察时代、解读时代、引领时代，真正搞懂面临的时代课题，深刻把握世界历史的脉络和走向"。这些重要思想，为我们党始终走在时代前列提供了强大思想武器。建设始终走在时代前列的马克思主义执政党，必须认真学习领会习近平同志的重要论述，不断强化"走在前列"意识，切实把"走在前列"的要求贯穿于党治国理政的全过程。全党同志要把"走在前列"的要求体现到精神状态上，贯彻到衡量标准上，落实到各项工作上，再接再厉，乘势而上，努力为全面建设社会主义现代化国家作出积极的贡献。

## 二、坚持思想建党、理论强党，在科学理论指导下走在时代前列

马克思主义理论的先进性，是马克思主义政党能够始终走在时代前列的决定性因素。建设走在时代前列的马克思主义执政党，科学理论指导是前提，是关键。建党近百年来的实践告诉我们，从时代实践中抽象出具有普遍指导意义的理论，经过继续完善发展后再将其运用到实践中去，指导实践发展，是我们党解决时代课题的一贯做法。中国共产党是善于推进理论创新的马克思主义政党，在领导革命、建设和改革的伟大历史进程中，我们党善于把马克思主义基本原理同中国具体实际相结合，在革命、建设和改革各个时期与时俱进地大力推进马克思主义中国化，先后形成了毛泽东思想、邓小平理论、“三个代表”重要思想、科学发展观和习近平新时代中国特色社会主义思想，使党的创新理论具有鲜明的时代性。同时，高度重视抓科学理论武装，大力推进马克思主义大众化，以强有力的思想理论建设保证了全党始终保持统一的思想、坚定的意志、协调的行动、强大的战斗力，意气风发、斗志昂扬地走在时代前列。深刻总结党的历史经验，党的十八大以来，习近平同志反复强调要坚持思想建党、理论强党，教育引导广大党员干部加强理论学习，不断提高马克思主义理论水平，为写好新时代中国特色社会主义这篇大文章扎深理论之根、筑牢信仰之魂，以理论自信引领和保证党始终走在时代前列。

当前，坚持思想建党、理论强党，就是要坚持不懈用习近平新时代中国特色社会主义思想武装头脑，推动全党更加自觉地为实现新时代党的历史使命不懈奋斗。党的十八大以来，以习近平同志为核心的党中央直面时代和实践发展所提出的历史性课题，以超凡魄力和顽强斗争精神，领导全党全国人民进行具有许多新的历史特点的伟大斗争，推动党和国家事业取得全方位、开创性历史成就，发生深层次、根本性历史变革，推动中国特色社会主义进入新时代，并从理论和实践结合上系统回答了新时代坚持和发展什么样的中国特色社会主义、怎样坚持和发展中国特色社会主义的重大时代课题，创立了习近平新时代中国特色社会主义思想。这一思想是马克思主义中国化最新成果，是当代中国马克思主义、21 世纪马克思主义，

是党和国家必须长期坚持的指导思想；这一思想聆听时代的声音，深切回应时代的呼唤，深入回答时代之问，是立足时代、引领时代的科学理论，既是中国共产党走在时代前列的显著理论标识，也是走在时代前列的伟大旗帜和实践指南。

## 三、勇于自我革命，在革命性锻造中坚定走在时代前列

治国必先治党，治党务必从严，以“治党”引领“兴国”，以党的自我革命来推动党领导人民进行的伟大社会革命，这是中国共产党治国理政的重要逻辑，也是中国共产党把握政党政治时代社会发展规律的鲜明体现。在庆祝改革开放40周年大会上的讲话中，习近平同志指出：“40年来，我们始终坚持加强和改善党的领导，积极应对在长期执政和改革开放条件下党面临的各种风险考验，持续推进党的建设新的伟大工程，保持党的先进性和纯洁性，保持党同人民群众的血肉联系。”“我们党在革命性锻造中坚定走在时代前列，始终是中国人民和中华民族的主心骨！”[①]

然而，20世纪末世界一些老党、大党相继垮台的事实一再证明，一个执政党进行社会革命不易，进行自我革命更不易；不进行自我革命，必然被历史所淘汰。我们党要保持马克思主义政党的先进性，始终走在时代前列，实现崇高使命，必须一刻不放松地解决自身存在的问题，永葆自我革命的政治自觉和政治胆魄。对此，党的十八大以来，习近平同志多次强调：“勇于自我革命，是我们党最鲜明的品格，也是我们党最大的优势。”他深刻总结历史的经验教训，聚焦共产党人所肩负的历史使命任务的长期性艰巨性，聚焦时代挑战和矛盾问题，以强烈的历史忧患，告诫全党：坚持和发展中国特色社会主义是一项长期而艰巨的历史任务，必须准备进行具有许多新的历史特点的伟大斗争。在这个漫长历史过程中，确保共产党不垮、中国社会主义制度不倒，是一个极难极大的风险挑战。并且反复强调对于我们这样一个建党百年、执政70年、拥有9000多万党员、460多万个基层党组织的世界第一大党，如何始终保持革命精神是一个十分重大而又必须解决好的课题。他还尖锐指出：在长期执政条件下，各种弱化党的先进性、损害党的纯洁性的因素无时不有，各种违背初心和使命、动摇

① 习近平：《在庆祝改革开放40周年大会上的讲话》，《人民日报》2018年12月19日，第2版。

党的根基的危险无处不在，“四大考验”“四种危险”依然复杂严峻，如果不严加防范、及时整治，久而久之，必将积重难返，小问题就会变成大问题、小管涌就会沦为大塌方。党的自我革命任重而道远，决不能有停一停、歇一歇的想法。而我们党处在执政地位、掌控执政资源，很容易在执政业绩光环的照耀下，出现忽略自身不足、忽视自身问题的现象，陷入“革别人的命容易，革自己的命难”的境地。没有什么外力能够打倒我们，能够打倒我们的只有我们自己。前途和命运都掌握在我们自己手上。党的十九大上，习近平同志进一步提出党的自我革命的命题。

历史已经并将继续证明，我们党要始终成为时代先锋、民族脊梁，始终成为走在时代前列的马克思主义执政党，自身必须始终过硬。新形势下，全党要以高度的政治自觉，在推进伟大社会革命进程中不断推进党的自我革命，坚持全面从严治党，勇于直面问题，敢于“刮骨疗毒”，消除一切损害党的先进性和纯洁性的因素，清除一切侵蚀党的健康肌体的病毒，使中国共产党在革命性锻造中更加坚强。不断增强党的政治领导力、思想引领力、群众组织力、社会号召力，确保我们党永葆旺盛生命力和强大战斗力。

## 四、不断学习、善于学习，在全面增强执政本领、提高执政能力中走在时代前列

中国共产党是中国建设社会主义现代化事业的领导核心，始终成为时代先锋、民族脊梁，自身必须始终过硬。这个“过硬”，不仅应体现在政治上，而且还体现在本领上，“既要政治过硬，也要本领高强”，是我们党的一贯要求。延安时期，我们党既高度重视抓政治建设，也敏锐注意到“本领恐慌”问题。正是时刻保持本领不够的危机感，一刻不停地增强本领，我们党才能克服前进道路上的艰难险阻，始终肩负起实现中华民族伟大复兴的历史使命。

今天，我们党领导着十四亿人口的社会主义大国，党的执政本领、执政能力直接关系中国现代化建设事业的成败。实现全面建设社会主义现代化强国的目标，实现由大国向强国的转变，对党的执政能力和领导水平也提出新的更高要求。但是，一段时期以来，党内忽视学习、淡化能力建设

的现象比较突出，能力不足、外行领导、蛮干盲干的问题仍然存在，人民群众意见很大。对此习近平同志多次强调，随着形势和任务不断发展，我们的本领适应的一面正在下降，不适应的一面正在上升，领导干部要有本领不够的危机感。强调要引领新时代，走在新时代前面，党员干部既要政治过硬，始终做到坚定政治信仰、严守政治纪律和政治规矩、对党绝对忠诚，始终同以习近平同志为核心的党中央保持高度一致，坚决维护党中央权威和集中统一领导；又要本领高强，专业素质好、业务能力强，能够胜任党和人民交给的重大任务，解决各种问题和矛盾。政治过硬与本领高强相辅相成、缺一不可。政治过硬是保证，只有政治过硬，才能确保党员干部不变色、不变质；本领高强是基础，只有练就“十八般武艺”，业务精湛、能力突出，才能处理复杂矛盾问题。坚持在政治上和本领上“两手抓”，把党建设得更加坚强有力，我们党才能胜任新时代赋予的新使命、取得新成就。

全面增强党的执政本领，提高党的执政能力，不断学习、善于学习是重要手段。列宁指出：“只有用人类创造的全部知识财富来丰富自己的头脑，才能成为共产主义者。”我们党在每一个历史转折时期都号召全体党员加强学习，而每一次学习热潮都会推动我们的事业实现大发展大进步。重视学习、善于学习，集中体现了我们党与时俱进、永不满足、永不停滞的鲜明品格，是党应对各种复杂严峻考验、解决改革发展中遇见的各种新情况新问题、克服工作中出现的各种缺陷短板的基本途径，始终走在时代前列的重要保证。当今世界的发展一日千里，知识更新换代的速度超出人们想象。随着我国社会主要矛盾发生变化，全面深化改革的深入推进，我国已进入了改革的攻坚期、发展的关键期和矛盾的凸显期。党唯有不断学习、善于学习，勇于变革、勇于创新，永不僵化、永不停滞，才能不断提高执政水平和领导水平，以过硬的执政本领，有效解决发展过程中遇到的困难和问题，确保党在世界形势深刻变化的历史进程中始终走在时代前列，成为带领全国人民应对风险挑战的主心骨，成为坚持和发展中国特色社会主义事业的坚强领导核心。

# 第十四章　现代化的本质是人的现代化

现代化实践已经有了好几百年的历史，现代化研究也有了上百年的历史。然而，关于什么是现代化、现代化的本质是什么这些最为基本问题的认识并未达成共识。这也许是现代化的复杂性造成的，现代化可谓是人类有史以来最为复杂的社会现象。但这也为理论探讨和实践探索提供了广阔空间。

## 第一节　现代化本质的新认识

现代化，既是当代世界的突出问题，也是当代中国发展社会主义的重大理论和实践问题。把中国建设成一个什么样的现代化国家、如何建设社会主义现代化国家，是习近平同志十分关注和重视的重大问题，是党的十八大以来我们党治国理政的中心课题。可以说，这一问题也是习近平新时代中国特色社会主义思想需解决的根本问题，所有其他问题都是围绕这一问题而展开的，都是为了更好地解答这一问题而服务的。

### 一、现代化本质新论断的提出

习近平同志纵览现代化发展历史，特别是改革开放以来中国现代化进程，创造性地运用马克思主义唯物史观，于 2013 年 12 月在中央城镇化会议上提出了“现代化的本质是人的现代化”[①] 的新论断。这一论断的提出是对世界现代化规律的深刻揭示，更是对我国社会主义现代化建设经验的科学总结，体现了习近平同志对现代化问题特别是中国特色社会主义现代化理论和实践的深邃思考。

中国特色社会主义是当代中国发展进步的根本方向，只有中国特色社会主义才能发展中国。建设中国特色社会主义的总任务是实现现代化和民族复兴。党的十八大报告明确指出：建设中国特色社会主义，“总任务是

---

① 习近平：《论坚持全面深化改革》，中央文献出版社，2018，第 68 页。

实现社会主义现代化和中华民族伟大复兴"[①]。习近平同志在2012年11月中央政治局第一次集体学习的讲话中对"总任务"进行了阐述，他说："强调总任务，是因为我们党从成立那天起，就肩负着实现中华民族伟大复兴的历史使命。我们党领导人民进行革命建设改革，就是要让中国人民富裕起来，国家强盛起来，振兴伟大的中华民族。按照现代化建设'三步走'的战略部署，建设富强民主文明和谐的社会主义现代化国家，是我们党和国家在整个社会主义初级阶段的奋斗目标。我们党的庄严使命、改革开放的根本目的，我们国家的奋斗目标，都聚焦于这个总任务，归结于这个总任务。"[②] 十八大以来以习近平同志为核心的党中央领导和带领全国人民紧紧围绕这一"总任务"搞改革、抓建设、促发展、保民生、防风险，中国特色社会主义现代化建设取得全方位、开创性的成就。党中央和习近平总书记审时度势，及时确定我国社会发展的历史方位，党的十九大明确作出"中国特色社会主义进入新时代"的战略判断，绘就现代化发展的新蓝图，开创了全面建设现代化的新征程，开辟了中华民族和中国人民从"站起来""富起来"走向"强起来"的现代化发展的新境界。今日之中国，比历史上任何时期都更接近、更有信心和能力完成建成现代化强国的总任务，实现中华民族伟大复兴的目标。

习近平同志在党的十九大指出："实现中华民族伟大复兴是近代以来中华民族最伟大的梦想。"[③] 党的十八大把"现代化和中华民族伟大复兴"作为中国特色社会主义的总任务一同提出来，党的十九大则把实现中华民族伟大复兴作为"最伟大的梦想"和目标提出来，同时把实现现代化作为实现伟大梦想的合乎时代潮流的必然的历史选择，从总任务到最伟大梦想，说明现代化和民族复兴是统一的、一体的。总任务就是总目标，完成总任务就是实现总目标，就是实现伟大梦想。总任务、总目标是管总的，其他一切任务和目标都必须为其服务，必须在总任务和总目标的大局下行动。"五位一体"的总布局、"四个全面"的战略布局，经济、政治、文化、社会和生态文明建设、党的建设等为的是实现现代化和民族复兴的总目标、总任务。

---

① 《十八大以来重要文献选编》（上），中央文献出版社，2014，第10页。

② 同上书，第77页。

③ 《中国共产党第十九次全国代表大会文件汇编》，人民出版社，2017，第11页。

建设社会主义现代化强国是全体中国人民的共同事业，实现中华民族伟大复兴的中国梦是每一个中国人的梦。充分发挥最广大人民群众的积极性、创造性，促进人的现代化和全面发展最为重要和关键。说到底，改革开放和现代化建设是解放人、发展人的事业；中华民族伟大复兴是中国人民的伟大复兴。只有解放人、发展人，才能有现代化的发展，才能有民族复兴的成功。习近平同志为此指出："实现中华民族伟大复兴，必须合乎时代潮流、顺应人民意愿，勇于改革开放，让党和人民事业始终充满奋勇前进的强大动力。"① 必须全面深化改革，解放和发展生产力，破除阻碍国家、民族和人的全面发展的一切思想和体制障碍，大胆创新，为中国特色社会主义和现代化建设提出新观点、开辟新道路。

为了顺利完成总任务、推进现代化建设和民族复兴的伟业，党的十八届三中全会审议通过了《中共中央关于全面深化改革若干重大问题的决定》，绘制了全面深化改革的路线图，提出了全面深化改革的总目标，明确了改革的具体任务和要求。我国的现代化建设在改革开放中重新启动，也必将在不断全面深化改革和扩大开放中实现。要加快推进现代化建设进程、完成实现现代化这一总任务，就必须更加坚持改革开放这一决定当代中国命运的"关键一招"，运用好改革开放这一促进党和人民事业大踏步赶上时代的"重要法宝"。恰如报告所说，因为"改革开放最主要的成果是开创和发展了中国特色社会主义，为社会主义现代化建设提供了强大动力和有力保障"，所以，"面对新形势新任务，全面建成小康社会，进而建成富强民主文明和谐的社会主义现代化国家、实现中华民族伟大复兴的中国梦，必须在新的历史起点上全面深化改革"。"全面深化改革的总目标是完善和发展中国特色社会主义制度，推进国家治理体系和治理能力现代化。必须更加注重改革的系统性、整体性、协同性，加快发展社会主义市场经济、民主政治、先进文化、和谐社会、生态文明，让一切劳动、知识、技术、管理、资本的活力竞相迸发，让一切创造社会财富的源泉充分涌流，让发展成果更多更公平惠及全体人民。"《中共中央关于全面深化改革若干重大问题的决定》所规定的改革总目标，所明确的各项重点任务和有力举措，都是围绕实现现代化的总任务而实施的。实现现代化，制度建设是根本，是管长远的，因此，改革首先必须完善和发展中国特色社会主

① 《中国共产党第十九次全国代表大会文件汇编》，人民出版社，2017，第 12 页。

义制度，实现制度现代化。建立优良的制度体系是国家建设和治理的根本前提。建立与现代化要求相适应的制度体系是推进国家治理体系和治理能力现代化的基础及要求。只有制度现代化，才能有国家治理体系和治理能力的现代化。只有有了优良的现代化制度体系和国家治理的现代化，才能调动、激励、发挥和保障一切社会力量的积极性、创造性，才能使一切建设现代化的社会力量充分涌流。只有各种现代化的建设力量都能发挥应有的历史作用，实现现代化和民族复兴的总任务才能顺利推进和最终完成。

紧随十八届三中全会的完善制度、治理体系和治理能力现代化的步伐，党的十八届四中全会深入研究了全面依法治国这一国家治理现代化的重大问题，审议通过《中共中央关于全面推进依法治国若干重大问题的决定》。“依法治国，是坚持和发展中国特色社会主义的本质要求和重要保障，是实现国家治理体系和治理能力现代化的必然要求。”全面推进依法治国，是实现“两个一百年”奋斗目标、实现中华民族伟大复兴的根本保障。因此，必须完善和发展中国特色社会主义制度，全面推进依法治国。全会明确提出“建设中国特色社会主义法治体系，建设社会主义法治国家”的目标要求，坚持加强“法治国家、法治政府、法治社会”一体化建设，强调开创“科学立法、严格执法、公正司法、全民守法”的新局面，突出了社会主义现代化建设的民主、法治内涵，增强了现代化的民主和法治保障。

以改革的总目标对接中国特色社会主义建设的总任务，确定了现代化建设的动力源泉。社会主义是不断改革的社会，解放生产力、发展生产力是社会主义的本质内容，也是社会主义的根本任务。社会主义是通过不断改革来解放生产力、发展生产力、促进社会全面进步的。生产力是社会发展的基础和根本动力，生产力水平是社会进步和文明程度的根本标志。建设现代化首先是发展先进生产力，提高生产力水平，实现生产力的现代化。没有生产力的现代化，就不可能有中国的现代化。生产力的根本要素是劳动者，是人。生产力其实就是人的劳动力。发展生产力，核心是发展人，提高人的综合素质和能力。生产力的解放与发展依赖于与之相适应的社会关系及社会制度体系。因此，发展生产力、发展人，必须改革与生产力不相适应的生产关系和上层建筑，改革束缚人、压制人的社会关系，建立解放人、促进生产力持续健康发展的社会制度体系。可见，从全面深化改革着手，以完善制度体系、实现治理体系和治理能力为改革总目标，解决现代化建设和民族复兴的动力源泉问题，可谓是抓住了根本、扭住了关键。

改革是为了发展，为了实现人的美好生活向往和人自身的全面发展。在新的历史阶段，用什么样的发展理念来指导发展，指导现代化建设，至关重要。习近平同志认为，确立新的发展理念，用新的理念引领发展行动，是应对经济社会发展新趋势新机遇和新矛盾新挑战的客观要求。“发展理念是发展行动的先导，是管全局、管根本、管方向、管长远的东西，是发展思路、发展方向、发展着力点的集中体现。”党的十八届五中全会确立了“坚持以人民为中心”的发展观和“创新、协调、绿色、开放、共享”的新发展理念，更加强调和突出了现代化建设的人民性导向和目标，开辟了现代化建设的新境界。“以人民为中心”的发展观和“五大发展理念”，坚持中国特色社会主义的本质要求，坚持发展为了人民、发展依靠人民、发展成果由人民共享，强调必须全面深化改革，作出更有效的制度安排，使全体人民在共建共享发展中有更多获得感、幸福感，增强发展动力，增进人民团结，朝着共同富裕方向稳步前进；强调“按照人人参与、人人尽力、人人享有的要求”，实现全体人民共同迈进全面小康社会，共同享有改革开放和现代化建设的成果。

为此，党的十九大明确把“坚持以人民为中心”“坚持全面深化改革”“坚持新发展理念”“坚持人民当家作主”“坚持依法治国”等作为新时代中国特色社会主义思想的主要内容和基本方略。党的十九届四中全会进一步把这些基本方略确立为中国特色社会主义的制度优势，同时提出了进一步深化改革、完善制度体制机制的新要求，推进国家治理体系和治理能力现代化，从制度上确保和促进人的现代化和人的全面发展向更高目标前进，推动现代化建设和民族复兴总任务、总目标的顺利实现。

## 二、现代化本质新论断的重大意义

“现代化的本质是人的现代化”是一个全新命题和崭新认识，深刻概括了现代化的本质，深化了对现代化的认识，强化和突出了现代化的人学意蕴和人民性的本质要求，实现了现代化建设的中心和目标向人的现代化的理论及实践转向，是对中国特色社会主义现代化思想的丰富发展，也是对现代化理论的重大贡献。

第一，揭示了现代化的本质规定，丰富了现代化理论。现代化理论是随现代化的实践进步而不断深入和发展的。人们对现代化的全貌、历史以及各个领域和方面都进行了全面细致的研究，提出了对现代化实践具有指导意义的思想观点，形成了诸如经典现代化理论、生态现代化理论、后现代化理论、第二次现代化理论、综合现代化理论等。这些理论对现代化的诸多方面、特性以及人的现代化等问题进行了深入探究，从不同层面看到了人的现代化之于现代化的意义和作用，蕴含着现代化的本质是人的现代化的思想。习近平同志在吸收现代化理论成果的基础上，结合我国现代化建设的实践经验和发展要求，提出“现代化的本质是人的现代化”，揭示了现代化的内在规律，深化了人们对现代化本质的认识。

第二，凸显了现代化的人学意蕴和人民性的本质要求。重视“人的因素和作用”是马克思主义的理论特质，是中国共产党领导人民进行革命、建设、改革和现代化建设的一大特色和重要经验。人和物是构成世界的基本要素。中国共产党人是坚定的唯物主义者，在领导中国革命、建设、改革和现代化建设的伟大实践中，既强调物质因素的基础作用，又十分重视人的核心地位和作用，重视人的主观能动性的发挥，重视人的自身发展和能力素质的提高。在革命战争年代，毛泽东认为，战争的决定因素“是人不是物”；战争各方力量的对比“不但是军力和经济力的对比，而且是人力和人心的对比”。在社会主义建设时期，他依然强调人的因素的决定性地位和作用，要求调动一切积极因素和一切可以调动的力量，把中国建设成为一个强大的社会主义国家。改革开放时期，邓小平特别重视人的因素在现代化建设中的作用，他说，搞好中国的事情，关键在人。他还认为，“四个现代化”，关键是科学技术现代化，是人的科学文化素质。因此，必须大力发展教育和科学技术，提高人的科学文化素质，提高国家的科学技术水平。江泽民认为，最广大人民群众的积极性和创造性，是至关重要的。社会全面进步和人的全面发展是相辅相成的。促进人的全面发展是中国特色社会主义的本质要求，也是现代化建设的根本要求。因此，建设社会主义现代化，必须促进人的全面发展。胡锦涛提出了“以人为本”的科学发展观，强调改革开放和现代化建设事业必须坚持发展为了人民、发展依靠人民、发展成果为人民共享和促进人的全面发展。习近平同志提出“现代化的本质是人的现代化”，既坚持了马克思主义的群众史观，又继承和丰富了社会主义现代化建设事业必须为了人民、依靠人民、发展人民的理念。中国的现代化是中国人民的现代化，一方面，它是全体中国人民的共同事业，必须依靠中国人民自己的力量来建设，中国人民的独立自主、艰苦奋斗，中国人民自身的现代化，是建成中国特色社会主义现代化强国的根本力量；另一方面，中国的现代化，根本目的是实现中国人民自身的现代化，保证全体人民共享现代化建设的一切成果，实现中国人民对美好生活的向往。

第三，对中国特色社会主义现代化建设具有重要指导意义。

“现代化的本质是人的现代化”反映了中国特色社会主义现代化发展的客观要求，深刻揭示了中国特色社会主义现代化的本质和动力，丰富了中国共产党关于现代化的认识，把现代化建设推向了新的发展阶段。

人是社会发展的决定性力量和根本目的。当今世界，人力资源是世界的第一资源，人的知识力、创新力越来越重要，资源、资本等客观因素的作用相对弱化。世界各国的竞争，关键是人才的竞争，是人力资源的竞赛。科教兴国、人才优先的发展战略是现代化发展进程中的一条基本经验。在现代化从工业化上升为知识化、科技化、智能化的更高阶段，现代化越来越倾向于和转变为人的天性、智能、知识、理性、社会性、想象力等诸多能力素质全面发展的过程及状态。我国的现代化还一直在路上，并且路还很长很艰巨。尽管我们一直在努力奔跑、拼命追赶，且已经取得巨大的成就和进步，但是依然还没有完成基本实现现代化的任务目标，与世界先进、发达的现代化国家和地区还有很大的差距。我国在现代化建设进程中，虽然一直是坚持走教育优先、发展科技、提高人的素质的路子，但是我国的现代化建设主要是依靠资源、资本等客观因素来推动的，人力资源、科技创新的权重还不够高，人的主体性、积极性和创造性的发挥也不够强大，人力资源的开发、发展和利用水平依然处于世界较低位置。习近平同志提出的“现代化的本质是人的现代化”的新论断把中国的现代化实践推向由主要依靠物的因素的现代化转向为重点依靠人的现代化的新阶段，把中国的现代化建设由工业、农业、科学技术、国防“四个现代化”以及国家治理的现代化扩充到“人的现代化”的新高度，说明了我们党对中国现代化建设的认识更为系统、科学，标志着我们党现代化建设理论走向了成熟，也意味着中国的现代化建设进入了新的发展阶段。

“现代化的本质是人的现代化”，要求必须坚持物的现代化与人的现代化、国家的现代化与人的现代化的有机统一，同时要求现代化发展的中心应当由物的现代化转向人的现代化，由国家的现代化转向人的现代化。人的现代化、人的自由全面发展既是现代化建设的条件，更是现代化建设的目的。在全面推行现代化建设进程中，必须进一步通过国家的现代化来积极促进人的现代化，同时必须依靠促进人的现代化来推动国家的现代化，通过推进国家治理现代化、不断完善中国特色社会主义制度体系，进一步解放人、发展人，提升人的现代化的质量和水平，在促进人的现代化中推动现代化强国建设和民族伟大复兴中国梦的实现，同时在建设现代化强国和实现民族伟大复兴的进程中促进人的现代化，促进人的全面发展，使全体中国人民过上美好幸福的生活。

现代化的本质是人的现代化这一论述，不仅对中国的现代化建设具有重要指导意义，而且对世界现代化发展、特别是同中国一样在正努力追赶世界先进水平的建设现代化的国家也具有重要理论和实践指导价值。

## 第二节　人的全面发展是人的现代化的灵魂

人的现代化是人的自由全面发展在现代社会的表现形式和阶段性成果，人的全面发展是贯穿人的现代化过程始终的核心内容和追求目标。人的现代化既是构成人的全面发展的历史环节，又是推动人的自由全面发展的必由之路。

### 一、人的全面发展是人的现代化的目标

人的自由全面发展作为人的最理想的存在状态，不仅是人类社会发展的理想目标，而且是人的现代化的目标，是现代社会的人的发展状态和存在方式。从马克思的社会发展“三阶段”论来看，现代化是人类社会从传统走向现代，即从“人的依赖性”阶段走向“物的依赖性”阶段进而走向未来“人的自由个性”发展阶段的历史进程。从历史时间而言，现代化可

以对应于“物的依赖性”阶段，现代化的发展过程与“物的依赖性”阶段是重叠在一起的。从整个世界看，那些已经完成了现代化第一、第二阶段任务的国家和地区，今天仍然处于“物的依赖性”阶段。那些处于前现代与现代之间的国家和地区，则是介于“人的依赖性”与“物的依赖性”之间，其“物的依赖性”问题还没有得到充分的解决。从这个意义上说，现代化运动就是不断实现和完善人的“物的依赖性”，同时为人类发展的“第三阶段”夯实基础的社会活动。现代化作为人类社会未竟的事业，其任务和目标便应该是建立马克思主义所设想的未来社会形态，促进人的自由全面发展。因此，作为现代化本质的人的现代化，其目标和任务也必然是把人从传统的生存状态转化为现代的生存状态、由传统人转变为现代人，不断扩大全面的需要，提高“全面的能力体系”，最终实现人的“自由个性”——人的自由全面发展。

现代化是人类社会走向理想社会形态的一场重要历史活动或运动，人的现代化则是在一定历史阶段人的全面发展的一种形态和内容，也是走向人的自由全面发展目标的一个阶段性的重要成果。在理论界，普遍认为现代化有起点，但无法确定现代化的终点在哪里，也许现代化就是一个无止境的过程，是一个层次、一个阶段不断上升到更高层次、更高阶段的过程。由此推断，人的现代化也是人持续升级、提高的无限过程，人在不断促使自身现代化的进程中日益接近人的自由全面发展的目标，最终在无数人的现代化的持续累积中实现人的自由全面发展的目标。恰如无数的相对真理构成绝对真理一样，无数的“人的现代化”将构成人的自由全面发展的理想形态，实现人的发展的理想目标。

## 二、人的全面发展是人的现代化的中心内容

人的现代化的内容很多，既有物质方面的内容，也有精神方面的内容，还有人自我发展方面的内容等，是一个体系。然而，人的现代化的中心内容是人的自我发展，是人全面的发展。因为人的全面发展、人的自由个性的实现是人最大的需要和最根本的利益。

需要和利益是人的活动之源。人从事一切活动或进行社会实践的动力来自满足基本需要和实现根本利益。现代化作为人类近代以来最典型的社

会实践活动，其根本目的在于满足、实现人的需要和利益。作为现代化之本质的人的现代化，其实就是人的需要的满足和人的根本利益的实现。

对人的需要的研究由来已久，不乏有许多洞见。但马斯洛的研究更接近真实，且具有很大的影响力。在马斯洛等人的理论中，人的需要是在一定的生活环境中形成和发展起来的，是社会生活的产物，也随着个人需要的满足而变化。人的需要是个具有复杂关系的大系统，是一个综合的整体，人的需要具有不同的层次，各种不同层次的需要之间具有内在的关联。

在马斯洛的“需要五层次”中，自我实现的需要是最高层次，它是人的成长、发展、利用潜能的需要，是在前四种层次的需要得到满足之后才出现的。马斯洛认为，自我实现的需要是“一种想要变得越来越像人本来的样子、实现人的全部潜力的欲望”①。马斯洛明确认为，“我们所有的人都有一种改进自己的冲动，一种更多地实现我们的潜力、一种朝向自我实现或人性充分发展的冲动”，“自我实现也许可以大致描述为充分利用和开发……能力、潜能，等等。这样的人几乎在竭尽所能，使自己趋于完美”。“自我实现或意味着基本需要再加上最起码的天才、能力或者人性的丰富”。自我实现是“人性发展能够达到的境界”，“自我实现意味着充分、忘我、集中全力，全神贯注地体验生活”②。总之，自我实现的需要是人的高级本质的发展需要。自我实现的人是自我全面发展的人，或潜能得到充分发展的人。

马克思认为，人的需要和人的本性是联系在一起的，人的需要就是人的本性。“他们的需要即他们的本性，以及他们求得满足的方式，把他们联系起来”，“所以他们必然要发生相互关系”③。马克思在《政治经济学批判大纲》中曾提出应该研究人的“需要体系”，认为人的需要是一个多样性的复合体。人的需要从其作用上可分为生存需要、享受需要和发展需要。生存需要，也叫自然需要。人的生存需要主要是指维持人的生存所必需的诸如食、衣、住等方面的需要，是一切社会形态中的人的共同需要，

① 弗拉克·戈布尔：《第三思潮：马斯洛心理学》，上海译文出版社，1987，第45页。转引自赵敦华：《西方人学观念史》，北京出版社，2005，第431页。

② 转引自赵敦华：《西方人学观念史》，北京出版社，2005，第438页。

③ 《马克思恩格斯全集》第3卷，人民出版社，1972，第514页。

是人的最直接的需要。享受需要是人旨在改善生存状态、提高生活质量、增强舒适程度的需要。享受需要不仅包括物质生活的享受，而且包括精神生活的享受。恩格斯指出："人类的生产在一定的阶段上会达到这样的高度：能够不仅生产生活必需品，而且生产奢侈品，即使最初只为少数人生产。这样，生存斗争……就变成为享受而斗争，不再是单纯为生产资料而斗争，不再是为生存资料斗争，而是也为发展资料，为社会的生产发展资料而斗争"[①]。发展需要是人为了自身的完善和文明程度的提高，为实现人的自由个性而产生的需求。发展需要既表现为满足人的物质生活、精神生活需要，又表现为实现自由、个性的需要。作为最高价值的人本身，主要是指人本身的发展、完善、自我选择和自我实现，人的自我实现主要是指人的创造性潜能的全面地、自由地实现，是人充分发挥自己的创造性潜能从而使自己成为可能成为的最完善、最完美的人，就是实现一个真正完全的自我。

人的需要决定利益，人的需要的层次决定利益的不同层次。人的不同需要在人的自我实现中居于不同的地位，人的利益在人的发展过程中也有不同的地位和作用。人的自由全面发展是人的最根本利益。从发展的主体看，人的自由而全面的发展，不是一部分人的发展，而是所有的社会成员、即每一个人的自由全面发展。从构成上看，人的自由全面发展包括人的自由发展和人的全面发展。在共产主义社会，人的发展是自由发展，是建立在个体高度自由自觉基础上的发展，发展什么、怎么发展是个人的自由自觉的选择，是"人的自由个性"的发展，而不是被迫的、强制发展。人的发展还是全面的发展。全面发展不仅体现在人的体力、智能的发展，各方面的才能和工作能力的发展，而且体现在人的社会联系和社会交往的丰富。从发展的内容上看，人的自由全面发展包括人的能力的自由全面发展、人的社会关系的自由全面发展和人的个性的发展。人的自由个性的实现是人的发展的高级形态。"建立在个人全面发展和他们共同的社会生产能力成为他们的社会财富这一基础上的自由个性"，是扬弃人的依赖、物的依赖阶段的"第三个阶段"，第三阶段其实就是共产主义社会。只有在共产主义社会的"自由人的联合体"中，"有个性的人"最终代替"偶然的人"，每一个人都可能实现自由全面的发展，形成"自由个性"。

---

① 《马克思恩格斯全集》第 34 卷，人民出版社，1972，第 163 页。

在现代化的实践中，人自身的现代化同样是为了实现人的利益、满足人的需要。如果人在实现自我现代化的进程中不能满足自身需要和实现自我利益，人是不可能参与到这种社会实践中来的，即使被迫投入其中，也会使之中断、覆灭。现代化从西欧发轫到成为一场全球性的社会运动，无论是西方还是东方，无论是北半球还是南半球，无论是泱泱大国还是蕞尔小国，各国都纷纷投身其中，可谓是积极主动、热情高涨、轰轰烈烈、方兴未艾。由此可以说明，现代化、人的现代化是实现人的根本利益、满足人的需要的社会活动，或者说，现代化、人的现代化本身就是人的根本利益的实现和人的需要的满足。从世界现代化几百年的历史中我们可以看到，现代化的实践把人从贫穷困苦的状态中解放出来，使人过上富裕自足的生活；把人从人身依附关系中解放出来，使人成为独立自主的自由劳动者；把人从专制、等级森严的社会关系中解放出来，使人成为平等的权利主体；把人从愚昧无知的状态中解放出来，使人成为接受大众教育、掌握一定科学技术知识的“文明人”；把人从孤立、狭隘的关系中解放出来，使人成为具有全面素质和全面能力体系的人……归根到底，人的现代化是解放人、发展人，是促进人的自我实现和全面发展。从这方面看，现代化就是解放人、发展人、实现人的自我价值的实践活动和历史进程，现代化的本质就是人的现代化，而人的现代化根本在于实现人的自我，使人成为全面发展的人。

## 三、人的现代化是实现人的自由全面发展的历史形式和必由之路

马克思认为，未来的共产主义社会是人的自由本质的真正实现，是以人的自由全面发展为根本原则的社会。“共产主义才是人的本质的现实的生成，是人的本质对人来说的真正实现，或者说，是人的本质作为某种现实的东西的实现。”[①] 共产主义的实现是一个历史过程，人的自由全面发展的实现也是一个历史过程，是发展着的人和人的发展的不断累积过程。人的发展在不同的历史时期具有不同的特点，人的不同历史时期的特点和状态都是朝着人的自由全面发展的终极目标前行的，并且构成人的自由全面

① 《马克思恩格斯文集》第 1 卷，人民出版社，2009，第 217 页。

发展的阶段性成果。人的自由的历史性，人的发展的历史性，决定了人的自由全面发展的历史性。人的现代化则是人的发展的现代形态，是人的自由全面发展在人类进入现代文明历程中的阶段性成果和历史形式。

社会发展是一个自然过程，人类由必然王国向自由王国的飞跃是一个历史过程，人的自由全面发展也是一个自然的历史过程。人的自由全面发展是一个由相对走向绝对、由有限走向无限的永无止境的过程。人的发展，一方面要受到人的主观条件的制约即受人自身的认识能力限制；另一方面要受到人的实践水平、客观条件的制约，即人类实践所提供的物质手段和条件、客观物质世界的制约。人的发展的实际状况只能是客观和主观条件达到什么样的程度，人的自由全面发展就跃进到什么程度。社会向前发展一步，人的发展则前进一步。当人类进入现代社会，人的发展则表现为人的现代化，人的现代化便是人的自由全面发展在人类近现代史中的表现形式，人的自由全面发展则通过人的现代化的不断推进来实现。因此，人的现代化不仅是人的自由全面发展的历史形式和当代形态，而且也是最终走向人的自由全面发展的必由之路。

人的发展意味着人从必然状态获得了某种程度的解放，争得了更多的自由，人便向自由全面发展的境地迈进了一步。社会发展是不断累积叠加的过程，人的自由全面发展也是逐步集聚、持续更新的过程。就是说，人的自由全面发展是一个由不发展到发展、由片面发展到全面发展、由被动发展到自由发展的不断转化、不断积聚的进程，每一点、哪怕是十分微小的发展变化都是这个转化发展过程中的一个必要环节。人类的每一次解放、每一个进步、每一步跨越、每一点发展都是向自由全面发展的接近。而人的每一次解放和发展又都包含着人的自由全面发展的颗粒。因此，人的发展过程是一个不断接近人的无限自由全面发展的永恒过程。人的发展，就像登山运动员登山一样，每提升一个台阶、每越过一座山峰，就日渐接近自由全面发展的顶峰。但与登山不同的是，山有最高峰，人可以到达峰顶，而人的自由全面发展是一个永无止境的过程。正如江泽民所指出："社会生产力和经济文化的发展水平是逐步提高、永无止境的历史过程，人的全面发展程度也是逐步提高、永无止境的历史过程。这两个过程应相互结合、相互促进地向前发展。"①社会历史的发展是无限的，人的发

① 《江泽民文选》第3卷，人民出版社，2006，第295页。

展同样是无限的。社会进步的脚步不停顿，人的发展的步伐就不会停顿；反之亦然。人类的现代化，无论是资本主义现代化还是社会主义现代化，都是摆脱人的依赖性阶段不断走向人的自由个性发展阶段的社会运动和历史进程，都是在为实现人类社会最理想的社会形态、促进人的全面自由发展奠定基础、创造条件，都是实现人的自由全面发展最高理想的历史性环节。因此，我们不能说要等到了未来的共产主义才开始着手促进人的自由全面发展，也不能说在当今的社会主义阶段不需要推进人的自由全面发展。事实上，共产主义社会和人的自由全面发展并不是自然而然的过程，更不是敲锣打鼓便可以自动实现的，而需要不同历史阶段的人民的不断努力奋斗。

我国要建设的现代化是社会主义的现代化。现代化的社会主义性质，决定了现代化的根本目的在于促进人的现代化，实现人的自由全面发展。人的现代化以促进人的自由全面发展为根本内容，为最终建立人的自由全面发展的社会创造条件。从历史发展的过程看，社会主义现代化从根本上是对资本主义现代化的“扬弃”，社会主义现代化进程中的人的现代化根本在于克服资本主义现代化所造成的人的异化、人的片面或畸形发展，在不断发展生产力和促进社会各方面的协调发展中实现人的现代化，为实现人的自由全面发展奠定基础。社会主义社会的人的现代化，既要克服人的“原始丰富性”的不足和人的“畸形发展”的缺陷，又要积极促进人的自由全面发展。社会主义现代化，不仅要创造更优越的社会经济发展条件促进人的现代化，而且要直接把人的自由全面发展作为人的现代化的目标和原则。

社会主义社会，人的现代化在本质上是与人的自由全面发展完全一致的。邓小平认为，中国的现代化，首要的是社会主义现代化，没有社会主义就没有现代化。习近平同志指出，中国的现代化在本质上是社会主义的，是符合社会主义本质要求的。邓小平指出：“社会主义的本质是解放生产力、发展生产力，消灭剥削，消除两极分化，最终实现共同富裕。”[①]人是生产力中最活跃最革命的因素，因而解放和发展生产力首要的是解放人、发展人。只有首先解放人和发展人，才能最充分最广泛地发挥劳动者的积极性、主动性和创造性，才能有效实现解放和发展生产力。社会主义

① 《邓小平文选》第3卷，人民出版社，1993，第273页。

的本质内在地要求把解放每一个人、发展每一个人作为社会主义社会的一个根本性的历史任务，内在地要求充分发展每个人的才能、提高每个人的素质、平等地发挥每个人的能力。解放和发展生产力，一是解放、发展人自身，二是为人的自由全面发展创造现实物质条件；“消灭剥削，消除两极分化，最终实现共同富裕”，一个是改变社会关系，扫除制约解放和发展人的障碍，另一个是建立促进人的解放和自由全面发展的新型社会制度。可见，邓小平的社会主义本质观体现了马克思关于未来理想社会的设想，包含了实现人的自由全面发展的基本内容。人的自由全面发展既是共产主义的理想目标，也是社会主义现代化的本质内容和内在要求。社会主义现代化为人的自由全面发展提供了前所未有的客观历史条件，人的现代化不断为人的自由全面发展开辟新征程和新前景。

中国特色社会主义是“面向现代化、面向世界、面向未来”的科学社会主义。中国特色社会主义现代化建设的最终目标是建立“以人的自由全面发展为根本原则”的理想社会。因此，建设社会主义现代化强国，实现人的现代化就是促进人的全面自由发展，这是新时代中国人民最大的、最根本的利益。建设社会主义现代化强国，实现人民对美好生活的向往，最根本的是实现人的现代化，促进人自由全面发展，使人真正成为现代化的建设者、现代化成果的享有者，成为推动现代化向更高层次和更美好前景发展的“现代人”，成为“面向现代化、面向世界、面向未来”的自由全面发展的“现代人”。

## 第三节　坚持以人民为中心，促进人的全面发展

党的十九大报告由始至终贯穿着以人民为中心的发展观，彰显以人民为中心的价值导向，把实现人民对美好生活的向往作为治国理政的奋斗目标。党的十九大明确把“以人民为中心”、促进人的全面发展作为习近平新时代中国特色社会主义思想的主要内容：“新时代我国社会主要矛盾是人民日益增长的美好生活需要和不平衡不充分的发展之间的矛盾，必须坚持以人民为中心的发展思想，不断促进人的全面发展、全体人民共同富裕。”[①] 同时，党的十九大明确把“以人民为中心”作为新时代坚持和发展

① 《中国共产党第十九次全国代表大会文件汇编》，人民出版社，2017，第15-16页。

中国特色社会主义的基本方略，要求必须坚持人民是历史的创造者的唯物史观，尊重和保障人民群众的历史主体地位，依靠人民创造历史伟业。可以说，坚持以人民为中心是新时代坚持和发展中国特色社会主义基本方略的核心。因此，在全面推进中国特色社会主义现代化强国建设的征程中，必须坚持以人民为中心，促进人的现代化和人的全面发展。

## 一、坚持以人民为中心的价值取向

人民是历史的创造者，是建设中国特色社会主义事业的历史主体，是决定党和国家前途命运的根本力量。发展中国特色社会主义归根结底是中国人民的事业。坚持以人民为中心的发展观，发展为了人民，发展依靠人民，发展成果由人民共享，是改革开放和中国特色社会主义的根本价值取向，也是改革开放和现代化建设的一条基本经验。习近平同志在庆祝改革开放40周年大会上的讲话中指出，“坚持以人民为中心”是改革开放取得成功的一条重要经验。他说：“为中国人民谋幸福，为中华民族谋复兴，是中国共产党人的初心和使命，也是改革开放的初心和使命。我们党来自人民、扎根人民、造福人民，全心全意为人民服务是党的根本宗旨，必须以最广大人民根本利益为我们一切工作的根本出发点和落脚点，坚持把人民拥护不拥护、赞成不赞成、高兴不高兴作为制定政策的依据。”[①] 坚持以人民为中心，积极推进社会改革，把促进社会公平正义、增进人民福祉作为审视、判断、检验各项工作、各种体制机制、各条政策规定的一面“镜子”和“试金石”。在全面推进中国特色社会主义现代化事业、建设现代化强国的历史征程中，“我们要始终把人民立场作为根本立场，把为人民谋幸福作为根本使命，坚持全心全意为人民服务的根本宗旨，贯彻群众路线，尊重人民主体地位和首创精神，始终保持同人民群众的血肉联系，凝聚起众志成城的磅礴力量，团结带领人民共同创造历史伟业”[②]。必须始终坚持以人民为中心的价值取向，把维护和增进人民群众的根本利益作为出发点和落脚点，把是否有利于实现人民的美好生活作为衡量现代化建设事业的根本标准和要求，努力实现人的现代化，促进人的全面发展。唯有如此，社会主义事业、现代化事业才能赢得和凝聚民心，才能汇聚民智民

---

① 习近平：《在庆祝改革开放40周年大会上的讲话》，人民出版社，2018，第21-22页。

② 习近平：《在纪念马克思诞辰200周年大会上的讲话》，人民出版社，2018，第17页。

力，才能助推中国特色社会主义不断向前发展。

坚持以人民为中心，最根本的是要确保人民群众的主体地位，真正实现人民当家作主。人民是发展中国特色社会主义事业的主体，是建设社会主义现代化强国的主体。党的十九大报告指出："人民是历史的创造者，是决定党和国家前途命运的根本力量。必须坚持人民主体地位……依靠人民创造历史伟业。"[①] 中国特色社会主义现代化是全体中国人民的共同事业，必须调动全体中国人民的积极性、创造性，发挥全体人民的聪明才智和奋斗精神。为此，必须扩大和保障人民当家作主的民主权利。党的十九大把"坚持人民当家作主"确立为新时代中国特色社会主义的基本方略，明确要求：坚持党的领导、人民当家作主、依法治国的有机统一，坚持中国特色社会主义政治发展道路，坚持和完善人民代表大会制度、中国共产党领导的多党合作和政治协商制度、民族区域自治制度、基层群众自治制度，巩固和发展最广泛的爱国统一战线，发展社会主义协商民主，健全民主制度，丰富民主形式，拓宽民主渠道，保证人民当家作主落实到国家政治生活和社会生活之中[②]。

坚持以人民为中心的价值取向，最重要的是要促进人的自由全面发展。人的自由全面发展是社会主义的最高理想和目标，是党的最高纲领。建设中国特色社会主义是中国人民的共同理想。中国特色社会主义是实现最高理想的必由之路，是实现最高理想的必经历史阶段。促进人的全面发展是社会主义的本质要求和根本目标。推进人的现代化，努力提高人的素质和能力，促进人的全面发展，是中国特色社会主义和现代化建设的时代课题和历史任务。

## 二、把人民对美好生活的向往作为奋斗目标

对美好生活的向往是人的共同追求，也是推动社会历史发展的原动力。人的现代化、人的自由全面发展是人对美好生活向往的内容和目标。现代化建设、中国特色社会主义事业的任务和目标就是为了实现人民对美好生活的向往，满足人民对美好生活的向往需要，实现人民群众的根本利益。

---

① 《中国共产党第十九次全国代表大会文件汇编》，人民出版社，2017，第 17 页。

② 《中国共产党第十九次全国代表大会文件汇编》，人民出版社，2017，第 18 页。

进入新时代，人民对美好生活的向往更高了，更强烈了，正如党的十九大报告所说："人民美好生活需要日益广泛，不仅对物质文化生活提出了更高要求，而且在民主、法治、公平、正义、安全、环境等方面的要求日益增长。"[①] 就是说，广大人民群众期盼有更好的教育、更满意的工作、更高的收入、更全面更可靠的社会保障、更优质的医疗卫生服务、更宜居的生活条件、更优美的自然环境、更丰富的精神文化生活；期盼有更多的自由民主权利、更公平正义的法治保障、更高效清廉的政府服务；期望有更多的获得感、安全感、幸福感，过更有尊严的生活；希望有更大的自由发展空间、更多的实现自我的机会，促进人自由全面地发展。为此，习近平同志指出："我们要随时随刻倾听人民呼声、回应人民期待，保证人民平等参与、平等发展权利，维护社会公平正义，在学有所教、劳有所得、病有所医、老有所养、住有所居上持续取得新进展，不断实现好、维护好、发展好最广大人民根本利益，使发展成果更多更公平惠及全体人民，在经济社会不断发展的基础上，朝着共同富裕方向稳步前进。"[②]

2012 年 11 月 15 日，习近平总书记在十八届中央政治局常委同中外记者见面时指出："人民对美好生活的向往，就是我们的奋斗目标。"[③] 为人民谋福祉、为人民促幸福，是中国共产党的一贯追求。始终为人民的利益和幸福而努力奋斗，全心全意为人民服务是中国共产党的根本宗旨。中国共产党领导和带领中国人民进行新民主主义革命、社会主义革命和建设，根本在于实现中国人民的解放、自由、富裕和幸福；进行改革开放和现代化建设，根本目的就是要实现中国人民对美好生活的向往，过上殷实富足的生活，实现共同富裕和促进人的自由全面发展。为此，"必须坚持人民主体地位，坚持立党为公、执政为民，践行全心全意为人民服务的根本宗旨，把党的群众路线贯彻到治国理政全部活动之中，把人民对美好生活的向往作为奋斗目标，依靠人民创造历史伟业"[④]。

---

① 《中国共产党第十九次全国代表大会文件汇编》，人民出版社，2017，第 9 页。

② 《十八大以来重要文献选编》（上），中央文献出版社，2014 年版，第 236 页。

③ 同上书，第 70 页。

④ 同①书，第 17 页。

## 三、着力解决新时代中国社会的主要矛盾

把人民对美好生活的向往作为奋斗目标，必须着力解决新时代中国社会的主要矛盾。经过改革开放40多年的快速发展，我国社会的主要矛盾由人民日益增长的物质文化生活需要与落后的生产力之间的矛盾，转化为人民日益增长的美好生活需要和不平衡不充分的发展之间的矛盾。社会主要矛盾的变化是中国社会的根本性变化，是关系全局的历史性变化。社会主要矛盾的变化必然引起其他社会矛盾的变化，并且必然会出现新的时代特征。认识我国社会主要矛盾及其时代特征，把握主要矛盾引发的全局性、历史性变化，便成为推进中国特色社会主义伟大事业全部战略运筹的基本立足点，是制定党和国家的大政方针、完善发展战略和各项政策的客观依据。人民美好生活需要日益广泛，对物质文化生活的要求更高，在民主、法治、公平、正义、安全、环境等方面的需求也日益增长。同时，我国经济社会发展不平衡不充分的问题还比较突出，已经成为满足人民日益增长的美好生活需要的主要制约因素。社会主要矛盾决定主要任务。当前和在将来相当长的时期内，党和国家的主要任务、根本任务和首要任务依然是发展，是经济社会的全面协调可持续发展，是人的自由全面发展。发展依然是我们党执政兴国的第一要务，发展依然是解决中国一切问题的关键和决定性因素。因此，解决主要矛盾，首先，要毫不动摇地坚持发展这个硬道理。无论发生什么、无论面对什么样的形势，除非出现大规模的外敌入侵，发展的第一要务是决不能动摇和改变的。没有发展，就没有现代化，就没有中国人民的一切。其次，在推动发展的基础上，着力解决好发展不平衡不充分问题。发展的不平衡问题是现代化进程中的普遍现象。然而，我国发展的不平衡问题特别严重，地区之间、城乡之间、行业之间、人群（阶层）之间的差距越来越大，一些方面超出了国际警戒线，严重影响和制约经济社会的可持续发展。发展的不充分问题反映了我国现代化建设的整体水平，我国依然是正在建设中的现代化发展国家，与先进的现代化国家还有很大的差距，现代化建设的路依然较长和不平坦。为此，我们不仅要坚持发展这一中心任务，而且要坚持全面深化改革，人力提高人的能力素质，大力提升发展质量和效益。再次，在大力提升发展质量和效益

中，不断实现人民对美好生活的向往。习近平同志指出："检验我们一切工作的成效，最终都要看人民是否真正得到了实惠，人民生活是否真正得到了改善，人民权益是否真正得到了保障。"① 因此，在改革开放和现代化建设的过程中，我们必须以最广大人民群众根本利益作为我们一切工作的出发点和落脚点，着力解决人民群众所需所急所盼，更好满足人民在经济、政治、文化、社会、生态等方面日益增长的需要，共享经济社会发展和现代化建设成果，让人民有更多更直接更实在的获得感和幸福感，更好推动人的全面发展、社会全面进步。

## 四、推进国家治理体系和治理能力现代化

习近平同志指出："改革开放是党和人民大踏步赶上时代的重要法宝，是坚持和发展中国特色社会主义的必由之路，是决定当代中国命运的关键一招，也是决定实现'两个一百年'奋斗目标、实现中华民族伟大复兴的关键一招。"② "只有改革开放才能发展中国、发展社会主义、发展马克思主义。"③ 只有坚持改革开放，才能实现党的奋斗目标，实现民族伟大复兴，实现马克思主义的最高理想。党的十九大把"坚持全面深化改革"确立为新时代中国特色社会主义思想的基本方略。"必须坚持和完善中国特色社会主义制度，不断推进国家治理体系和治理能力现代化，坚决破除一切不合时宜的思想观念和体制机制弊端，突破利益固化的藩篱，吸收人类文明有益成果，构建系统完备、科学规范、运行有效的制度体系，充分发挥我国社会主义制度优越性。"④ 制度具有基础性、长远性和根本性。优良的制度和治理体系是实现人的现代化、促进人的全面发展的根本保证。按照马克思主义经典作家的设想，社会主义制度的先进性和优越性主要在于它超越了资本主义制度的局限，扫除了资本主义对生产力发展的制度障碍，能够极大地解放和发展社会生产力，实现人的自由全面发展的最高目标。生产力的解放与发展，其实就是人的解放和发展。社会制度的好与差、先进与落后，根本在于是否解放人和发展人，即能否促进人的自由全面发展。

---

① 《十八大以来重要文献选编》（上），中央文献出版社，2014，第698页。

② 习近平：《在庆祝改革开放40周年大会上的讲话》，人民出版社，2018，第19页。

③ 《中国共产党第十九次全国代表大会文件汇编》，人民出版社，2017，第17页。

④ 同上。

我国社会主义制度的建立，第一次确立了人民当家作主的地位，中国人民第一次成为社会的主人和自己生活的主人。然而，我国的社会主义制度脱胎于半殖民地半封建的贫困落后社会，而非建立在发达的生产力基础之上，内在地具有了某些"先天不足"；加之我们缺乏建设社会主义的经验，以及在探索前行中自身的失误，制度体系还存在许多缺陷和不完善之处。经过 40 多年的改革开放，中国特色社会主义已经建立了比较完备的制度体系，具有了独特的制度优势。党的十九届四中全会总结了 13 个方面的制度和治理体系的显著优势，显示了中国特色社会主义制度的强大生命力，这是"制度自信"的集中体现。然而，我国的制度体系还不够完善，在具体制度、体制机制方面依然有许多的不足和缺陷，制度现代化和治理体系现代化的任务还比较艰巨。为此，必须按照十九届四中全会的部署，不断全面深化改革，按要求按节点高标准高质量完成好各项改革任务，完善和健全社会主义制度体系，保障现代化建设的顺利进行，促进人民对美好生活向往的实现，推动人的现代化和人的全面发展。

## 五、坚持在发展中保障和改善民生

民生是社会发展的根本，也是人的现代化的根本。促进人的现代化和人的全面发展，首要的是保障和改善民生。马克思指出，人要创造历史，首先必须生活。党的十九大报告明确把促进人的全面发展作为发展和保障、改善民生的内容目标。"增进民生福祉是发展的根本目的。必须多谋民生之利、多解民生之忧，在发展中补齐民生短板、促进社会公平正义，在幼有所育、学有所教、劳有所得、病有所医、老有所养、住有所居、弱有所扶上不断取得新进展，深入开展脱贫攻坚，保证全体人民在共建共享发展中有更多获得感，不断促进人的全面发展、全体人民共同富裕。"①

坚持发展的第一要务，加强社会建设，保障和改善民生，对于促进人的现代化而言，最为重要的首先是坚持教育优先，建设教育强国。教育优先、提高人的现代素质、推动人的现代化，是现代化发展的一条重要经验。习近平同志站在历史和时代发展的高度指出，必须办好人民满意的教育，促进人的全面发展。教育的目的和初衷就是促进人类更好地创造未

① 《中国共产党第十九次全国代表大会文件汇编》，人民出版社，2017，第 19 页。

来，实现人们创造理想世界的目标。党的十九大依据现代化建设新的战略安排，确立了建设教育强国的目标。“建设教育强国是中华民族伟大复兴的基础工程，必须把教育事业放在优先位置，深化教育改革，加快教育现代化，办好人民满意的教育。要全面贯彻党的教育方针，落实立德树人根本任务，发展素质教育，推进教育公平，培养德智体美全面发展的社会主义建设者和接班人。”① 当今世界的综合国力竞争，说到底是人才竞争，人才越来越成为推动经济社会发展的战略性资源，教育的基础性、先导性、全局性地位和作用更加突显。因此，必须优先发展教育，办好人们满意的教育，培育适应现代化建设和发展中国特色社会主义事业的全面发展的人才；必须实施人才强国战略，营造全社会“尊重知识，尊重人才”的良好风尚；必须加快建设学习型社会，大力提高国民综合素质。

## 六、坚持人与自然和谐共生

中国特色社会主义是全面发展的社会，中国的现代化也是全面的现代化。生态文明是中国特色社会主义社会的本质要求和重要特征，人与自然的和谐共生是社会主义现代化的主要内容，也是人的现代化与人的自由全面发展的一项重要内容。

马克思认为：“共产主义，作为完成了的自然主义，等于人道主义，而作为完成了的人道主义，等于自然主义。它是人和自然界之间、人和人之间矛盾的真正解决，是存在和本质、对象化和自我确证、自由和必然、个体和类之间的斗争的真正解决。”② 习近平同志坚持继承马克思的这一思想，明确指出：“我们要建设的现代化是人与自然和谐共生的现代化，既要创造更多物质财富和精神财富以满足人民日益增长的美好生活需要，也要提供更多优质生态产品以满足人民日益增长的优美生态环境需要。”③ 绿色化是现代化发展的新要求和新特征，绿色发展是解决前期现代化造成的人与自然之间矛盾冲突及生态环境问题的理念和方法路径。在现代化发展史上，无论是先行的现代化国家还是后起的现代化国家，几乎都没有处理好现代化进程中的环境保护问题，都走的是一条先污染后治理的工业化之

---

① 《中国共产党第十九次全国代表大会文件汇编》，人民出版社，2017，第 36-37 页。

② 《马克思恩格斯文集》第 1 卷，人民出版社，2009，第 185 页。

③ 同①书，第 40-41 页。

路。现代化的进步是以自然环境的破坏、生态危机为代价的。生态危机严重威胁人类的生存与发展。如果在现代化进程中不能有效保护生态环境，节约自然资源，不能实现人与自然和谐相处，那么现代化及其人类文明的一切成果，包括人本身很可能会被葬送和毁灭。反思现代化的历程、经验和教训，依据现代化发展的规律和中国现代化发展的需要，习近平同志认为，现代化不仅包括农业、工业、国防、科学技术、国家治理体系和治理能力的现代化，而且包括人与自然和谐共生的现代化。为此，必须坚持绿色发展观，树立和践行"绿水青山就是金山银山"的理念，坚持节约资源和保护环境的基本国策，像对待生命一样对待生态环境，统筹山水林田湖草系统治理，实行最严格的生态环境保护制度，形成绿色发展方式和生活方式，坚定走生产发展、生活富裕、生态良好的文明发展道路，建设美丽中国，为人民创造良好生产生活环境，推动人的现代化和人的全面发展①。

## 七、构建人类命运共同体

现代化是一场世界性的谋划，是人面向世界、拥抱世界且以全人类的文明成果厚植自身、发展自身的全球性运动，是地域性的个人转变成为世界性的个体的过程。中国的现代化在改革开放中重启和展开，改革开放决定现代化的发展，现代化的发展要求必须坚持改革开放，或者说，中国的改革开放就是走向现代化的进程，现代化也是中国不断开放、走向世界的旅程。中国的发展、中国的现代化离不开世界，世界一切优秀文明成果都是中国的现代化建设的丰富养料和资源。一个和平、发展、和谐的世界对于包括中国在内的每一个国家的发展和每一个人的发展都至关重要。

习近平同志指出："今天，人类交往的世界性比过去任何时候都更深入、更广泛，各国相互联系和彼此依存比任何时候都更频繁、更紧密。一体化的世界就在那儿，谁拒绝这个世界，这个世界也会拒绝他。"②"我们生活的世界充满希望，也充满挑战。我们不能因现实复杂而放弃梦想，不能因理想遥远而放弃追求。没有哪个国家能够独自应对人类面临的各种挑战，也没有哪个国家能够退回到自我封闭的孤岛。"因此，世界各国人民更应该携起手来，同心协力，建造人类命运共同体，"建设持久和平、普

① 《中国共产党第十九次全国代表大会文件汇编》，人民出版社，2017，第 19 页。
② 习近平：《在纪念马克思诞辰 200 周年大会上的讲话》，人民出版社，2018，第 22 页。

遍安全、共同繁荣、开放包容、清洁美丽的世界”①。

构建人类命运共同体，促进人的现代化和人的全面发展，需要坚持五个原则或做好五个方面的工作。一是国与国之间要相互尊重、平等协商，坚决摒弃冷战思维和强权政治，走对话而不对抗、结伴而不结盟的交往新路。二是每个国家都应秉持以对话解决争端、以协商化解分歧的理念，统筹应对传统和非传统安全威胁，反对一切形式的恐怖主义。三是每个国家、地区和组织都要同舟共济，促进贸易和投资自由化便利化，推动经济全球化朝着更加开放、包容、普惠、平衡、共赢的方向发展。四是各种文明主体都要尊重文明的多样性，以文明交流超越文明隔阂、以文明互鉴超越文明冲突、以文明共存超越文明优越。五是全世界的每一个人都要坚持环境友好、人与自然和谐共生，共同应对气候环境变化，保护好人类赖以生存的地球家园②。

世界的命运握在各国人民的手中，人类的前途系于各国人民的抉择。地球上的每一个人都是自由的、平等的，都应该共同努力，协力建设一个现代化的人类命运共同体，共享世界现代化的文明成果，推动人的现代化和人的全面发展，共同创造人类的美好未来，建造以人的自由全面发展为原则的“大同世界”！

---

① 《中国共产党第十九次全国代表大会文件汇编》，人民出版社，2017，第47页。

② 同上。

# 后　记

党的十九大开启了全面建设社会主义现代化国家的新征程。全面建设社会主义现代化国家，关键在全面，是系统的现代化，是各个领域各个方面的现代化。全面现代化，就要有一个符合全面现代化规律、反映社会主义本质、具有中国特色的系统布局。这个系统布局，是开放的、展开的，随着全面建设社会主义现代化国家的实践深入和认识深化而充实新的内容，这个系统将更加协调完善。总而言之，全面建设社会主义现代化国家的系统布局，与新时代坚持和发展中国特色社会主义的总体布局、战略布局、政治保证、安全保证等，是融为一体、密切相关的。

本书是对全面建设社会主义现代化国家系统布局的一个描述框架、总体认识，属于“全面建设社会主义现代化国家系统布局研究丛书”的绪论。本书从经济、政治、文化、社会、生态文明、党的领导和党的建设、人的全面发展等领域，构建了全面现代化的领域体系。当然，还可以继续细化深化，从多维度揭示全面现代化的系统联系和内在规律。

本书是合作撰写的成果，由天津大学马克思主义学院院长颜晓峰教授负责设计提纲和统稿，耿超协助第一作者协调撰写事务和统稿。各章作者为：第一章，颜晓峰（天津大学）；第二章，冯新舟（中国纪检监察学院）；第三章，刘志华（天津大学）；第四章，闫涛（天津大学）；第五、六章，王寿林（天津大学）；第七章，王恒（天津大学）；第八章，耿超、雷桂元（空军某训练基地）；第九章，屈婷（天津大学）；第十章，肖凤翔（天津大学）；第十一章，张畅（天津大学）；第十二章，谈珊（天津大学）；第十三章，杨玉玲、闫耀升（国防大学）；第十四章，李青（陆军防化学院）。

本书的出版，得到了天津大学有关领导和机关的支持帮助，得到了天津大学出版社的支持帮助，得到了天津大学马克思主义学院的支持帮助，得到了天津大学社会主义现代化研究中心的支持帮助，得到了各位作者单位领导的支持帮助，在此一并表示衷心的感谢！

本书不足之处，恳请各位读者批评指正。

作者

2020 年 3 月